我们一起解决问题

基于深度学习的古籍数字化研究

王秀香 肖禹 ◎ 著

人民邮电出版社
北京

图书在版编目（CIP）数据

基于深度学习的古籍数字化研究 / 王秀香，肖禹著. -- 北京 : 人民邮电出版社，2025. -- ISBN 978-7-115-66316-0

I. G256.1-39

中国国家版本馆 CIP 数据核字第 20252S7R24 号

内容提要

古籍数字化是一项复杂而重要的工作，它不仅有助于保护和传承中华优秀传统文化，还为学术研究和文化传播提供了强有力的支持。本书深入探讨了古籍数字化的重要性及其面临的挑战，详细介绍了古籍数据、深度学习在古籍数字化领域的应用场景及其应用潜力，并针对古籍文本数据的碎片化问题进行了深入分析。此外，书中还讨论了基于深度学习的古籍数字化过程中的数据预处理、数据标注和模型优化等问题，提出了一系列解决方案，为读者提供了可借鉴的经验和方法。

本书适合古籍保护与研究人员、图书馆和档案馆工作人员、计算机科学与技术领域的学者，以及对古籍数字化感兴趣的读者参考和使用。

◆ 著 王秀香 肖 禹
  责任编辑 程珍珍
  责任印制 彭志环

◆ 人民邮电出版社出版发行 北京市丰台区成寿寺路 11 号
  邮编 100164 电子邮件 315@ptpress.com.cn
  网址 https://www.ptpress.com.cn
  北京天宇星印刷厂印刷

◆ 开本：700×1000 1/16
  印张：16   2025 年 1 月第 1 版
  字数：260 千字   2025 年 4 月北京第 1 次印刷

定 价：89.00 元

读者服务热线：（010）81055656 印装质量热线：（010）81055316
反盗版热线：（010）81055315

前　言

2022年4月11日，中共中央办公厅、国务院办公厅印发了《关于推进新时代古籍工作的意见》，其中指出，"推进古籍数字化……积极开展古籍文本结构化、知识体系化、利用智能化的研究和实践，加速推动古籍整理利用转型升级"。

本书探讨的古籍指古代文献，其载体包括甲骨、金石、竹、木、帛、纸等。这些文献的内容、版式、出版方式等都与现代文献有明显的区别。然而，古籍的影印本、排印本、点校本等又采用现代出版技术，因此在这些方面与现代文献有相似之处。从古籍到古籍数字本，即古籍数据，必须要经过数字化过程。

古籍数字化始于20世纪70年代末，1.0版本是索引数据和书目数据，只能描述古籍的部分特征；2.0版本是全文文本数据和图像数据，其中高清图像数据能够准确反映古籍的原貌，而文本数据支持全文检索功能，两者结合形成的图文对照系统成为当时古籍数字化的主流呈现方式；2.5版本是基于某一专题，将相关书目、索引、图像、文本数据等整合在一起，采用适当的方式（如图文、图表、多媒体、可视化等）呈现。

在古籍数字化的发展过程中，技术是基础，成本是重要的制约因素。随着计算机技术的发展，计算机能够处理汉字，这使得古籍文本数据的生成变得可行；图像显示与图像采集技术的成熟进一步推动了古籍图像数据的广泛应用；OCR[①]技术的突破使大规模文本数据加工成为可能。随着深度学习技术在 NLP[②] 领域的广泛应用，LLM[③] 快速迭代，这预示着古籍数字化可能会迎来新的发展阶段。

古籍作为学术资源，首先服务于人文社科领域的学术研究。因此，古籍数据应符合学术研究资料的基本要求。而古籍数字化的主体是文献收藏机构、数据提供商、学术研究机构等，其受需求、成本、文献、工程、学术、技术等因素的影响。其中，文献收藏机构大量发布图像数据，清晰度不高，书目数据过于简单，有些甚至没有卷目索引；数据提供商主要以影印本为底本制作图像数据和文本数据，影印本良莠不齐，图像数据清晰度差，文本数据正确率低。

古籍数字化主体与用户之间的矛盾不仅体现在数据质量上，如全文文本数据文字错误率高于1‰、图像数据分辨率低或压缩比例过大、元数据缺失或不准确、对象数据稀缺等，而且还体现在数字化底本选择上。以文渊阁《四库全书》电子版为例，作为 20 世纪 90 年代最重要的数字化项目之一，其无论是 OCR 应用、集外字处理，还是书目导航、图文对照，都对后续的古籍数字化项目产生了深远影响。但是，《四库全书》的文献价值在学界是有定论的，若有其他版本，通常不使用四库本。此外，古籍数字化主体并不热衷于使用先进技术和创新数据应用模式，现在主流的古籍数字化产品相较于文渊阁《四库全书》电子版，在用户体验方面提升不显著。究其原因，古籍数字化主体将数据与服务绑定在一起，只提供检索、浏览、显示、复制等基本功能和 E-library 扩展功能，不向用户开放数据或数据接口，也不允许用户自行使用或定制符合自身需求的个性化工具。

随着技术的发展，古籍图像采集和文本数据加工的成本逐渐降低，学术机构和研究者能够以更低的成本获得古籍数据。同时，基于 LLM 可以实现

[①] OCR 的英文全称是 Optical Character Recognition，即光学字符识别。
[②] NLP 的英文全称是 Natural Language Processing，即自然语言处理。
[③] LLM 的英文全称是 Large Language Model，即大语言模型。

分类、标注、摘要、翻译等。开源深度学习框架、LLM 高速迭代、更多的相关数据集、开源数据标准工具、低代码量编程、较低的硬件成本等共同促进了古籍数据的个性化使用和深度加工。

古籍数字化有客观的用户需求，如标点、标注、今译等，基于上述应用场景，无论使用什么 LLM，采用什么样的训练算法，其基本思路都是一致的。由于不涉及模型预训练，其对硬件要求不高。

古籍数字化的成果是古籍数据。若使用深度学习方法，就需要额外的训练数据。无论是原始数据、训练数据，还是生成数据，都需要遵循一定的规范。在古籍数字化的几个应用场景中，欠拟合主要是训练数据集的构造问题，也可以适当调整 Epoch[①] 和 Batch Size[②]，或使用更复杂的训练算法，当然也可以使用参数量更大的模型来提升效果。过拟合的问题则比较复杂，交叉验证、正则化、早停、数据增强等常规方法未必有效。由于古籍数据特征的复杂性，当训练数据与真实数据存在显著差异时，易引发过拟合问题。因此，我们需要调整训练数据集来解决这个问题。

本书旨在探讨古籍数字化背景下深度学习技术的应用问题。第 1 章首先介绍了古籍数字化的基本概念，然后详细讨论了古籍的基本特性和汉字的基本属性，接下来解释了深度学习等相关的概念，最后概述了本书的特点。第 2 章讨论了目前较为成熟的古籍数据，包括书目数据、索引数据、图像数据和文本数据，并从数据模型和数据格式的角度分析了古籍数据，帮助读者加深对古籍特性的理解，在此基础上还构建了深度学习数据集。第 3 章讨论了古籍文本数据碎片化，将古籍原本转换为碎片数据集，提高数据的结构化程度，可直接用于构建深度学习数据集。第 4 章从数据、模型、训练效果的角度讨论古籍内容分类和题名分类。第 5 章从数据、模型、训练效果的角度讨论古籍专名识别和句读标点。第 6 章讨论了古籍数据的预处理与数据集构建，以及古籍预训练模型的比较与使用等。

---

① 在深度学习中，Epoch 是指对整个训练数据集进行一次完整的训练。
② 在深度学习中，Batch Size 是指一次训练所选取的样本数。

目 录

第 1 章　绪论 / 1

　　1.1　古籍的定义 / 5

　　1.2　文字 / 14

　　1.3　深度学习 / 32

　　1.4　研究说明 / 36

第 2 章　古籍数据 / 39

　　2.1　数据模型 / 39

　　2.2　数据格式 / 56

第 3 章　古籍文本数据碎片化 / 85

　　3.1　碎片数据模型 / 87

　　3.2　碎片数据特点 / 91

　　3.3　碎片数据生成 / 107

第 4 章 文本分类 / 135

4.1 内容分类 / 136

4.2 题名分类 / 147

第 5 章 序列标注 / 159

5.1 专名识别 / 160

5.2 句读标点 / 175

第 6 章 余论 / 191

6.1 数据 / 191

6.2 模型 / 206

参考文献 / 219

附　录 / 233

附录 1　古籍点校通例（中华书局编辑部 1983 年编写）/ 233

附录 2　古籍字频统计数据　/ 236

附录 3　古籍传统编目项与 MARC 字段对照表　/ 238

附录 4　古籍元数据规范（CDLS-S05-013）/ 241

附录 5　古籍索引数据 XML Schema　/ 244

附录 6　古籍版式文本数据头文件 XML Schema　/ 244

附录 7　古籍版式文本数据叶文件 XML Schema　/ 245

附录 8　古籍碎片数据 XML Schema　/ 245

附录 9　四部分类法类目表　/ 246

第1章

绪论

　　自20世纪70年代末以来，关于古籍数字化的研究与实践活动已经持续了几十年，从最初的文本录入、索引编制，到大规模建设各种类型的古籍数据库（如书目型、全文型和影像型数据库等），再到利用先进的计算机信息处理技术对古籍数字文本进行深加工（如自动标点、自动校勘、自动注释、语义标引、文本聚类和知识挖掘等），人们对古籍数字化的认识也在不断深化和发展[①]。

　　1990年，台湾《国文天地》杂志第九期首次提出了"古籍电脑化"的概念。此后，一系列相关术语相继出现，包括"史籍自动化""古籍自动化""古籍文献资讯化""珍藏文献数位化""古籍电子化""古籍网络化""古籍文献数据化"以及"典籍数字化"等。目前，"古籍数字化"已成为普遍使用的术语。这一术语最初由刘炜在其论文《上海图书馆古籍数字化的初步尝试》[②]中提出，但文中并未对这一术语进行定义。以下是一些有代表性的说法。

　　陈洪澜在《中国古籍电子化发展趋势及其问题》中提出，古籍电子化是利用现代科技手段研究古代社会文明的基础，代表着中国古籍整理与研究的发展趋势[③]。彭江岸在《论古籍的数字化》中提出，古籍数字化就是利用数字技术将古籍的有关信息转换成数字信息，存储在计算机上，从而达到使用和

---

① 李明杰，张纤柯，陈梦石. 古籍数字化研究进展述评（2009—2019）[J]. 图书情报工作，2020（6）：130-137.
② 刘炜. 上海图书馆古籍数字化的初步尝试[J]. 图书馆杂志，1997（4）：33-34.
③ 陈洪澜. 中国古籍电子化发展趋势及其问题[J]. 中国典籍与文化，1998（4）：121-126.

保护古籍的目的[1]。乔红霞在《关于古籍全文数据库建设工作的思考》中提出，古籍数字化是利用多媒体技术、数据库技术、数据压缩技术、光盘存储技术、网络传输技术等手段把馆藏印刷型文献、缩微型文献、音像型文献等传统介质文献转化为数字化、电子化的光盘或网络信息[2]。刘琳等在《古籍整理学》中提出，古籍数字化就是将古代典籍中以文字符号记录的信息输入计算机，从而实现了整理、存储、传输、检索等手段的计算机化[3]。段泽勇等在《古籍数字化的回顾与展望》中提出，古籍数字化就是把人们几千年来常用的文字符号转化成能被计算机识别的数字符号[4]。陈力在《中文古籍数字化的再思考》中提出，古籍数字化是数字时代利用数字技术和现代信息技术对古籍进行整理[5]。毛建军在《古籍数字化的概念与内涵》中提出，古籍数字化就是从利用和保护古籍的目的出发，采用计算机技术，将常见的语言文字或图形符号转化为能被计算机识别的数字符号，从而制成古籍文献书目数据库和古籍全文数据库，用于揭示古籍文献信息资源[6]。秦长江在《中国古籍数字化建设若干问题的思考》中提出，古籍数字化是利用现代信息技术将古籍转化为电子数据的形式，通过光盘、网络等介质予以保存和传播[7]。徐金铸在《中文古籍数字化建设理论问题浅论》中提出，古籍数字化是为了保护和利用古籍，运用现代数字信息技术，对古籍进行加工、整理，建设成文献数据库，实现数字资源共享[8]。牛红广在《关于古籍数字化性质及开发的思考》中提出，古籍数字化在本质上是古籍整理传统方法的延续与创新，其性质可以说是古籍整理数字化或自动化[9]。肖禹在《古籍文本数据格式比较研究》中提

---

[1] 彭江岸. 论古籍的数字化[J]. 河南图书馆学刊, 2000（2）：63-65.
[2] 乔红霞. 关于古籍全文数据库建设工作的思考[J]. 河南图书馆学刊, 2001（4）：58-60.
[3] 刘琳, 吴洪泽. 古籍整理学[M]. 成都：四川大学出版社, 2003.
[4] 段泽勇, 李弘毅. 古籍数字化的回顾与展望[J]. 图书馆理论与实践, 2004（2）：37-39.
[5] 陈力. 中文古籍数字化的再思考[J]. 国家图书馆学刊, 2006（2）：42-49.
[6] 毛建军. 古籍数字化的概念与内涵[J]. 图书馆理论与实践, 2007（4）：82-84.
[7] 秦长江. 中国古籍数字化建设若干问题的思考[J]. 兰台世界, 2008（4）：12-13.
[8] 徐金铸. 中文古籍数字化建设理论问题浅论[J]. 齐齐哈尔大学学报（哲学社会科学版）, 2012（6）：178-179.
[9] 牛红广. 关于古籍数字化性质及开发的思考[J]. 图书馆, 2014（2）：107-108.

出，古籍数字化是对象为古籍的数字化，狭义的古籍数字化是古籍资源转换为计算机可读数据的过程，广义的古籍数字化是古籍数字资源生产、组织、管理、整合、存储、使用、处置等全过程①。

上述定义从古籍利用、古籍保护、古籍整理、古籍数据、数字化技术、资源共享、数字资源生命周期等诸多角度阐释了古籍数字化的内涵与外延。相对于定义，古籍数字化的研究内容则更为具体。

余力、管家娃在《我国古籍数字化建设现状分析及发展研究》中将古籍数字化研究内容归纳为：（1）基础理论研究，界定和剖析古籍数字化概念、类型、层次等基础问题，探讨古籍数字化工作的现状、问题和发展趋势；（2）技术问题研究，总结实践经验，揭示古籍数字化过程中存在的汉字处理、系统建设、平台搭建等技术问题并讨论解决策略；（3）实践应用研究，探讨古籍数字化资源服务与产品的设计，为其应用提供策略与方案，总结分析古籍数字化实践的成果与经验；（4）标准体系研究，分析国内古籍数字化的标准化现状，总结国外的标准经验，并就国内的标准体系建设问题建言献策；（5）专题古籍数字化研究，对古籍数字化的研究出现细分，如民族古籍数字化、农业古籍数字化、中医药古籍数字化等②。张文亮、敦楚男在《近十年我国古籍数字化研究综述》中将2007—2016年古籍数字化研究内容归纳为基础理论研究、古籍数字资源标准化体系建设研究、古籍数字化资源共建共享平台研究、古籍数字化资源管理研究、古籍数据库研究和特种古籍文献数字化研究③。李林澳、夏南强在《2008—2017年我国典籍数字化研究综述》中将典籍数字化主题热点归纳为典籍数字化保护、典籍数字化标准体系建设、典籍数据库建设、中医药典籍数字化、民族典籍和地方志的数字化、典籍数字化特殊技术应用和其他方面的研究④。张翠真、张琼苑在《2010—2015年

---

① 肖禹. 古籍文本数据格式比较研究 [M]. 上海：上海远东出版社，2017.
② 余力，管家娃. 我国古籍数字化建设现状分析及发展研究 [J]. 数字图书馆论坛，2017（11）：41-47.
③ 张文亮，敦楚男. 近十年我国古籍数字化研究综述 [J]. 图书馆学刊，2017（3）：126-130.
④ 李林澳，夏南强. 2008—2017年我国典籍数字化研究综述 [J]. 图书馆理论与实践，2019（11）：38-44.

古籍数字化研究现状与展望》中将古籍数字化研究内容归纳为发展困难与对策研究、主体构成及统筹协调机制研究、标准建设研究、专题数据库建设研究、资源服务及产品分析研究、实践总结研究和专业互动研究①。李明杰等在《古籍数字化研究进展述评（2009—2019）》中将古籍数字化研究归纳为古籍数字化概念及古籍数字化现状研究、与古籍保护相关的古籍数字化研究、与图书馆业务相关的古籍数字资源建设研究、专类古籍的数字化研究、古籍数字化协作机制研究及古籍数字化与数字人文相结合的研究，包括关联数据、知识挖掘、地理信息系统（Geographic Information System，GIS）、知识组织等；2009—2018年国家社会科学基金项目研究的主题大致分为少数民族古籍和中医药古籍的抢救性整理与保护，口述历史、特殊档案及非物质文化遗产保护相关的数字化项目，专题研究或专类古籍的数字化项目，单书的古籍数字化研究②。王秋云在《我国古籍数字化的研究现状及发展趋势分析》中将古籍数字化研究（1997—2020年）划分为缓慢增长期、加速开拓期、平稳发展期三个主要发展阶段：1997—2004年为缓慢增长期，古籍数字化处于初期摸索阶段与理论论证阶段，多数研究以古籍保护与利用为重点，围绕古籍数字化的概念辨析、基础理论分析、可行性研究以及发展趋势研判等问题开展，信息技术对于古籍利用与保护发挥的重要作用已成为研究人员的普遍共识，研究内容与概念涉及范围逐渐拓宽，参与数字化建设的学者领域不断扩大；自2004年以后，随着云计算、大数据、物联网、人工智能、可视化等新一代信息技术的迅速成熟并走向应用，研究人员对古籍数字化的基本特点的认识发生变化，关于古籍数字化的研究进入以基础技术研究和实践研究为主的发展阶段，相关研究迅速增长，古籍文本内容的深度利用成为古籍数字化的重要方面，数据挖掘、人工智能、可视化技术在古籍数字化方面发挥了较大的作用，信息技术成为推动和引领古籍数字化创新的重要力量，为古籍研究

---

① 张翠真，张琼苑. 2010—2015年古籍数字化研究现状与展望[J]. 兰台世界，2017（2）：104-108.
② 李明杰，张纤柯，陈梦石. 古籍数字化研究进展述评（2009—2019）[J]. 图书情报工作，2020（6）：130-137.

开拓了新的视角；2014年至今，文献数量基本呈现平稳状态，发文量每年仅有小幅度波动，进入稳定发展期，研究逐渐固化为"3+4"的研究模式，即古籍存储介质的转换、文本组织与检索、数据加工与知识服务3个研究方向，以及基础理论研究、数字化技术研究、数字化标准体系研究、专题古籍数字化研究4个重大研究问题[①]。

1.1 古籍的定义

不同国家标准中对古籍有以下3种定义。古籍是指书写或印刷于1912年以前、具有中国古典装帧形式的书籍，是中国古代书籍的简称[②]。古籍主要指1911年以前（含1911年）在中国书写或印刷的书籍[③]。古籍（Pre-1912 Chinese books）即中国古代书籍的简称，主要指书写、印制于1912年以前又具有中国古典装帧形式的书籍[④]。这3个定义均出自国家标准，都强调古籍是书籍的下位类。书籍是用文字、图画或其他符号在一定材料上记录知识、表达思想并制成卷册的著作物，是文化传播的重要载体。最初，书籍和书契档案并未区分开来，随着时间的推移，它们逐渐形成了各自独立的形态。在古代，书籍主要依靠人工书写，其材料和装帧形式也有所不同。在我国春秋时期至西汉年间（公元前8世纪到公元前2世纪），书籍通常用简、帛作为载体，到了东汉以后逐渐被纸张所替代，其装帧形式则为卷轴式，自唐代起，逐渐由手工书写改为刻板印刷，并演变为册页式[⑤]。除了文字表述上的差异，上述3

---

① 王秋云. 我国古籍数字化的研究现状及发展趋势分析[J]. 图书馆学研究，2021（24）：9-14.
② 中华人民共和国国家质量监督检验检疫总局，中国国家标准化管理委员会. 古籍修复技术规范与质量要求：GB/T 21712-2008[S]. 北京：中国标准出版社，2008：1.
③ 中华人民共和国国家质量监督检验检疫总局，中国国家标准化管理委员会. 古籍著录规则：GB/T 3792.7-2008[S]. 北京：中国标准出版社，2008：1.
④ 中华人民共和国国家质量监督检验检疫总局，中国国家标准化管理委员会. 汉文古籍特藏藏品定级第1部分：古籍：GB/T 31076.1-2014[S]. 北京：中国标准出版社，2015：1.
⑤ 中国百科大辞典编委会. 中国百科大辞典[M]. 北京：华夏出版社，1990.

个定义也存在明显的区别：定义一强调具有中国古典装帧形式，定义二只强调在中国书写或印刷，定义三强调中国古代书籍且具有中国古典装帧形式。

上述3个定义与古籍原本的表述更加接近。《简明古籍整理辞典》将古籍定义为古人写、印的书籍，一般指辛亥革命（1911年）之前历朝写本、刻本、稿本、拓本等，辛亥革命以后影印、排印线装书籍（如《四部丛刊》《四部备要》等）也属古籍[①]。这个定义将1911年以后的影印、排印线装书也纳入古籍的范围。古籍的定义还有很多，此处不再赘述。

在古籍数字化视域下，古籍是数字化的对象，既包含原本，也包含影印本与排印本；既包含线装书等具有中国古典装帧形式的书籍，也包含甲骨、金石等实物文献。从定义上看，古籍似乎更接近于古代文献。但是从古籍数字化的实践来考察，数字化对象还包含1949年以后编纂的古籍目录、古籍索引、影印本（含抽印本）、排印本、点校本、辑佚本等，甚至包含晒印本、油印本、复制本（含照相复制本）、缩微本等。

1.1.1 载体与内容

除口述史料等特殊情况，古籍是载体与内容的复合体。在古代，我国古籍的载体有甲骨、金石、竹、木、帛、纸等，近现代又增加了胶片、磁带、磁盘、光盘等。古籍内容是用文字、符号、图形、图画等记录信息、传播知识、表达思想的信息集合。但古籍不等于载体加内容，载体承载信息既包括古籍内容，又包括古籍生产、流传、保护等信息。以一部古籍为例，生产信息包括开本、册数、装订、书衣、包角、函套等，流传信息包括钤印、圈点、批校题跋等，保护信息包括虫蛀、水渍、破损、残缺、小补、整托、金镶玉等。因此，古籍内容只是载体承载信息集合的子集。

古籍内容与载体的关系类似于意识与物质的关系，古籍内容依靠载体存续，若载体的物理性质或化学性质发生变化，古籍内容可能改变、减少甚至

[①] 诸伟奇，贺友龄，敖堃，等. 简明古籍整理辞典 [M]. 哈尔滨：黑龙江人民出版社，1990.

损毁。以图1-1为例,书叶(筒子页)出现虫蛀、水渍、破损等情况,文字清晰度下降、扭曲变形、部分缺失,古籍内容产生相应的变化。在古籍保护领域,原生性保护是保护古籍原本,减缓载体的老化;再生性保护是生成可替代本,实现载体迁移。古籍数字化也是载体迁移的方式之一。

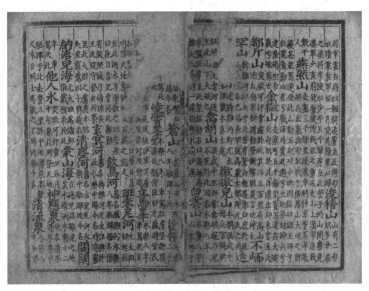

图1-1 古籍样张[①]

古籍载体迁移通常伴随着内容信息的衰减。以古籍图像采集为例,数字图像采集设备、采集环境、采集流程等都可能产生失真或扰动,尽管可以使用更高级别的专业设备、引入全流程色彩管理、严格遵循相关标准规范、加强质量控制等减少信息损失,使用信息补偿算法,但仍然无法完全避免古籍图像失真。

1.1.2 原本与点校本

古籍数字化的底本既可以是古籍原本,也可以是影印本、排印本、点校本等。古籍原本与影印本版式一致,不考虑描润等因素,内容完全相同,影印本的清晰度低于原本,如图1-2和图1-3所示。

---

① (明)李贤,等. 大明一统志九十卷[M]. 明天顺五年武内府刻本.

基于深度学习的古籍数字化研究

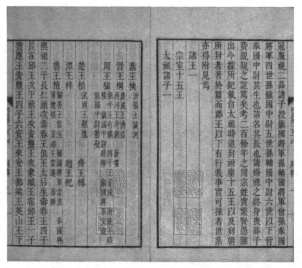

图1-2　古籍样张影印本①

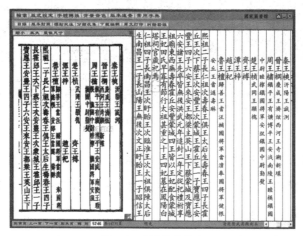

图1-3　古籍样张原本

点校即标点和校勘的合称。标点是指给古籍施加现代标点符号的整理方式。校勘是指比对文字异同、勘正讹脱衍倒的整理方式。

点校本与原本差异巨大：首先，原本是某种书的某一个版本，而点校本是以某种书的某一个版本为底本，选择另一个或多个版本为校本，校勘后在

---

① （清）张廷玉，等. 明史三百三十二卷目录四卷［M］. 清乾隆四年武英殿刻本.

8

底本上修改或出校记；其次，原本通常无标点（部分原本有句读），而点校本有标点，段落、句子划分清晰，但是对同一段文本，不同学者的标点结果可能不同；再次，原本与点校本的版式不同，点校本在形式上更接近于现代出版物，文本化的难度低于原本；最后，原本与点校本的内容不同，点校本在校勘过程中进行了文字规范，也改正了原书中的部分错误，如图 1-3 和图 1-4 所示。古籍点校的具体要求可参阅本书附录 1。

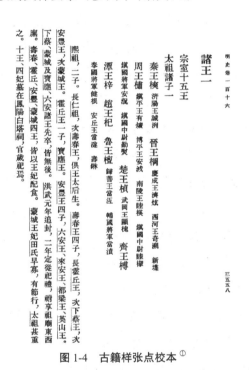

图 1-4　古籍样张点校本 ①

在古籍数字化视域下，无论是从载体还是内容的角度考察，点校本的数字化难度都低于古籍原本，但我们应注意以下问题。

点校本没有准确的数量统计，也没有完整的目录体系。卢有泉在《新中国 60 年古籍整理与出版》中指出，据有关方面统计，截至 2009 年上半年，已有 1 万余种重要的古籍图书经专家整理校勘后重新出版，占我国现存古籍

---

① （清）张廷玉，等. 明史［M］. 北京：中华书局，1974：3558.

总量的十分之一①。肖炎明在《改革开放新时期古籍整理论析》中指出,据不完全统计,截至2011年,新中国成立以来共整理出版各种古籍出版物2万多种,其中近1.9万种是改革开放新时期整理出版的②。中共中央宣传部(以下简称中宣部)2020年委托课题"1912年以来古籍整理书目数据库分析研究"有一个数据统计：1949—2003年,全国共出版古籍整理图书14 338种,平均每年265种；2004—2011年,全国共出版古籍整理图书12 880种,平均每年出版1 610种；2012—2019年,仅采集中国出版协会古籍工作委员会40家成员单位的数据,共计出版古籍整理图书10 755种,平均每年1 344种。另有《古籍整理图书目录(1949—1991)》③《新中国古籍整理图书总目录》④等可供参考。与《中国古籍总目》收录的17万余种⑤古籍相比,仍有大量古籍无点校本。

点校本的质量与点校者的专业素质和工作态度密切相关,即使是《资治通鉴》、"二十四史"和《清史稿》等标志性的点校本,也难免出现疏漏。然而伴随着点校本种类和数量的快速增长,部分点校本错误较多,甚至出现了《梁佩兰集校注》召回事件。

部分门类的点校本重复出版问题严重,以四大名著为例,粗略统计1950—2000年,《红楼梦》共有157个版本,《三国演义》共有138个版本,《水浒传》共有124个版本,《西游记》共有117个版本,而且集中于1994年以后；1949—2000年,出版《红楼梦》《三国演义》《水浒传》《西游记》的出版社分别有107家、103家、95家、93家,而1985年以前,四大名著标点排印本基本上只由人民文学出版社一家承担⑥。

点校本属于学术成果,如果使用不当,可能引发法律纠纷或道德争议。

---

① 卢有泉. 新中国60年古籍整理与出版[J]. 编辑之友,2009(10)：35-38.
② 肖炎明. 改革开放新时期古籍整理论析[D]. 新乡：河南师范大学,2016：I.
③ 国务院古籍整理出版规划小组办公室. 古籍整理图书目录(1949—1991)[M]. 北京：中华书局,1992.
④ 杨牧之. 新中国古籍整理图书总目录[M]. 长沙：岳麓书社,2007.
⑤ 吴格.《中国古籍总目》编纂述略[J]. 中国索引,2010(2)：32-36.
⑥ 黄义侠. 50多年来我国古籍出版的质量问题[J]. 出版科学,2006(3)：50-53.

1.1.3 版本与善本

版本是指使用雕版、活字排版以及其他方式印刷而成的古籍传本（版本学中的版本通常包括抄写的各种传本）。版本是指同一部书的不同本子，各种本子的不同是由于书籍经多次传写或刻印，以致有内容、字体、版面、装订等方面的差异而形成的[①]。版本是指同一书籍的不同编辑、传写、印刷所成的本子[②]。版本是指文献在传写或制作过程中形成的各种不同的文本；作为版本学的研究对象，主要指图书在内容和形式方面的各种特征，如书写与印刷的形式、年代、版次、字体、行款、纸墨、装订、内容的增删修改，以及一书在流传过程中所形成的记录，如藏书、印记、题识、批校等[③]。通过上述定义不难看出，同一种古籍的不同版本的载体与内容都不相同。

具有历史文物性、学术资料性和艺术代表性的古籍均可视为善本，包括写印年代较早、传世较少，以及精校、精抄、精刻、精印的古籍。李致忠在《"善本"浅论》中指出，所谓历史文物性，包括两个方面的含义，一是指古书版印抄写的历史时代较早而具有文物性，二是指古书可作为历史人物、历史事件的文献实物见证而具有某种纪念意义。所谓学术资料性，除了指经过精校细勘，文字脱讹较少的刻本、抄本外，还应包括古书中那些在学术研究上有独到见解，或有学派特点或集众说较有系统，或在反映某一时期、某一领域、某一人物、某一事件的资料方面，比较集中、比较完整、比较少见的稿本、刻本和抄本。所谓艺术代表性，主要是指那些能反映我国古代各种印刷技术的发明、发展和成熟水平，或是在装订上能反映我国古代各种书籍制度的演变，或是用纸特异、印刷精良能反映我国古代造纸、印刷技术水平的古书。在现存古籍中，凡具备以上三方面特点，或具备其中之一二者，均可视为善本[④]。

在古籍整理中，确定品种后首先要选定版本。"善本三性"可以作为版本

[①] 董大年. 现代汉语分类大词典［M］. 上海：上海辞书出版社，2007.
[②] 诸伟奇，贺友龄，敖堃，等. 简明古籍整理辞典［M］. 哈尔滨：黑龙江人民出版社，1990.
[③] 王绍平，陈兆山，陈钟鸣，等. 图书情报词典［M］. 上海：汉语大词典出版社，1990.
[④] 李致忠. "善本"浅论［J］. 文物，1978（12）：69-73.

选择的指导，同时要具体问题具体分析，尽可能找到最佳解决方案。以中华书局的《宋元方志丛刊》为例，为了保存文献，便于研究利用，现将现存全部宋元方志汇为一编；在影印底本的选择上，不以刊刻年代的早晚作为取舍的依据，而是尽可能地择取字迹清晰、附刊有后世学者写的校勘考证等研究成果的足本，以便于读者参考，对于各本均残的方志，这次影印不作辑补，一仍其旧[①]。

在古籍数字化视域下，古籍版本选择问题将变得更为复杂。一个古籍数字化项目要综合考虑需求、成本、文献、工程、学术、技术等因素，如图1-5所示，以及各种因素间的相互限制与相互作用。此时，古籍版本选择可能不再是项目的首要问题，随着约束条件的不断增加，版本选择的重要性将逐渐下降，学术性也在逐渐丧失。

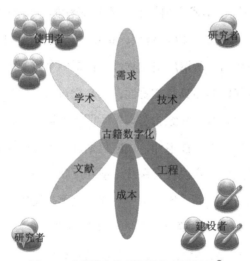

图1-5　古籍数字化项目需考虑的因素[②]

从项目建设者的角度考量，文献收藏机构会将版本选择范围自动划定为本机构的收藏，而数字资源提供商则会更多地从成本的角度考虑版本选择问题。以技术验证或技术创新为主的项目会优先考虑数据的可用性、易用性、

---

① 诸伟奇，贺友龄，敖堃，等. 简明古籍整理辞典［M］. 哈尔滨：黑龙江人民出版社，1990.
② 肖禹. 古籍文本数据格式比较研究［M］. 上海：上海远东出版社，2017.

可获取性等，从项目整体综合考虑成本，在部分项目中，古籍品种选择已经成为次要问题，版本选择直接被忽视。

在清末民初石印术、铅印术逐渐普及之前，古籍都是手工制品，而非机械工业产品。以雕版印刷为例，其生产过程是一个刷印、晾干、再刷印、再晾干的循环过程；雕版刻好后可长期存放，根据需要随时刷印，残损漫漶后可随时修补，生命周期可以很长；雕版印刷的生产周期比较长，单次印数取决于技术因素和实际需求，普遍在数十、数百部之间[①]。因此，一种书的同一版本可能有多个印次，同一印次的不同部书也不可能完全相同，如图1-6所示。图1-6为《大明一统志》九十卷，明天顺五年武内府刻本，其中（a）为国家图书馆藏本，（b）为东京大学东洋文化研究所藏本。（b）与（a）相比，断板更多，部分文字更不清晰。

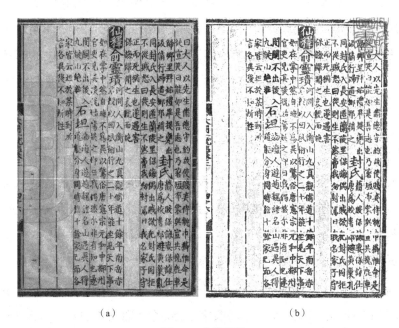

（a） （b）

图1-6 古籍样张

---

① 何朝晖. 试论中国传统雕版书籍的印数及相关问题［J］. 浙江大学学报（人文社会科学版），2010（1）：18-30.

1.2 文字

古籍内容由文字、符号、图形、图画等构成。本书的研究对象为汉文古籍，汉字属性将对古籍数字化产生重要影响。例如，汉字是形音义的统一体，古代汉语的词多是单音节的，所以汉字从一开始就是一个字代表一个词，读为一个音节，形成"字—词—音节"的对应形式[①]。而表音文字，以英文为例，它以字母为基础，线性的字母组合形成单词，每个单词表示一个或多个意思，单词之间用空格分开。对英文而言，编码只需要少量字母与符号，美国信息交换标准代码（American Standard Code for Information Interchange，ASCII）定义了128个字符，就可以完全解决英文的编码问题。汉字是表意文字，每一个汉字就需要一个编码。汉语有单字词、双字词、多字词，且词与词之间没有分隔符号，切词就是必须解决的问题。古籍原本没有标点（少量有句读），断句、分段、标点等也是要解决的问题。此外，在古籍数字化中，还会遇到异体字、通假字、避讳字、讹误字等诸多问题。

1.2.1 汉字数量

汉字与苏美尔的楔形文字、古埃及的圣书字是世界上最古老的三大文字系统。汉字产生的时间可能比楔形文字和圣书字稍晚一些，但汉字是一直沿用下来的今天仍在使用的活的文字。汉字从甲骨文、金文、篆书、隶书演变到楷书的过程，也是汉字数量累积的过程。中国社会科学院考古研究所编《甲骨文编》合正编、附录共计4 672字；容庚编《金文编》正编收录金文字头2 402个，重文19 357个，附录收字1 352个，重文1 132个；秦公辑《碑别字新编》收字头2 528个，别字12 844个；罗福颐编《汉印文字征》正编收字2 646字，重文7 432字，附录收字143个，重文18个；滕壬生《楚系

---

① 孔祥卿，史建伟，孙易. 汉字学通论[M]. 北京：北京大学出版社，2006.

简帛文字编》共计摹写收录文字形体 19 250 个,分为单字、合文、重文、存疑字四部分①。历代字书(辞书)收字统计表如表 1-1 所示。

表 1-1 历代字书(辞书)收字统计表②

书名	成书时间(时代)	作者	收字头数
说文解字	公元 100 年(东汉)	许慎	9 353
字林	(晋)	吕忱	12 824
玉篇	公元 543 年(南朝梁)	顾野王	22 726
龙龛手鉴	公元 997 年(辽)	行均	26 430
广韵	公元 1011 年(宋)	陈彭年等	26 194
类篇	公元 1066 年(宋)	司马光等	31 319
集韵	公元 1067 年(宋)	丁度等	53 525
改并五音类聚四声篇海	公元 1212 年(金)	韩道昭	35 189
字汇	公元 1615 年(明)	梅膺祚	33 179
正字通	公元 1671 年(明)	张自烈	33 549
康熙字典	公元 1716 年(清)	张玉书等	47 035
中华大字典	公元 1915 年(民国)	陆费逵等	48 200
大汉和辞典	公元 1959 年	诸桥辙次	49 964
中文大辞典	公元 1968 年	《中文大辞典》编纂委员会	49 905
辞源(修订版)	公元 1983 年	《辞源》编辑委员会	12 890
汉语大字典	公元 1986 年	《汉语大字典》编辑委员会	54 678
中华字海	公元 1994 年	冷玉龙	85 568
辞海(修订版)	公元 1999 年	《辞海》编辑委员会	17 674
汉韩大辞典	公元 2008 年	檀国大学东洋学研究所	55 300
汉语大字典(第二版)	公元 2010 年	汉语大字典编辑委员会	60 370

李运富在《论汉字数量的统计原则》③中指出,《中华字海》号称"当今世界收汉字最多的字典",而事实上远非汉字形体的全部,单就传世文献的

---

① 刘金荣.论汉字的字体及其种类[J].绍兴文理学院学报,1987(4):77-82.
② 肖禹.IDS 与集外字处理方法研究[M].上海:上海远东出版社,2017.
③ 李运富.论汉字数量的统计原则[J].辞书研究,2001(1):71-75.

印刷字体而言，我们已看到多篇"补遗"性质的文章，拾掇了许多漏收的形体，而我们翻阅魏晋以后的诗文杂录等口语色彩较浓的著作，还会时时遇见在《中华字海》中查不到的奇怪形体。要是加上手写本，如吐鲁番、敦煌等地文书中的俗字异体，那就更不得了。而且《中华字海》虽是只统计楷书，但其中的许多形体实际上是历代从篆隶金石文字转写而来的，现在地下古文字层出不穷，如果按照同一原则，将所有古文字的各种形体转写成楷书而收入字典并加统计，如上举各种字表字编中的形体（包括重文），那汉字的数量就会急剧膨胀，绝不止几万，而是几十万、几百万，甚至上千万。

"小学堂文字学资料库"收录字形261 119个，其中甲骨文24 701个，金文38 838个，战国文字69 521个，小篆11 101个，隶书字25 108个，楷书字91 850个。台湾《异体字字典》（第六版）总收字106 330个，其中正字29 921个，异体字74 407个，待考附录字2 002个。"中华字库"工程预计可编码字符数达到50万左右，包括汉字古文字约10万、楷书汉字约30万、各少数民族文字约10万，并将形成我国多语种文字的数字化处理技术体系[①]。通过上述数据可以推论，楷书正体字估计在3万字左右[②]，异体字则不少于几十万个。

1.2.2 汉字编码

汉字编码（Chinese character encoding）是指按照一定的规则，将指定的汉字集内的元素编制成相应的代码。汉字编码方案（Chinese character encoding scheme）是指将汉字集元素映射到其他字符集元素的一组完整规则。汉字编码字符集（Chinese character encoding character set）是指按一定的规则确定的包含汉字及有关基本图形字符的有序集合，并规定该集合中的字符与编码表示之间一一对应的关系。

---

① 孟忻. 论"中华字库"工程——中华民族有史以来规模最大的汉字及少数民族文字整理工作［J］. 中国索引，2013（1）：43-44.
② 李运富. 论汉字数量的统计原则［J］. 辞书研究，2001（1）：71-75.

汉字编码标准规定了信息技术用的中文图形字符及其二进制编码的十六进制表示，适用于图形字符信息的处理、交换、存储、传输、显现、输入和输出。字符集是汉字编码的主流解决方案，每一个编码对应一个汉字字形。若字库中只包含汉字编码和字形，则该字库称为静态汉字字库，其只能支持静态汉字字形显示；而包含笔画时序信息的，能够进行汉字书写模拟的中文字库则称为动态汉字字库[①]。20世纪80年代以来，我国相继推出的字符集如表1-2所示。除了字符集外，还有另一类汉字编码方案，即动态组字。动态组字是一种汉字在计算机等领域的编码理论及技术，是通过一定数量的字根部件（等同英文的字母，但仍为表意）动态生成汉字，并显示到计算机屏幕上，使用者可以根据需要自行组字。基于动态组字的汉字信息处理系统又被称为无字库系统。

表1-2 我国字符集收字数情况

字符集	收字数	备注
GB2312-80	6 763个简体字	基本集，包含7 445个字符
GB12345-90		第一辅助集，将基本集中的简体字替换为对应的繁体字
GB7589-87	7 237个简体字	第二辅助集
GB/T13131-91		第三辅助集，将第二辅助集中的简体字替换为对应的繁体字
GB7590-87	7 039个简体字	第四辅助集
GB/T13132-91		第五辅助集，将第四辅助集中的简体字替换为对应的繁体字
GB13000.1-93	20 902个字	GB13000.1-93等同采用ISO/IEC10646.1:1993
GB/T16500-1998	3 778个字	第七辅助集，GB13000.1的G列未收入汉字，分别属于T、J、K列
SJ/T 11239	2 501个汉字	第八辅助集，GB2312、GB7589、GB7590未收的汉字，主要用于地名
GBK	21 003个字	包含882个符号

---

① 俎小娜. 基于全局仿射变换的分级动态汉字字库[D]. 广州：华南理工大学，2008：5.

（续表）

字符集	收字数	备注
GB18030-2000	27 533 个字	GB18030-2000 兼容 Unicode3.0
SJ/T 11239-2001	2 501 个汉字	第八辅助集，GB 2312、GB 7589、GB 7590 未收的汉字，主要用于地名
GB18030-2005	70 244 个字	GB18030-2005 兼容 Unicode4.1
GB18030-2022	87 887 个字	GB18030-2022 兼容 Unicode11.0

1.2.3 字符集与集外字

宫爱东在《新世纪图书馆古籍数字化的几个问题》中指出，汉字库的问题是实现古籍数字化最核心的问题，也是目前古籍要采用字符方式实现数字化的最大技术困难。据统计，古籍内通用字约 4 万个，常用异体字约 2 万个，生僻少见或自创的怪字最多 2 万个。因此，字库内有 6 万汉字应能满足基本需要，有 8 万字一般说应该满足需要了，最多到 10 万字就能完全满足需要[①]。陈力在《中文古籍数字化的再思考》中指出，目前业界大多采用统一码（Unicode）作为文字处理的标准，Unicode 已经定义了 7 万多汉字，不久将再扩充 2 万汉字。因此，古籍文本的简单转换已不是什么太大的问题了。目前最大的问题是如何处理古籍在传抄、刊刻过程中所产生的一些问题，如异形字、避讳字、通假字等[②]。

Unicode 标准是由计算机专家、语言学家和学者团队创建的。它已成为一个世界范围的字符标准，使易用的文本编码无处不在。因此，Unicode 标准遵循一系列基本原则：广泛性（Universal Repertoire）、逻辑顺序（Logical Order）、高效性（Efficiency）、统一性（Unification）；字符编码，而非字形编码（Character, Not Glyph）；动态组合（Dynamic Composition）；语义性（Semantic）；稳定性（Stability）；纯文本（Plain Text）；可转换性

[①] 宫爱东. 新世纪图书馆古籍数字化的几个问题［J］. 图书馆学刊, 2000 (1): 18-20.
[②] 陈力. 中文古籍数字化的再思考［J］. 国家图书馆学刊, 2006 (2): 42-49.

（Convertibility）。

Unicode 的编码范围为 0x000000 至 0x10FFFF（16 进制），最多可以容纳 1 114 112 个字符。Unicode 字符集包含两部分：文字（Scripts）和符号与标点（Symbols and Punctuation）。文字包含欧洲文字（European Scripts）、修饰字母（Modifier Letters）、组合符号（Combining Marks）、计算机语言（Miscellaneous）、非洲文字（African Scripts）、中东文字（Middle Eastern Scripts）、中亚文字（Central Asian Scripts）、南亚文字（South Asian Scripts）、东南亚文字（Southeast Asian Scripts）、印尼和菲律宾文字（Indonesian & Philippine Scripts）、东亚文字（East Asian Scripts）和美洲文字（American Scripts）。符号与标点包含记号系统（Notational Systems）、标点符号（Punctuation）、字母数字符号（Alphanumeric Symbols）、技术符号（Technical Symbols）、数字数位（Numbers & Digits）、数学符号（Mathematical Symbols）、表情和图形符号（Emoji & Pictographs）、其他符号（Other Symbols）、特殊符号（Specials）、自定义区（Private Use）、替代区（Surrogates）和非字符区（Noncharacters in Charts）。

东亚文字包括 Han 字（Han）、平假名（Hiragana）、片假名（Katakana）、谚文（Hangul）、苗文（Miao）、彝文（Yi）、傈僳文（Lisu）、女书（Nüshu）、西夏文（Tangut）、契丹小字（Khitan Small Script）和注音符号（Bopomofo）。Unicode 将 Han 字定义为中日韩统一表意文字（CJK Unified Ideographs），以下简称为 CJK 文字。

CJK 文字要把分别来自中文、日文、韩文、越文中本质和意义相同、形状一样或稍异的表意文字（主要为汉字，但也有仿汉字如日本国字、韩国独有汉字、越南的喃字）于 ISO 10646 及 Unicode 标准内赋予相同编码。

CJK 文字包括基本集、扩展 A 集、扩展 B 集、扩展 C 集、扩展 D 集、扩展 E 集、扩展 F 集、扩展 G 集、扩展 H 集、兼容集和兼容补集。基本集的编码范围为 U+4E00 至 U+9FFF，收字 20 992 个；扩展 A 集的编码范围为 U+3400 至 U+4DBF，收字 6 592 个；扩展 B 集的编码范围为 U+20000 至

U+2A6DF，收字42 720个；扩展C集的编码范围为U+2A700至U+2B739，收字4 154个；扩展D集的编码范围为U+2B740至U+2B81D，收字222个；扩展E集的编码范围为U+2B820至U+2CEA1，收字5 762个；扩展F集的编码范围为U+2CEB0至U+2EBE0，收字7 473个；扩展G集的编码范围为U+30000至U+3134A，收字4 939个；扩展H集的编码范围为U+31350至U+323AF，收字4 192个；兼容集的编码范围为U+F900至U+FAD9（其中U+FA6E和U+FA6F未定义），收字472个；兼容补集的编码范围为U+2F800至U+2FA1D，收字542个，累计收字98 060个，具体如表1-3所示。

表1-3 Unicode收录CJK文字情况

时间	版本	编码范围	CJK文字数量	累计数量	说明
1992年	Unicode 1.0.1	4E00-9FA5	20 902	20 902	基本集
		F900-FA2D	302	21 204	兼容集
2000年	Unicode 3.0	3400-4DB5	6 582	27 786	扩展A集
2001年	Unicode 3.1	20000-2A6D6	42 711	70 497	扩展B集
		2F800-2FA1D	542	71 039	兼容补集
2002年	Unicode 3.2	FA30-FA6A	59	71 098	
2005年	Unicode 4.1	9FA6-9FBB	22	71 120	
		FA70-FAD9	106	71 226	
2008年	Unicode 5.1	9FBC-9FC3	8	71 234	
2009年	Unicode 5.2	2A700-2B734	4 149	75 383	扩展C集
		9FC4-9FCB	8	75 391	
		FA6B-FA6D	3	75 394	
2010年	Unicode 6.0	2B740-2B81D	222	75 616	扩展D集
2012年	Unicode 6.1	9FCC	1	75 617	
		FA2E-FA2F	2	75 619	
2015年	Unicode 8.0	2B820-2CEA1	5 762	81 381	扩展E集
		9FCD-9FD5	9	81 390	
2017年	Unicode 10.0	2CEB0-2EBE0	7 473	88 863	扩展F集
		9FD6-9FEA	21	88 884	

(续表)

时间	版本	编码范围	CJK 文字数量	累计数量	说明
2018 年	Unicode 11.0	9FEB-9FEF	5	88 889	
2020 年	Unicode 13.0	30000-3 134A	4 939	93 828	扩展 G 集
		9FF0-9FFC	13	93 841	
		4DB6-4DBF	10	93 851	
		2A6D7-2A6DD	7	93 858	
2021 年	Unicode 14.0	9FFD-9FFF	3	93 861	
		2A6DE-2A6DF	2	93 863	
		2B735-2B738	4	93 867	
2022 年	Unicode 15.0	31350-323AF	4 192	98 059	扩展 H 集
		2B739	1	98 060	

Unihan（Unicode Han Database）是与 Unicode 标准中所含表意文字相关的知识库，包含支持相互转换的映射数据和允许转换及支持不同语言使用表意文字的附加信息。Unihan 包含 10 类数据：字形（Glyphs）、编码形式（Encoding Forms）、IRG[①] 来源（IRG Sources）、字典索引（Dictionary Indices）、字典数据（Dictionary Data）、数值（Numeric Values）、其他映射（Other Mappings）、部首笔画索引（Radical-Stroke Indices）、读音（Readings）和异体（Variant）。为了方便使用，通过 unicode2SQLite.py 程序将 Unihan（Unicode 15.0）数据导入 unicode.db 数据库的 Unicode15_Han_d 表内，各字段的定义详见 UNICODE HAN DATABASE（UNIHAN）。

以 IRG 来源为例，包括含 kIRG_GSource（中国和新加坡）、kIRG_HSource（中国香港）、kIRG_JSource（日本）、kIRG_KPSource（朝鲜）、kIRG_KSource（韩国）、kIRG_MSource（中国澳门）、kIRG_Tsource（中国台湾）、kIRG_UKSource（英国）和 kIRG_VSource（越南）。在 Unicode 15.0

[①] IRG 是 Ideographic Rapporteur Group 的简称，即表意文字起草小组，隶属于 ISO/IEC JTC1/SC2/WG2，其当前的工作范围包括：CJK 统一汉字库及其扩展，康熙部首和 CJK 部首扩充（已完成），制作表意文字描述序列，国际表意文字核心（IICore，已完成）CJK 笔画（已完成），更新 CJK 统一规则。

中，具有 kIRG_Gsource 的 CJK 文字有 65 950 个，具有 kIRG_Tsource 的 CJK 文字有 59 133 个，具有 kIRG_Hsource 的 CJK 文字有 17 688 个，具有 kIRG_Msource 的 CJK 文字有 348 个，若认为具有上述 4 个 IRG 来源中一个或多个的 CJK 文字为汉字（非文字学意义上），则 Unicode 收录汉字的情况如表 1-4 所示。

表 1-4　Unicode 收录汉字情况

Unicode	CJK 文字数量	汉字数量	汉字占比
基本集	20 992	20 955	99.82%
扩展 A 集	6 592	6 326	95.96%
扩展 B 集	42 720	38 794	90.81%
扩展 C 集	4 154	2 781	66.95%
扩展 D 集	222	102	45.95%
扩展 E 集	5 762	4 117	71.45%
扩展 F 集	7 473	1 334	17.85%
扩展 G 集	4 939	2 417	48.94%
扩展 H 集	4 192	1 540	36.74%
兼容集	472	22	4.66%
兼容补集	542	542	100.00%
合计	98 060	78 930	80.49%

在字符集中引入集外字的概念，若不采用特定的技术和方法，集外字则无法输入、处理和显示。集外字的数量与字符集的收字数量直接相关，若数字化对象的用字总量和文字处理规则固定，字符集收录的文字越多，集外字的数量则越少。以国家图书馆数字方志项目[①]（以下简称数字方志）第一

---

① 国家图书馆数字方志项目始于 2002 年，先从馆藏旧方志（包括方志、一统志、专志、专类地志书等）中选出 6 800 余种进行扫描，采集图像 330 余万拍，编制卷目标引数据 50 余万条，之后分批进行文本化，截至 2016 年底，已完成 3 200 余种 210 余万筒子页。目前，已在互联网上发布馆藏 1949 年以前纂修的各个朝代省、府、厅、州、县志、乡土志等 6 400 余种方志图像，目录数据包含题名、责任者、出版者、出版时间、版本、分类号、文种、册数、描述、索取号等字段，支持简单检索、高级检索、二次检索、关联检索等功能。

期（文本化明至民国间的方志 744 种，14 682 卷，506 485 筒子页，使用"中易汉神 e"汉字系统，支持 Unicode4.1）为例，使用 CJK 基本区 16 801 个字（203 781 248 次），CJK 扩展 A 区 2 959 个字（274 847 次），CJK 扩展 B 区 9 117 个字（732 675 次）。若使用 GBK 字符集（收录 21 003 个字），集外字将多出 12 136 个（1 007 522 次），若使用 GB18030-2000 字符集（收录 27 533 个字），集外字将多出 9 117 个字（732 675 次）。

常见的集外字处理方法有造字法、认同法、替换法、描述法等。造字法是利用字符集的自定义区为集外字定义编码，Unicode 字符集的自定义区称为专用区（Private Use Area），包含专用区（E000-F8FF）、专用区增补 A（F0000-FFFFD）和专用区增补 B（100000-10FFFD），共有 137 468 个码位。认同法是将集外字替换为字符集内所包含的文字。替换法是将集外字变换为符号、图像等，常用的替换符号有"□"（U+25A1）、"■"（U+2588）等，用于替换的图像为黑白单字图。描述法是将集外字的字形用字符串表示，较为常用的描述方法有《汉语文古籍机读目录格式使用手册》中 393 字段系统外字附注的外字描述方法、Unicode 的表意描述序列（Ideographic Description Sequence，IDS）描述方法等。

1.2.4 汉字规范

汉字规范化是指根据文字发展的规律和社会交际的需要，为汉字的应用确定各方面的标准，把那些符合文字发展规律的新成分、新用法固定下来，加以推广；同时，对一些不符合文字发展规律和没有必要存在的歧义成分及用法，根据规范的要求，妥善地加以处理，使汉字更好地为社会交际和现代化建设服务。汉字规范化遵循"四定"原则，即定形、定量、定音、定序。

我国现行的字形标准是"印简写简"，从 20 世纪 50 年代开始，国家对汉字进行了大规模的简化和整理工作并陆续出台了一系列有关汉字规范的文件：1955 年 12 月 22 日，文化部（现整合组建为文化和旅游部）和中国文字改革委员会（现更名为国家语言文字工作委员会）公布了《第一批异体字整理表》，表内收异体字810组，共收录异体字1 865字，选取规范字形810字，淘汰1 055字；1964年5月，公布了《简化字总表》，共收2 235个简化字，平均每字10.3画，共简化繁体字2 264字，平均每字15.6画。1965年1月30日，文化部和中国文字改革委员会公布了《印刷通用汉字字形表》，收印刷用宋体铅字6 196字，确定了印刷宋体的字形，包括笔画数和字的结构、笔顺。1988年3月25日，国家语言文字工作委员会和国家新闻出版署公布了《现代汉语通用字表》，包括笔画数、结构和笔顺，共收通用字7 000字，其中含常用字3 500字。2000年10月31日，第九届全国人民代表大会常务委员会第十八次会议通过了《中华人民共和国国家通用语言文字法》，并于2001年1月1日起正式实施。规范汉字是指"新中国成立以来，经过整理简化的汉字和未整理简化的汉字，并且由国家主管部门公布推行，是我国全国范围内通用的法定文字"①。2013年6月5日，教育部、国家语言文字工作委员会组织制定的《通用规范汉字表》正式发布，该表是《中华人民共和国国家通用语言文字法》的配套规范，是现代记录汉语的通用规范字集，共收录汉字8 105个：一级字表为常用字集，收字3 500个，主要满足基础教育和文化普及的基本用字需要；二级字表收字3 000个，使用度仅次于一级字；一级、二级字表合计6 500字，主要满足出版印刷、辞书编纂和信息处理等方面的一般用字需要；三级字表收字1 605个，是姓氏人名、地名、科学技术术语和中小学语文教材文言文用字中未进入一级、二级字表的较通用的字。

《中华人民共和国国家通用语言文字法》第十七条中规定，有下列情形的，可以保留或使用繁体字、异体字：文物古迹，姓氏中的异体字，书法、篆刻等艺术作品，题词和招牌的手书字，出版、教学、研究中需要使用的，经国务院有关部门批准的特殊情况。显然，古籍数字化领域可以使用繁体字、异体字。

在古籍文本化的研究中，一直存在着克隆派（也称为还原派）与规范派

---

① 曹传梅.海峡两岸四地汉字"书同文"研究［D］.济南：山东师范大学，2011：6-7.

之争。克隆派主张古籍文本数据中的每一个字都要与原书一致，尽可能多地保存文字信息，通过其他方式解决检索问题。规范派主张文字规范是古籍文本化的重要任务之一，保留原本中的异体字弊大于利，除了字书、人名、地名等特殊情况，古籍文本数据应使用通行繁体字，有条件甚至可以使用简化字。而在古籍文本化实践中，多以字库（字符集）为基础，集内字按字形还原，集外字依据项目需求灵活处理。

克隆派与规范派之争本质上是汉字编码与汉字规范的矛盾。如果每一个汉字字形都可以编码，古籍文本数据可以还原原书。如果每一个汉字字形都有对应的规范汉字，古籍文本数据可以按需规范。但是在现实中，我国汉字规范的重点是现代汉语，核心是简化字，《通用规范汉字表》收录汉字8 105 个，附件 1 中收录 2 546 个规范字相对应的 2 574 个繁体字，以及 794 组 1 023 个异体字[①]。相对于古籍用字数量和庞大的异体字数量，《通用规范汉字表》显然无法满足古籍文本化的需求。而汉字编码主要考虑兼容 Unicode，《信息技术中文编码字符集》（GB/T 18030-2022）收录 CJK 文字 87 887 个，包含基本集（U+4E00 至 U+9FEF，不包括 U+9FB4 至 U+9FBB 的 8 个字符）、扩展 A 集至扩展 F 集，无法解决汉字规范问题。

Unicode 15.0 收录 CJK 文字 98 060 个。Unicode 为了实现统一编码，建立了三维概念模型，如图 1-7 所示，X 轴表示语义（semantic），Y 轴表示抽象字形（abstract shape），Z 轴表示实际字形（actual shape）。在 Unihan（Unicode 15.0）中，包含 17 366 条与变体（variant）有关的数据，其中 kSemanticVariant（语义变体）3 402 条、kSpecializedSemanticVariant（特殊语义变体）517 条、kSimplifiedVariant（简化变体）6 692 条、kTraditionalVariant（传统变体）6 291 条、kSpoofingVariant（欺骗变体）295 条、kZVariant（Z 轴变体）139 条。共涉及 15 285 个 CJK 文字，一一映射 16 141 个，一二映射 1 075 条，一三映射 93 条，一四映射 16 条，一五映射 3 条，一七映射 8 条，

---

① 教育部语言文字信息管理司. 语言文字规范标准 [M]. 北京：商务印书馆，2017.

如例 1-1 所示。Unihan 的 variant 数据服务于 unicode 的统一编码原则，而非汉字规范，经过整理、筛选后，部分可用于汉字规范。

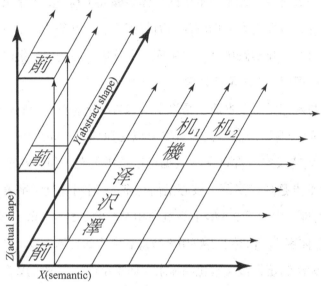

图 1-7 CJK 文字统一概念模型

【例 1-1】

U+6052（恒）　　kSemanticVariant U+6046（恆）<kLau, kMatthews, kMeyerWempe

U+6052（恒）　　kSimplifiedVariant U+6052（恒）

U+6046（恆）　　kSimplifiedVariant U+6052（恒）

U+6046（恆）　　kZVariant U+6052（恒）

U+62BA（抺）　　kSpoofingVariant U+62B9（抹）

U+5434（吴）　　kZVariant U+5433（吳） U+5449（呉）

U+6052（恒）　　kTraditionalVariant U+6046（恆） U+6052（恒）

U+5E76（并）　　kTraditionalVariant U+4E26（並） U+4F75（併） U+5E76（并）

U+60A8（您）	kSpecializedSemanticVariant	U+4F60（你）U+59B3（妳） U+7962（祢） U+88AE（袮）
U+6B72（歲）	kSemanticVariant	U+4E97（丗）<kMatthews U+5C81（岁）<kMatthews U+5D57（嵗） U+6B73（歳）<kMatthews U+21ED5（崴）<kLau, kMeyerWempe
U+FA11（﨑）	kSemanticVariant	U+37E2（嵢） U+57FC（埼）U+5D0E（崎）<kMorohashi:Z U+5D5C（嵜）U+7895（碕） U+966D（陭） U+2550E（碕）

Unicode 收录的字形庞杂，其中源自我国的汉字字形有符合我国汉字规范的正字，也有已经被规范淘汰的不规范字，还有大量没有经过整理和研究的待规范字（收录的主要依据是我国的传世字书），以及一些由于造字工人的疏忽而造出的错字[①]。

《古籍印刷通用字规范字形表》（GB/Z 40637-2021）收录古籍印刷通用字（中国古籍实际使用过的字，同时是 ISO/IEC10646 国际编码字符集中由中国提交的字）14 250 个，以 1911 年以前历代古籍词汇用字的字频为第一标准，以 1980 年后已经出版的古籍印刷用字字频和通行度为参照，选出备用字集；异写字（在同一形制下，记录同一个词，构形和意义相同，仅仅是写法不同的字）只保留一个通用字形作为规范字；异体字（音义相同、用法相同、仅仅形体结构不同、在任何环境下都可以互相置换使用的字）只保留一个优化字形作为规范字；局域异体字（在某一时期曾经的异体字，但在不同时代的古籍中又有不同用法的字）全部收入；缺笔、减笔的避讳字一律恢复原形，不收非汉字符号。《古籍印刷通用字规范字形表》同时考虑了汉字编码与汉字

---

① 齐霄鹏. ISO 10646 楷书汉字异体字整理［D］. 保定：河北大学，2013：2.

规范的问题，确定了古籍印刷通用字字形规范原则①，但是未给出异体字与通用字的映射关系，无法直接用于文字规范。

理想的汉字规范数据应包含古籍规范汉字集、规范字属性集、Unicode字符集内汉字与规范字映射表及规则、集外字与规范字映射表及规则、规范字增补与修改规则等。

1.2.5 字频统计

要考察古籍的用字情况，就需基于古籍文本数据做字频统计。而古籍文本数据要依托于字库，受字库收字量的限制，同时受集外字处理和文字规范的影响。李波在《史记字频研究》中对前四史和十三经做了字频统计，选用单字频次（每一个单字在语料中出现的次数）、单字覆盖率（单字频次与语料总字数的比值，用百分数表示）、累计覆盖率（单字频次大于等于某一字字频的所有单字字频之和与语料总字数的比值，用百分数表示）等指标，将字频区划分为核心字区（累计覆盖率超过50%所对应的单字字数）、高频字区（累计覆盖率50%～90%所对应的单字字数）、中频字区（累计覆盖率90%～99%所对应的单字字数）、低频字区（累计覆盖率99%～100%所对应的单字字数，扣除罕用字区的单字字数）和罕用字区（又称为一用字区，即单字字频为1的单字字数），并与国家语言文字工作委员会1992年《现代汉语社会科学、自然科学综合汉字频度表》（以下简称《现代汉语汉字频度表》）做了比较，具体结果如表1-5所示②。

---

① 古籍印刷通用字字形规范原则：选择在以往古籍印刷中通行度较高的字形，优先选择古籍和现在使用都属于高频字的字形；在同样进入通用范围的条件下，宜考虑字形的优化与合理性，选择字理明晰或变异度较小的古籍常用字形；宜维持汉字的构形系统，保持音义相同的部件在不同字的形体中的一致性，同时尊重汉字自然发展的结果，已经稳定的变异部件不再改动；保持汉字的区别度，对那些可能导致混淆的汉字部件趋同现象或近似部件混同现象进行清理，但对已经定型而固化的不同字理的字形不再改动。
② 李波. 史记字频研究[M]. 北京：语文出版社，2006：42-43，50-52，53-56.

表 1-5　前四史和十三经字频统计表

字数	《史记》	《汉书》	《后汉书》	《三国志》	《三国志》裴注	十三经	《现代汉语汉字频度表》
文献总字数	572 864	806 263	687 175	368 183	322 196	634 854	11 890 000
单字总数	4 932	5 897	5 581	4 323	4 573	6 694	7 754
核心字数	108	146	187	176	171	106	162
高频字数	760	842	956	893	955	877	895
中频字数	1 712	1 832	1 827	1 545	1 734	2 434	1 794
低频字数	1 335	1 776	1 584	963	887	1 668	4 244
一用字数	1 017	1 301	1 027	746	826	1 609	659

通过表 1-5 中的数据不难看出，在前四史和十三经中，核心字数和高频字数较少，中频字数和低频字数较多，还存在大量的一用字。但是该研究使用的语料源自前四史和十三经的中华书局点校本，已经做了整理和文字规范，同时使用的文献量种类较少，语料总字数仅有 300 多万。

李牧在《汉字系统工程的计量研究》中选用整理本古籍 39 种（经部 13 种、史部 5 种、子部 9 种、集部 12 种，详见本书附录 2），语料总字数为 5 958 222 字，考察不同部类古籍用字差异，结果如表 1-6 所示，并由此推论，一般古籍用字量约在 12 000 个，再加上专科用字，估计总字量（除去异体之后）也不应高达 3 万个。通过比较本书附录 2 和表 1-5 不难发现，研究与前四史和十三经字频统计结果存在一定的差异，其原因在于数字化底本和字库的差异。

表 1-6　古籍按部类字频统计表

部类	总字数	用字量
经部	628 101	5 519
史部	2 356 592	7 156
子部	618 784	5 510
集部	2 354 745	9 279
合计	5 958 222	11 084

张轴材在《古籍汉字字频率统计》中，使用文渊阁《四库全书》电子版和《四部丛刊》电子版作为基础语料，做了逐字字频统计，文渊阁《四库全书》电子版用字量为 29 088 个，《四部丛刊》电子版用字量为 27 606 个，两者合计用字量为 30 127 个[①]，两者用字量与累计覆盖率的关系如表 1-7 所示。

表 1-7 《四库全书》和《四部丛刊》用字量与累计覆盖率的关系[②]

《四部丛刊》和《四库全书》		《四部丛刊》		《四库全书》	
累计覆盖率	用字量	累计覆盖率	用字量	累计覆盖率	用字量
10.000 0%	8	10.000 0%	8	10.000 0%	8
20.000 0%	30	20.000 0%	32	20.000 0%	29
30.000 0%	68	30.000 0%	69	30.000 0%	67
40.000 0%	126	40.000 0%	128	40.000 0%	125
50.000 0%	213	50.000 0%	218	50.000 0%	211
60.000 0%	350	60.000 0%	363	60.000 0%	347
70.000 0%	574	70.000 0%	603	70.000 0%	568
80.000 0%	950	80.000 0%	1 017	80.000 0%	936
90.000 0%	1 754	90.000 0%	1 915	90.000 0%	1 718
95.000 0%	2 768	95.000 0%	3 056	95.000 0%	2 689
99.000 0%	5 771	99.000 0%	6 369	99.000 0%	5 511
99.900 0%	12 398	99.900 0%	13 479	99.900 0%	11 798
99.990 0%	21 941	99.990 0%	22 412	99.990 0%	21 328
99.999 0%	27 264	99.999 0%	26 704	99.999 0%	26 505
99.999 9%	29 386	99.999 9%	27 519	99.999 9%	28 419
100.000 0%	30 127	100.000 0%	27 606	100.000 0%	29 088

通过表 1-7 中对统计数据的分析，张轴材得出以下结论：除了大规模字

---

① 张轴材. 古籍汉字字频率统计 [M]. 北京：商务印书馆，2008.
② 王荟，肖禹. 汉语文古籍全文文本化研究 [M]. 上海：中西书局，2012.

书的特殊需求，中国古籍数字化所需的汉字字量为 30 000 个左右。为了满足万分之 9 999 的用字需求，即缺字或称外字低于万分之 1，中国古籍通用汉字数量为 22 000 个。对于一般的古籍数字化，CJK 汉字已经可以满足 99.28% 的需求；国际汉字基本集（International Ideograph Core，IICore，收字 9 180 个）可以满足古籍汉字需求的 97% 以上。

文渊阁《四库全书》电子版和《四部丛刊》电子版使用 CJK+ 字符集，包含 Unicode CJK 基本集、扩展 A 集和自定义编码，采用光学字符识别（Optical Character Recognition，OCR）进行文字转换，无法转换的集外字先进行文字认同，尽量认同为集内字，对无法认同的集外字做字频统计，高频集外字做造字处理，低频集外字用"□"代替，并部分保留原字贴图。以文渊阁《四库全书》电子版为例，文本数据总字数为 699 684 465，其中 99.955% 的文本用编码汉字表示，集外字和模糊字为 314 388 字次，占全文数据的 4.49%。文渊阁《四库全书》电子版第二期工程于 2005 年展开，并于 2007 年推出 3.0 版，新版本采用了符合 Unicode 5.0 标准的字库，按 Unicode 编码标准造字 12 592 个，使可检索字符达 82 787 个，使旧版中 20 万个贴图字或"□"可检索。

虽然上述研究存在或多或少的缺陷，也不能基于上述数据得出或推论古籍用字量，但是可以得到以下几个基本结论：其一，字频统计基于古籍文本数据，字库、集内字规范与集外字处理直接影响字频统计的结果；其二，古籍用字量随古籍语料总量增长而发生变化，当语料总量较小时，用字量随语料总量的增长而非线性增长，当语料总量较大时，古籍用字量将逐渐接近某一阈值；其三，古籍文本的内容直接影响字频统计结果；其四，不考虑字书等特殊情况，若将文本正确率与集外字策略合并考虑，古籍用字量可以控制在某一范围内；其五，古籍点校本在出版前已做了文字规范，用字量远小于古籍原本。

此外，字频统计数据可以反映部分古籍内容特性，且可量化、易于获取。通过 charFrequencyStatistics.py 程序可以统计古籍文本（TXT 格式）的字频，也可以在一定程度上区分古籍原本与点校本。

1.3　深度学习

计算机通过学习经验获取知识，可以避免人类需要形式化地为计算机指定其所需的全部知识。层次化的概念使计算机能够通过构建简单的概念体系，逐步过渡到对复杂概念的理解与学习。如果绘制出表示这些概念如何建立在彼此之上的图，我们将得到一张"深"（层次很多）的图，这种方法称为深度学习（Deep Learning）[①]。

机器学习（Machine Learning）是人工智能（Artificial Intelligence）的一个分支，也是人工智能的一种方法。深度学习是机器学习的一个子集，但令人眼花缭乱的算法和应用程序集让人很难评估深度学习的具体成分是什么。深度学习是"深度"的，模型学习了许多"层"的转换，每一层提供一个层次的表示，可以称为"多级表示学习"（Representation Learning）。深度学习的一个关键优势是它不仅取代了传统学习管道末端的浅层模型，而且还取代了劳动密集型的特征工程过程。此外，通过取代大部分特定领域的预处理，深度学习消除了以前分隔计算机视觉（Computer Vision）、语音识别（Automatic Speech Recognition 或 Speech to Text）、自然语言处理（Natural Language Processing）、医学信息学（Medicine Information）和其他应用领域的许多界限，为解决各种问题提供了一套统一的工具。

1.3.1　应用场景

在古籍数字化领域，如果说目录索引是 1.0 时代，图像文本是 2.0 时代，

---

① 伊恩·古德费洛，约书亚·本吉奥，亚伦·库维尔. 深度学习［M］. 赵申剑，黎彧君，符天凡，李凯，译. 北京：人民邮电出版社，2017.

那么 3.0 时代似乎还在远方徘徊，迟迟未能到来。究其原因，主要是相关技术无法支持大规模的古籍智能化处理。以国家社科基金重点项目"文化典籍整理与开发的智能技术研究"（项目编号 08ATQ002）为例，其主要内容包括如下。第一，探索与试验古籍知识库、模式库，将改为规则库，利用命名实体识别、词汇同义词关系识别、文本主题概念提取等技术，从各类古籍数据库抽取人名、地名、文献名、职官名、物品名、年号等构建知识库，与引书模式、异名别称模式、断句模式、分类模式等整合成一个古籍整理与开发专用的知识库。第二，重点探索与试验古籍智能整理与开发的关键技术；自动校勘技术，采用对校法，借鉴中文文本自动校对和模式匹配技术，通过比对程序校勘古籍；自动断句标点，对现有部分标点本古籍进行数理统计，归纳、总结其断句和标点模式，结合语言学方法，进一步优化断句和标点模式，实现计算机辅助断句与标点；自动分词和标引，利用汉语现代文本的分词理论和方法，探索古籍文本的自动分词技术，并利用统计学方法从古籍数据库中筛选出有一定表达意义的实词词汇，利用异名别称模式创建并完善古籍用词同义词典，引入文本数据挖掘、主题提取和自动分类技术，探索基于知识库的古籍文本的自动标引与分类；自动编纂，让计算机模拟人脑从大量古籍文本中判断、选择出与编纂主题相关的资料，实现古籍专题资料的自动编纂工作；自动注释，收集已有古籍专业词汇及其注解，构建古籍语词注解知识库。第三，提出并设计一种集成各种古籍整理与开发智能技术的原型系统，该系统集知识与模式于一体，集规则与技术于一体，具有合成性，既适用于古籍数据库的建设，又适用于古籍数据库的开发使用[1]。在当时的技术条件下，虽然取得了一定的研究成果，但是很难达到能够实际应用的水平。以古籍自动断句与标点为例，实验结果如表 1-8 所示[2]。

---

[1] 刘竟. 古籍计算机信息门户自动构建与应用[M]. 芜湖：安徽师范大学出版社，2013.
[2] 黄建年. 古籍计算机自动断句标点与自动分词标引研究[M]. 芜湖：安徽师范大学出版社，2013.

表1-8 古籍自动断句与标点实验结果

序号	统计项目	标点正确数		断句正确数		原文标点数
		个数	百分比	个数	百分比	
1	氾胜之《氾胜之书》	294	34%	443	64%	692
2	许次纾《茶疏》	323	36%	556	63%	874
3	韩彦直《橘录》	312	43%	408	56%	720
4	张源《茶录》	122	39%	151	56%	270
5	顾景星《野菜赞》	343	43%	488	62%	782
6	曾雄生《禾谱辑佚》	266	41%	368	57%	646
	合计	1 660	39.1%	2 414	60.5%	3 984

时至今日,古籍自动句读(标点)、专名识别、标引、注释、校勘、编纂、辑佚、专题数据抽取、文本挖掘、知识库构建等,仍未达到大规模实际应用的水平。而将深度学习技术引入古籍数字化领域,可能是古籍数字化3.0的实现路径之一。仍以古籍自动断句与标点为例,代表性研究成果如表1-9所示。①

表1-9 古籍自动断句与标点代表性研究成果

研究人员	实验语料	实验最优模型	断句F1值(%)	标点F1值(%)
黄建年	《方志物产·广东》方志物产资料与《茶花谱》等12部农业古籍	基于规则的方法	48	36
张开旭等	《论语》《史记》	CRF	76.2	62.1
王瑶等	殆知阁《道藏》文献	BERT-BiLSTM-CRF	—	84.92
赵连振等	《论语》等16部先秦典籍	SikuBERT	—	87.86
庄百川	《史记》《汉书》等7部纪传体史书	BERT-FLAT-CRF	80.57	70.32
洪涛等	中华书局经典古籍库约5亿字古籍文本	Transformer	95.10	86.50

---

① 林立涛,王东波.古籍文本挖掘技术综述[J].科技情报研究,2023(1):78-90.

（续表）

研究人员	实验语料	实验最优模型	断句 F1 值（%）	标点 F1 值（%）
王倩等	《四库全书》语料	BERT-LSTM-CRF	86.41	90.84
俞敬松等	《道藏》文献	BERT	88.76	70.40

1.3.2 三要素

数据（data）、算法（algorithm）、算力（computing power）是深度学习的三大要素。算法是深度学习的核心，模型（model）决定了 AI 系统能力的上限，训练（train）决定了 AI 系统能力可触及的上限。数据是深度学习的基础，数据的质（quality）与量（quantity）决定了 AI 系统的实际能力。算力是深度学习的保障，决定了 AI 系统的可实现性。

在古籍数字化领域，若将数据范围划定为古籍原本、整理本、目录、索引等，与整个中文互联网数据量相比，占比很低，而且数据量增长缓慢，可自由获取的古籍数据更是少之又少。以殆知阁古代文献 2.0 为例，GitHub 1K Star 包含 15 694 个 TXT 文件，容量为 4.78GB。而带有标签可直接用于训练的古籍数据集更难以获取。

2022 年 11 月 30 日，OpenAI 发布了 ChatGPT，到 2023 年 1 月底，活跃用户就已突破 1 亿，成为用户增长速度最快的消费级应用程序[①]。人工智能生成内容（AI Generated Content，AIGC）、大语言模型（Large Language Model，LLM）与预训练（Pre-train）、提示词（Prompt）、预测（Predict）范式等备受关注，如图 1-8 所示。而在古籍数字化领域中，基于特定的应用场景，在相关的研究与实践中，仍以 BERT、RoBERTa 等模型为主，采用预训练、微调（Fine-tune）范式。

---

① 刘琼. ChatGPT：AI 革命［M］. 北京：华龄出版社，2023.

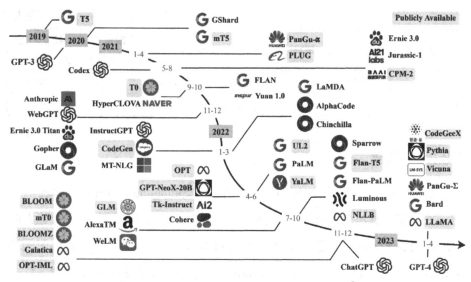

图 1-8　LLM（参数量超过 100 亿）发布时间图[①]

目前，应用于古籍数字化领域的深度学习技术对算力要求不高。

1.4　研究说明

本书重点讨论如何用深度学习技术解决古籍数字化领域的实际问题，并使用真实的古籍数据集及用大量篇幅讨论古籍数据，包括第 2 章、第 3 章和第 4 至第 6 章的某些小节或段落。

本书讨论的内容多属于 NLP 领域，未包含古籍 OCR、图像分类等内容。

本书不包含 Python 编程基础，可参阅《Python 基础教程》（第 3 版）[②]。建议使用 Anaconda 搭建 Python 环境，使用 PyCharm 社区版作为集成开发环境（Integrated Development Environment，IDE）。

[①] Wayne Xin Zhao, Kun Zhou, Junyi Li, et al. A Survey of Large Language Models [J]. arXiv:2303.18223，2023.
[②] 马格努斯·利.赫特兰. Python 基础教程 [M]. 袁国忠，译. 3 版. 北京：人民邮电出版社，2018.

本书不包含自然语言处理基础，可参阅《自然语言处理入门》[①]。

本书不包含深度学习基础，可参阅《动手学深度学习（PyTorch 版）》[②]。

本书不包含 XML 基础，可参阅《XML 基础教程》[③]。

本书代码的编写环境为 AMD Ryzen 7 3700X（8 核心 16 线程，主频 3.6GHz），X570 主板，32GB 内存（DDR 4 3200），GPU NVIDIA 2070s（核心频率 1785MHz，CUDA 核心 2 560 个，8GB GDDR6 显存，显存频率 14 000MHz，位宽 256bit，PCI Express 3.0 16X）；Python 3.9.12，CUDA 11.6，cuDNN 8.4.1，PyTorch 1.12.0，Transformers 4.18.0 等。

本书代码可在 Python 3.10.10、CUDA 11.8、cuDNN 8.8.1、PyTorch2.0.0、Transformers 4.27.4 环境下运行。

本书部分代码需要使用 SQLite。

本书部分代码需要使用 numpy、os、time、re 等模块。

本书不做代码讲解，所需的数据集与代码均已上传 GitHub。

---

① 何晗. 自然语言处理入门［M］. 北京：人民邮电出版社，2019.
② 阿斯顿·张，扎卡里·C.立顿，李沐，等. 动手学深度学习（PyTorch 版）［M］. 何孝霆，瑞潮儿·胡，译. 北京：人民邮电出版社，2023.
③ 靳新，谢进军. XML 基础教程［M］. 北京：清华大学出版社，2016.

第2章

古籍数据

王立清在《中文古籍数字化研究》中将古籍数字化分为四个层次：古籍书目的数字化、古籍载体的数字化、古籍图文的数字化、古籍知识及关联的数字化[1]。毛建军在《古籍数字化理论与实践》中将古籍数字化分为五个层次：编制古籍电子索引、建立古籍书目数据库、复制古籍原文图像、汇编古籍电子丛书、古籍标点今译与普及等[2]。目前，比较成熟的古籍数据包括书目数据、索引数据、图像数据和文本数据。通过这些数据可以加深对古籍特性的理解，并在此基础上构建深度学习数据集。

2.1 数据模型

模型是对所研究的某个实体或系统进行抽象说明、模仿和表达的一种手段。模型不包括原实体或系统的全部特征，但能描述该实体或系统的基本特征及其输入和输出过程。模型是客观实体的抽象，抽象的程度越低，模型离客观现实越近，结构也就越大、越复杂；抽象程度越高，模型离现实越远，结构也相对简单，考虑的因素也越少[3]。古籍数据模型是从古籍数字化的需求出发，抽

---

[1] 王立清. 中文古籍数字化研究[M]. 北京：国家图书馆出版社，2011：25.
[2] 毛建军. 古籍数字化理论与实践[M]. 北京：航空工业出版社，2009：8-11.
[3] 汝信. 社会科学新辞典[M]. 重庆：重庆出版社，1988：626.

象古籍的内容、形式、结构等特征，描述古籍特性的一系列对象和属性。

2.1.1 书目

书目又称目录，目指篇目，即文献的名称，录指叙录，即文献的提要，是简要记录文献的作者、文献的内容及评价等的文字。在我国古代，凡有叙录者统称目录，无叙录者统称书目。公元1世纪初，西汉刘歆编撰的《七略》已是体例完备的综合性分类目录。我国古代的书目则可分为官修书目、史志书目、私撰书目、版本书目等。书目的作用是为读者提供查考文献的线索，并简略介绍文献的内容，指导阅读，推荐文献并指引读书治学的门径，反映出一定历史时期科学文化发展的概貌，也有助于了解古代学术发展源流①。《汉书·艺文志》是我国现存最早的史志目录，其著录方式如例2-1所示。

【例2-1】

國語二十一篇。左丘明著。

新國語五十四篇。劉向分國語。

世本十五篇。古史官記黃帝以來訖春秋時諸侯大夫。

戰國策二十三篇。記春秋後。

奏事二十篇。秦時大臣奏事，及刻石名山文也。

楚漢春秋九篇。陸賈所記。

太史公百三十篇。十篇有錄無書。

《中国古籍总目》作为反映中国古籍流传与存藏状况的最全面、最重要的成果，完成了迄今最大规模的调查与著录，第一次将中国古籍书目著录约为二十万种；著录了我国（含港澳台地区）及日本、韩国、北美、西欧等地图书馆收藏的我国古籍稀见品种；著录了现存中国古籍的主要版本；沿用四部分类

---

① 王余光，徐雁. 中国读书大辞典［M］. 南京：南京大学出版社，1999.

法分类古籍，将"丛书部"与经、史、子、集四部并列，形成五部分类，史部增设"方志类""谱牒类"，子部增设"新学类"[①]。其著录方式如例2-2所示。

【例2-2】

史 10502152

戰國策十卷

明吳勉學刻本北大上海（清嚴鋆錄清嚴虞淳批校並跋）浙江

明萬曆間刻本上海

　　史 10502153

　　戰國策不分卷

　　抄本（孫執開批校並跋）南京

　　史 10502154

　　戰國策節本不分卷

　　明馮夢禎抄本（清馮文昌跋，周叔弢跋）國圖

古籍著录是指对被著录古籍的内容和形式特征进行分析、选择和记录的过程[②]。项目的重点与要求不同，著录的内容也不同。以"全国古籍普查登记"为例，该项目旨在全面了解全国古籍存藏情况，建立古籍总台账，开展全国古籍保护的基础性工作。因此，普查登记内容要遵循简明扼要、客观著录原则，必登项目有索书号、题名卷数、著者（含著作方式）、版本、册数、存缺卷数，选登项目有分类号、批校题跋、版式、装帧形式、丛书子目、书影、破损状况等。其著录方式如表2-1所示。

---

① 中国古籍总目编纂委员会. 中国古籍总目·经部［M］. 北京：中华书局，2012.
② 郝艳华. 中国古代典籍著录的发展［J］. 图书馆理论与实践，2006（2）：106-108.

表 2-1 全国古籍普查登记内容样例

普查编号	索书号	题名卷数	著者	版本	册数	存缺卷数	单位
110000-0101-0000001	ds563	史記一百三十卷	（漢）司馬遷撰（南朝末）裴駰集解（唐）司馬貞索隱	宋乾道七年（1171）蔡夢弼東塾刻本（卷四十三配清光緒元年楊保彝影宋抄本）	16 冊	存六十八卷（一，四至二十二，十九至二十一，二十三，三十九至六十七，七十至九十，一百三十）	國家圖書館
110000-0101-0000002	e365	史記一百三十卷	（漢）司馬遷撰（南朝末）司馬貞索隱（唐）張守節正義（唐）徐孚遠（明）陳子龍測議	明末素位堂刻本	6 冊		國家圖書館
110000-0101-0000003	地750.24/51.86.1/部三	[康熙]天津衛志四卷卷首一卷	（清）薛柱鬥修（清）高必大纂	清康熙十四年（1675）刻十七年（1678）補刻本	5 冊		國家圖書館
110000-0101-0000004	600036	春秋經傳集解三十卷	（晉）杜預撰（唐）陸德明釋文＆春秋名號歸一圖二卷（蜀）馮繼先撰＆年表一卷	元岳氏荆溪家塾刻本（卷十九至二十配明刻本）	33 冊		國家圖書館
110000-0101-0000005	600039	周易傳義十二卷上下篇義一卷	（宋）程頤（宋）朱熹撰＆易圖集錄一卷易五贊一卷筮儀一卷（宋）朱熹撰	明正統十二年（1447）司禮監刻本	14 冊		國家圖書館

古籍著录规则（GB/T 3792.7-2008）规定了古籍著录项目及其顺序、著录用标识符、著录用文字、著录信息源及著录项目细则等，主要用于汉语文古籍著录，各少数民族语文古籍著录可以参用，同时也适用于编制国家书目及各类型目录。古籍著录项目、著录用标识符、著录单元如表2-2所示。

表2-2 古籍著录项目、著录用标识符、著录单元一览表

著录项目		著录用标识符	著录单元

1	题名与责任说明项	[ ]
		=
		:
		/
		;
			1.1 正题名
			1.2 一般文献类型标识（选用）
			1.3 并列题名
			1.4 其他题名信息
			1.5 责任说明
			  第一责任说明
			  其他责任说明

2	版本项	.— ,	2.1 版本说明 2.2 附加版本说明
3	文献特殊细节项		
4	出版发行项	.— ; : , (: ,)	4.1 出版地 4.2 修版地 4.3 出版者、修版者 4.4 出版年、修版年 4.5 印刷地、印刷者、印刷年
5	载体形态项	.— : ; +	5.1 文献数量及特定文献类型标识 5.2 其他形态细节 5.3 尺寸 5.4 附件

6	丛编项	.—
		=
		:
		/
		;
		.
		:
		/
		;
			6.1 丛编正题名
			6.2 丛编并列题名
			6.3 丛编其他题名信息
			6.4 丛编责任说明
			  丛编第一责任说明
			  丛编其他责任说明
			6.5 分丛编标识和（或）题名
			6.6 分丛编其他题名信息
			6.7 分丛编责任说明
			6.8 丛编号或分丛编编号

7	附注项	.—	7.1 附注
8	标准书号及获得方式项		

2.1.2 索引

学术界一般认为,明代张士佩编制的《洪武正韵玉键》具有索引所必备的要素,乃我国索引之滥觞[①]。早在二百年以前,清代著名史学家兼目录学家章学诚就积极主张古籍索引的编制。"索引"一词,我国传统称谓"通检"或"备检",它是一种外来语,又称"引得",乃从英文"index"一词翻译过来,其原意谓之"指点",假借为一种学术工具的术语;日本人译为"索引",我国沿用了日译中的这两个汉字,与我国"索隐"一词相近。"索隐"之典见于《易系辞》上:"探颐索隐,钩深致远,以定天下之吉凶。"唐代司马贞借其词,作《史记索隐》三十卷,乃是为《史记》作笺注,以便翻检之意。上海扫叶山房仿殿本影印的《佩文韵府》,附有《素隐》一册,则是便于检索《佩文韵府》之用的工具,实为"索引"的同义词[②]。

索引是对某种或某一文献集合中所包含的各篇文章,或所讨论的各个局部主题,或所涉及的各种事项(如地区、人物等)以简明的方式分别著录标引,为用户提供便捷检索服务的工具[③]。古籍索引是揭示古籍内容的一种特定形式,是将古籍中的有关事物名称、篇名、字句、词语、人名、地名、内容主题等分别摘录标引,注明出处、页码与行数,并按一定的排检方法编辑而成,供人们查寻有关古籍文献的内容[④]。古籍索引是揭示古籍内容的一种特定形式,但不同于古籍书目。古籍书目所著录的是古籍书名、卷数、著者、时代、版本等款目,将它们按一定次序编排,以揭示与报导古籍文献的外形特征和内容概要,供人们查阅。古籍索引则是将古籍中的有关事物名称,或篇名、或字句、或词语、或人名、或地名、或内容主题等,分别摘录勾标、注明出处、页码行数,并按一定排检方法编辑而成的供人们查询有关古籍文献

[①] 陈东辉. 二十世纪古籍索引编制概述[J]. 文献, 1998 (2): 65-78.
[②] 王晋卿. 古籍索引简说[J]. 图书馆, 1982 (3): 48-51.
[③] 张琪玉. 图书内容索引编制法——写作和编辑参考手册[M]. 北京: 化学工业出版社, 2006.
[④] 黄建年, 侯汉清. 基于GB/T22466-2008的古籍索引编制技术要点[J]. 图书馆建设, 2011 (6): 45-48.

内容的工具。在揭示古籍文献内容方面,古籍索引比古籍书目更有深度,更为详尽而具体①。古籍索引数据既包含古籍电子索引,如古籍索引的电子版,也包含其他具有索引功能的古籍元数据,如古籍图像标引数据。

古籍电子索引是成熟的信息检索工具,可单独使用,可读性好,以《二十五史纪传人名索引》②为例,如例2-3所示。

【例2-3】

53 明成祖(朱棣、永樂帝)

明史　上10·5·7794·4

　　　中1·5·69

以数字方志《大明一统志》为例,图像数据如图2-1所示,卷目标引数据如表2-3所示。

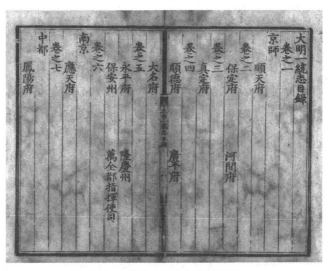

图2-1　数字方志图像数据样例

---

① 王雅戈. 古籍计算机自动索引研究——以民国农业文献自动索引为例[M]. 芜湖:安徽师范大学出版社,2013.

② 上海古籍出版社,上海书店. 二十五史纪传人名索引[M]. 上海:上海古籍出版社,1990.

表 2-3 数字方志卷目标引数据样例

book_num	serial_num	chapter_num	chapter_name	volume_num	page_num	page_prop
6578	000		目录			1
6578	001	001	卷之一		002	0
6578	001-006	001		京師	032	0
6578	001-007	001		順天府	035	0
6578	002	002	卷之二		002	0
6578	002-001	002		保定府	002	0
6578	002-002	002		河間府	025	0
6578	003	003	卷之三		001	0
6578	003-001	003		真定府	001	0
6578	004	004	卷之四		002	0
6578	004-001	004		順德府	002	0
6578	004-002	004		廣平府	012	0
6578	004-003	004		大名府	023	0
6578	005	005	卷之五		001	0
6578	005-001	005		永平府	001	0
6578	005-002	005		隆慶州	012	0
6578	005-003	005		保安州	015	0
6578	005-004	005		萬全都指揮使司	019	0
6578	006	006	卷之六		002	0
6578	006-001	006		南京	003	0
6578	006-002	006		應天府	006	0
6578	007	007	卷之七		001	0
6578	007-001	007		中都	001	0
6578	007-002	007		鳳陽府	002	0

索引款目（index entry）是索引的基本单元，是对某一文献或文献集合的主题内容、涉及事项或外部特征加以描述的记录。索引款目由索引标目（index heading）、标目注释（heading note）、副标目（subheading）及出处（locator）组成，部分索引款目还带有附加信息。

《索引编制规则（总则）》（GB/T22466-2008）在"索引款目及其编制"部分中，规定了索引标目是索引款目的识别部分，包括索引标目和副标目，用于识别被标引文献（或文献集合）的概念和特征。索引标目往往决定索引的性质和类型，并直接影响索引的质量。索引标目是对索引所包含的概念和特征的选择，取决于索引编制和出版的目的、用户的需求和期望，以及被标引文献的内容特征或外部特征等。为满足用户的需求，索引标目应该尽可能专指。识别同一概念或特征的索引标目，应确保同一个词语前后一致，同时尽量为该词的同义词或替换词编制见参照。索引标目应该表达文献所包含的概念或特征，通常采用名词或名词词组形式，必要时还可采用形容词、连词或数词。如果索引标目属于同形异义词，应该为之添加限义词加以区分，限义词应该用圆括号括起来，放在索引标目之后。限义词构成索引标目的一个组成部分，标引时不可省略；可以在标目之下设置副标目、次副标目等，标目与副标目之间可以采用连号或逗号区分，也可以采用分行缩格的形式来代替连号，有时副标目也可采用名词词组（短语）形式放在逗号之后，被称为说明语。索引标目和副标目的书写形式，可以使用汉字，也可以使用非汉字，还可以二者混合，汉字索引标目不得采用异体字，少用生僻字，尽量采用简化字，被标引文献（属于古籍、文字学、考古学书籍等）如有特殊需要，可以考虑采用繁体字或繁简体并用。通常下列情况需要为标目设置副标目。其一，在索引标目下聚集了众多材料，设置副标目可以使其分组排列。其二，为了限定或扩展索引标目的含义，设置副标目可以使其含义明确。其三，将同一主题概念的不同方面集中起来，便于检索。索引出处是索引款目的查找部分，指引用户到何处可以获取有关某一概念或特征的信息。索引出处标示的总原则是用准确、简练的方式将用户从索引标目直接指向该标目所指引信息的地址或位置。索引出处往往采用被标引文献本身具有的特征，如页码、章节号、条目号等，索引出处的标示方法直接关系到用户检索的方便程度。非书资料、电子文献的出处由一组或者多组序列（可以是连续编号的）单元组成，或由一组或多组不能用编号来区分但由连续的单元组成，或由不成序列的单元组成。

在"参照系统"部分中，规定了索引的参照系统一般包括为同义标目和相关标目编制的参照，通常分为见参照（用"见"表示）和参见参照（用"参见"表示），建立参照系统的目的在于增加相关标目之间的关联度，避免同义标目间信息分散或产生歧义。参照主要适用于确保标引的一致性、便于标引和用户使用索引及压缩、减少索引的篇幅。见参照指从非选用的同义标目或被替换标目，指向选用的标目，等同关系的词汇之间宜采用见参照。等同关系是指概念相同的同义词，内容有紧密内在联系的准同义词，以及一小部分反义词。参见参照即从一个带有出处的索引标目指向一个或多个带有出处的标目的参照。索引中相关标目之间应该建立参见参照，大概念词与小概念词之间（即具有属种关系、整体与部分关系的词之间）可以考虑编制由上位词指向下位词的参见参照，含义密切关联的词之间（即具有语义交叉关系或相关关系的词之间）可以考虑编制参见参照。

2.1.3 图像

通过图像采集设备，可以将古籍原本转换为一系列的图像文件，即古籍图像数据。古籍图像数据采集与古籍载体直接相关，我们可依据载体的特性，确定合理的图像采集方法。以纸本为例，通常采用冷光源非接触扫描或拍照。从古籍保护的角度考虑，图像采集既不能破坏古籍原有的装帧形式，又不能对书叶造成损伤。常见的装帧形式有卷轴装、梵夹装、经折装、蝴蝶装、包背装、线装、毛装等。卷轴装即按顺序将书叶粘接后，末端粘接木制或其他材料制成的圆轴，首端粘接细木杆，然后以尾轴为轴心向前卷收，成为一束的装帧形式。梵夹装即按顺序将写好文字内容的贝叶或长方形纸叶摞好，上下各用一块板夹住，再打洞系绳，这是我国古代对从西域、印度引进的梵文贝叶经特有的装帧形式的称谓。经折装即按顺序将书叶粘接后，按一定的尺寸左右反复折叠，再粘贴封面、封底的装帧形式，这种装帧源于折叠佛教经卷。蝴蝶装即将写好、印好的书叶有字的叶面对折，折边朝右，形成书背，然后把折边逐叶粘连在一起，再用一张书皮包裹书背，翻阅时版心居中，书叶形同蝶翅。包背装即将写好、印好的书叶以无字的一面对折，折边朝左，余幅朝右形成书脊，再打眼，用纸捻把书叶装订成册，然后用一张书皮包裹书背的装订方式。线装即将写好、印好的书叶以无字的一面对折，折边朝左，余幅朝右形成书脊，加装书皮，然后用线把书叶连书皮一起装订成册，订线露在外面。毛装即用纸捻将书叶连同书皮一起装订，天头、地脚及书背处的毛茬任其自然[①]。采集设备、采集过程、技术参数等与本书无关，此处不再赘述。

古籍图像数据是一个线性的图像序列，与古籍缩微胶卷（见图2-2）类似，即使不考虑功能性画幅，也要确定每个画幅的构成模式。常见的画幅构成模式包括叶、半叶和双半叶，具体如表2-4所示。叶模式即一个画幅内包含一个书叶。半叶模式即一个画幅内只包含书叶的左半幅或右半幅。双半叶模式又称为"拍"，即第一叶的右半幅与第二叶的左半幅合为一个画幅。

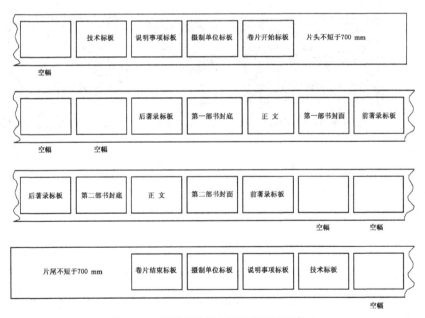

图2-2　古籍缩微胶卷标板拍摄顺序示意图

---

① 中华人民共和国国家质量监督检验检疫总局，中国国家标准化管理委员会.古籍修复技术规范与质量要求：GB/T 21712-2008［S］.北京：中国标准出版社，2008：1.

表 2-4 古籍图像采集方式与结构描述数据表

画幅构成方式	叶	半叶	双半叶
古籍图像	(图像)	(图像)	(图像)
结构描述	卷一 ——第一叶 ——第二叶 ——第三叶 …… ——第八十叶	卷一 ——第一叶B面 …… ——第二叶A面 …… ——第八十叶B面	卷一 ——第二面 …… ——第三面 …… ——第八十面

  古籍图像数据由多个图像文件组成，图像文件的组织方式要反映古籍的物理结构。在古籍数字化工程中，常用文件名和文件夹来组织古籍图像文件，仍以数字方志为例，每部方志保存在一个文件夹下，称为书文件夹，文件夹名为"szfzXXXX"，"szfz"为项目名称，每个"X"表示1位数字；书

文件夹下保存描述元数据文件、管理元数据文件和卷文件夹，描述元数据文件名为"szfzXXXX.txt"，管理元数据文件名为"szfzXXXXinfo.txt"，卷文件夹名为"szfzXXXX-XXX"；卷文件夹下保存书叶文件，书叶文件名为"szfzXXXX-XXX-XXX.tif"。以《大明一统志》为例，如例2-4所示。

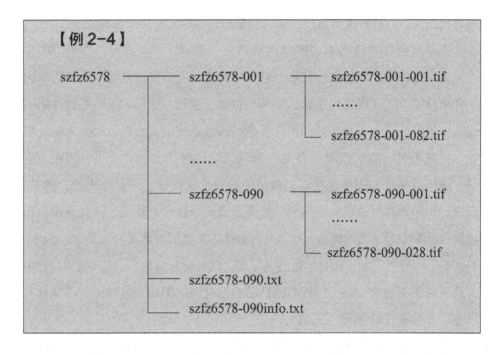

在古籍中，缺卷、缺叶都是常见现象，叶码编制也不规范，会出现缺漏、重复或增加叶码的情况。例如，"十四""十四""十六""又十六""又又十六""十七"，叶码"十四"重复，"十五"原缺，在"十六"和"十七"之间插入"又十六"和"又又十六"。因此，书文件夹、卷文件夹、书叶文件的数字部分都采用流水号，卷文件夹名与原书卷次、叶文件名与原书叶码无对应关系。书文件夹从"szfz0001"开始；卷文件夹通常从"szfzXXXX-001"开始，"szfzXXXX-000"表示原书不分卷；书叶文件从"szfzXXXX-XXX-XX1.tif"开始。

2.1.4 文本

在古籍数字化领域，文本数据通常指全文文本数据，即将古籍转换为由文字、数字、符号等组成的数据。古籍文本模型由简单对象、复杂对象和结构对象组成。简单对象描述古籍文本的基本特征与属性。复杂对象由多个简单对象组成，具有特殊的属性。结构对象描述古籍文本的结构特征。

简单对象是古籍文本的基本组成部分，包括文字、符号、图形、图像等。文字是古籍内容的主要载体，依据字符集，可以将古籍文字划分为集内字和集外字，文字可以用字体、字号、位置、颜色、变形、旋转等属性来描述。古籍中的符号与文字共同构成复杂的表意系统，大致可以划分为标点符号、校对符号、版式符号、专类符号等几类，符号也具有大小、颜色、变形、旋转等属性。图形也是古籍模型的重要组成部分，主要有线段、圆弧、圆形、矩形等类型，可以用颜色、线宽、线形等属性来描述。图文并茂，相辅相成，是中国书籍的优良传统[1]。古籍插图按成图方式可分为写本、刻本、石印本、珂罗版印本，还有少量的套印本、铜版画和照片[2]。按照插图位置可大致将插图划分为三类，即版框内插图、书叶内插图和其他插图，图像具有尺寸、分辨率、颜色模式等属性。

复杂对象由多个简单对象组成，具有特定语义或应用方式。与简单对象相比，复杂对象更能代表古籍的文本特征，包括大小字、墨围、墨盖子、表格、图形组合、特殊图像、版式等。大小字指连续使用两种不同字号的文字，通过字号变化表示某种确定的语义关系，如说明关系、限定关系、列举关系、分类关系等，常见的小字有单行小字、双行小字和多行小字（三行以上的多行小字较为少见）。墨围指为了醒目，将版面内某个或某些字的周围用墨线围成小黑框，常见的墨围有矩形、圆形、八角形等。墨盖子又称阴文，指为了醒目，将版面内的某字衬以黑底刻成白文，常见的墨盖子有矩

---

[1] 王致军. 中国古籍插图版式源流考[J]. 图书馆工作与研究，2002（6）：24-27.
[2] 杨之峰. 试论古籍插图的数字化[J]. 江西图书馆学刊，2007（4）：118-119.

形、圆形、八角形等。表格是分项画格，填写文字或数字的书面材料[①]。古籍中的表格依据单元格的分布情况，可分为规则表格和不规则表格，依据表格与书叶的关系，可分为单叶表格和多叶表格。图形组合由线段、圆弧、圆形、矩形、文字、符号等构成，表示特定的内容。在古籍文本化实践中，牌记、印章等对象通常作为图像处理，但是不同于一般插图，这类对象具有特殊的含义，称为特殊图像。中国古籍大都是单面印刷的（除旋风装外），为了便于装订，每一张印页都有一定的格式，也称之为版式[②]。版式是随着书籍装帧形态的变化而变换着形式，不同的朝代、不同的时期、不同的出版单位，书籍的版式有很大的差异，版式总的发展趋势是由简单到复杂，宋代蝴蝶装书所形成的典型的宋版书版式基本上被固定下来，直到清末的线装书[③]。

古籍版式通常由书叶、版框、版心、天头、地脚、界栏、鱼尾、象鼻、书耳等组成，如图 2-3 所示。书叶即按文稿顺序排列的书写、印制的单张纸叶。版框即书叶正面图文四边的围栏，一般指印刷的书。版心即书叶左右对折的正中、在折叶时取作中缝标准的条状行格，雕版印刷的书籍版心通常印有书名、卷次、叶码，有的还印有一版文字总数、刊刻机构以及刻工姓氏等。天头即图文或板框上方余幅。地脚即图文或板框下方余幅。界栏也称界格或界行，指在版面内分割行字的直线。鱼尾是指版心中间酷似鱼尾的图形，用于标示中缝线，作为折叶的标准。象鼻是指鱼尾上下到版框有一条线，象鼻为一条细黑线的称为细黑口（或小黑口），象鼻为一条粗黑线的称为粗黑口（或大黑口），无象鼻的称为白口。书耳是指版框外左上角的空格，里面刻有简单的篇名，其中的题名叫耳题或耳记。古籍版式多种多样，除普通版式外，还有一些特殊版式，如无版式、不规则版框、格抄本、多截板、图文混排等。

---

① 诸伟奇，贺友龄，敖堃，等. 简明古籍整理辞典 [M]. 哈尔滨：黑龙江人民出版社，1990.
② 王石峰. 古籍版式的构成法则 [J]. 大众文艺，2013（11）：103-106.
③ 杨永德，杨宁. 中国古代书籍装帧 [M]. 北京：人民美术出版社，2008.

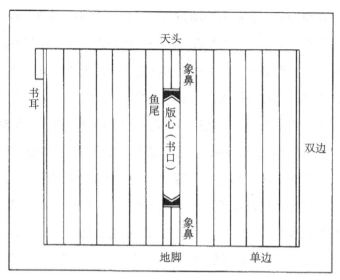

图 2-3 版式结构

结构对象描述古籍的结构特征，可以分为物理结构和逻辑结构。物理结构是古籍载体的组织形式，而逻辑结构是古籍内容的组织形式，两者相互影响，相互作用。古籍的物理结构是指古籍载体的组织形式，即若干文字和符号构成行，若干行构成叶，若干叶构成册，若干册构成函，若干函构成一部古籍。以《[光绪]顺天府志》为例，部一，八函六十四册，一百三十卷附录一卷，半叶十二行二十五字。古籍的逻辑结构是指古籍内容的组织形式，即若干文字和符号构成段落（借用现代汉语的概念），若干段落构成篇，若干篇构成卷，若干卷构成一部古籍。仍以《[光绪]顺天府志》为例，如例2-5所示。

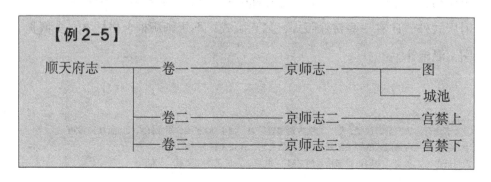

卷四	京师志四	苑囿
卷五	京师志五	坛庙
卷六	京师志六	祠祀
卷七	京师志七	衙署
卷八	京师志八	兵制
卷九	京师志九	官学
卷十	京师志十	仓库
卷十一	京师志十一	关榷
卷十二	京师志十二	厂局
卷十三	京师志十三	坊巷上
卷十四	京师志十四	坊巷下
卷十五	京师志十五	水道
卷十六	京师志十六	寺观上
卷十七	京师志十七	寺观下
卷十八	地理志一	图 / 疆域
卷十九	地理志二	山川
卷二十	地理志三	城池
卷二十一	地理志四	治所
卷二十二	地理志五	祠祀上
卷二十三	地理志六	祠祀下
卷二十四	地理志七	寺观
……		
卷一百二十七	金石志一	御碑

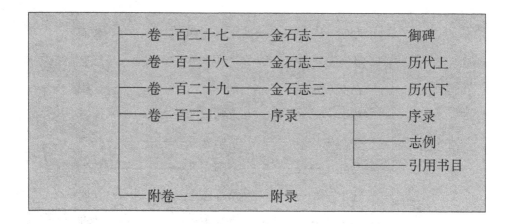

2.1.5 专题数据

除了上述四类数据外，还有各种古籍资源库、资料库、专题库、知识库、本体库、语料库等，这些数据多是基于某一专题或具有某一特定用途，本书将它们统称为专题数据。在古籍数字化领域，与专题数据相关的研究较为零散，且多为个案研究。本书的后续章节基本不涉及专题数据，此处不再赘述。

2.2 数据格式

数据格式是描述数据保存在文件或记录中的规则。目前，较为成熟的古籍数据包括书目数据、索引数据、图像数据和文本数据。

2.2.1 书目数据

机读目录的英文全称是 Machine-Readable Cataloging，简称表示为 MARC，是以代码形式和特定结构记录在计算机存储载体上的、用计算机识别与阅读的目录。1966 年美国国会图书馆（Library of Congress，LC）制定了 MARC Ⅰ 格式，并于 1969 年制订了 MARC Ⅱ 格式。1977 年国际图书馆协会联合会（International Federation of Library Associations and Institutions，IFLA）制定了通用机器可读目录格式（英文全称为 Universal Machine-Readable Cataloging Format，简称表示为 UNIMARC），1991 年北京图书馆（现更名为中国国家图书馆）制定了中国机读目录格式（英文全称为 China Machine-Readable Catalogning Format，简称表示为 CNMARC），1996 年文化部颁布《中国机读目录格式》（WH/T 0503-1996），2001 年北京图书馆出版社（现更名为国家图书馆出版社）出版了《汉语文古籍机读目录格式使用手册》。MARC 数据由记录头标区、地址目次区、数据字段区和记录分隔符组成，如例 2-6 所示。

【例 2-6】①

LDR 00646nam0#2200241###450#

001 312001054564

005 20220112103507.0

010 ##$b 綫裝

100 ##$a 20021005d1461####km#y0chiy50######ea

1010# $a chi

102 ##$a CN

106 ##$a z

2001#$a 大明一統志

  $9 da ming yi tong zhi

  $b 普通古籍

  $e 九十卷

  $f（明）李賢等修

  $g（明）萬安等纂

---

① "#"表示空格（填充符）或已特定的字符定义，"$"表示子字段标示的第一个符号。

```
205 ## 刻本
210 ##$c 內府
       $d 明天順 5 年 [1461]
215 ##$a 40 冊
       $c 圖
305 ##$a 10 行 22 字小字雙行同黑口四周雙邊雙魚尾
696 ##$a 地 87
       $2 pgl
701 #0$a 李贤
       $9 li xian
       $c 明
       $4 修
702 #0 $a 万安
       $9 wan an
       $c 明
       $4 纂
801 #0 $a CN
       $b NLC
       $c 19990914
905 ##$a NLC
       $d 地 87
       $e 734
       $q FGPG
```

LDR 为记录头标, 定长 24 位; 001 字段为记录标识号, 005 字段为记录处理时间标识, 010 字段为国际标准书号; 100 字段为通用处理数据, 101 字段为作品语种，102字段为出版或制作国别，106字段为编码数据字段文字资料——形态特征；200字段为题名与责任者说明项，205字段为版本说明项，210字段为出版发行项，215字段为载体形态项；305字段为版本与书目史附注；696字段为汉语文古籍分类法分类号；701字段为个人名称——等同知识责任，702字段为个人名称——次要知识责任；801字段为记录来源；905字段为馆藏信息，具体内容详见本书附录3。

MARC多用于文献收藏机构的内部系统，MARC的文件格式为ISO2709，也有MARC的可扩展标记语言形式，即eXtensible Markup Language，简称XML，文件格式为xml。为了使用方便，基于MARC的数据系统也可以将书目数据导出为txt、xlsx等格式。

都柏林核心（Dublin Core，DC）是都柏林核心元数据集的简称，1995年由联机图书馆中心（Online Computer Library Center，OCLC）和美国超级计算机应用中心（National Center for Supercomputer Applications，NCSA）在美国俄亥俄州的都柏林创建，1998年9月，因特网工程任务组（Internet Engineering Task Force，IETF）正式接受DC，将其作为一个正式标准（RFC2413）予以发布。DC旨在建立一套比较简洁的描述网络电子文献的方法，以便网上信息检索。DC包括15个核心元素，可分为资源内容描述、知识产权描述及外部属性描述3种类型。资源内容描述类元数据包括标题、主题、资源描述、语言、信息来源、关联、资源的覆盖范围等7个元素。知识产权描述类元数据包括著者、出版者、其他责任者、版权等4个元素。外部属性描述类元数据包括日期、资源类型、格式、标识等4个元素。为了进一步描述资源的详细特征，都柏林核心元数据先导计划（Dublin Core Metadata Initiative，DCMI）对DC核心元素进行限定。元素限定词有两类：一类用于元素的细化限定，该类修饰词使元素的含义的专指度更高；另一类是元素的编码体系，用于说明元素值所属的编码体系，帮助理解值的含义。基于DC的古籍元数据详见本书附录4。DC常用的文件格式为html、xml等。

2.2.2 索引数据

古籍索引数据通常保存在关系型数据库内，数据表依据实际需求自定义设计，如可依据需要导出为 txt、xlsx 等格式。

古籍索引既要有助于提高人们利用古籍的效率，又要符合人们的阅读习惯，降低使用门槛。以古籍索引为底本，创建古籍索引数据的难度高于卷目索引数据，数据结构也更为复杂，如《明清进士题名碑录索引》[1]，如图2-4所示。《明清进士题名碑录索引》数据如表2-5所示，四角号码、原文、在原书中的位置等非核心字段未包含在该表中。

$$0010_4 童$$

00文	應天府上元⑩	明永樂13/3/90
文藻	直隸承德	清嘉慶25/3/56
10元璿	福建沙縣	清乾隆10/3/92
11琥	浙江蘭谿⑩	明弘治 3/2/55
12瑞	四川犍爲⑳	明弘治 3/2/27
14璜	浙江山陰	清嘉慶10/2/19
17孟韜	浙江臨海	明永樂19/2/16
承契	湖廣沔陽州⑳	明嘉靖35/3/35
承敍	湖廣沔陽州⑳	明正德16/2/9
翬	湖南寧鄉	清道光13/3/37
尹	浙江臨海⑩	明洪武 4/3/30

图 2-4 《明清进士题名碑录索引》[2] 第 1 页局部

---

[1] 朱保炯，谢沛霖. 明清进士题名碑录索引[M]. 上海：上海古籍出版社，1980.
[2] 《明清进士题名碑录索引》专供查检明清两朝进士之用，每一进士为一条，注明籍贯、科年、甲第、名次；索引以明清两朝进士题名碑录为主要依据，碑录中漫漶无法辨识的，查考其他记载增补之，并注明其出处，其无法查补者，以"□"代之；进士有复姓改名的，以及其他资料与碑录所载姓名不同的，各就所知，加列参见；宗室另于姓名后加注"*"；明朝进士，籍贯有户籍、乡贯之分，户籍又有各种籍别，凡仅有乡贯的不加符号，户籍以"○"表示之，不同的籍别以数字表示，户籍、乡贯并有的，先注明户籍，后注明乡贯，并加括号；碑录所载籍贯、名次与其他记载不一时，并见之，如户籍缺，据登科录补，则加注说明之；进士一人登二科的，姓名后并列二次科年、甲第、名次；明洪武三十年所取春、夏榜进士，分别在科年后加"春""夏"字；明崇祯十五年所取特赐进士，在名次前加"特"字；清朝博学鸿儒科、翻译科、特恩保举经学科、经济特科所取者，分别在科年后加"博""译""经""经济"诸字；清顺治所取策试满洲进士，在甲第前加"策"字；历科会元于姓名后加注"*"。

表 2-5 《明清进士题名碑录索引》数据样例

序号	1	2	3	4	5
姓	童	童	童	童	童
名	文	文藻	元璠	琥	瑞
姓名	童文	童文藻	童元璠	童琥	童瑞
参见					
宗室					
户籍	應天府上元			浙江蘭谿	四川犍爲
籍别	民籍			民籍	軍籍
户籍出处					
户籍注释					
户籍 2					
籍别 2					
户籍出处 2					
户籍注释 2					
乡贯					
乡贯出处					
乡贯注释					
乡贯 2					
乡贯出处 2					
乡贯注释 2					
籍贯		直隸承德	福建沙縣		
籍贯出处					
籍贯注释					
籍贯 2					
籍贯出处 2					
籍贯注释 2					
注释					
科年	明永樂 13	清嘉慶 25	清乾隆 10	明弘治 3	明弘治 3
科年说明					
甲第	3	3	3	2	2

（续表）

序号	1	2	3	4	5
名次	90	56	92	55	27
会元					
科举出处					
科举注释					
科年2					
科年说明2					
甲第2					
名次2					
会元2					
科举出处2					
科举注释2					
注释					

《大明一统志》卷目索引数据如表2-3所示，XML数据如例2-7所示。

【例2-7】

```xml
<?xml version="1.0" encoding="UTF-8"?>
<szfzCatalogData catalogNum="480" xmlns:xsi="http://www.w3.org/2001/XMLSchema-instance" xsi:noNamespaceSchemaLocation="szfzCatalog.xsd">
    <catalog id="1">
        <chapterName>目錄</chapterName>
        <serialNum>000</serialNum>
        <bookNum>6578</bookNum>
        <volumeNum>1</volumeNum>
        <pageNum>13</pageNum>
        <pageProp>1</pageProp>
```

```xml
</catalog>
<catalog id="2">
    <chapterNum>卷之一</chapterNum>
    <serialNum>001</serialNum>
    <bookNum>6578</bookNum>
    <volumeNum>1</volumeNum>
    <pageNum>2</pageNum>
    <pageProp>0</pageProp>
</catalog>
<catalog id="3">
    <chapterName>京師</chapterName>
    <serialNum>001-001</serialNum>
    <bookNum>6578</bookNum>
    <volumeNum>1</volumeNum>
    <pageNum>32</pageNum>
    <pageProp>0</pageProp>
</catalog>
<catalog id="4">
    <chapterName>順天府</chapterName>
    <serialNum>001-001-001</serialNum>
    <bookNum>6578</bookNum>
    <volumeNum>1</volumeNum>
    <pageNum>35</pageNum>
    <pageProp>0</pageProp>
</catalog>
<catalog id="5">
```

```xml
    <chapterNum> 卷之二 </chapterNum>
    <serialNum>002</serialNum>
    <bookNum>6578</bookNum>
    <volumeNum>2</volumeNum>
    <pageNum>2</pageNum>
    <pageProp>0</pageProp>
</catalog>
<catalog id="6">
    <chapterName> 京師 </chapterName>
    <serialNum>002-001</serialNum>
    <bookNum>6578</bookNum>
    <volumeNum>2</volumeNum>
    <pageNum>2</pageNum>
    <pageProp>0</pageProp>
</catalog>
<catalog id="7">
    <chapterName> 保定府 </chapterName>
    <serialNum>002-001-001</serialNum>
    <bookNum>6578</bookNum>
    <volumeNum>2</volumeNum>
    <pageNum>2</pageNum>
    <pageProp>0</pageProp>
</catalog>
<catalog id="8">
    <chapterName> 河間府 </chapterName>
    <serialNum>002-001-002</serialNum>
```

```
            <bookNum>6578</bookNum>
            <volumeNum>2</volumeNum>
            <pageNum>25</pageNum>
            <pageProp>0</pageProp>
        </catalog>
        ......
</szfzCatalogData>
```

古籍索引数据结构复杂,交换格式要兼容各种类型的索引数据,还要基本保证与《索引编制规则(总则)》的一致性,常用的文件格式为 xml,如例 2-8 所示。古籍索引数据 XML Schema 见本书附录 5。

【例 2-8】

```
<?xml version="1.0" encoding="UTF-8"?>
<index xmlns:xsi="http://www.w3.org/2001/XMLSchema-instance"
 xsi:noNamespaceSchemaLocation="index.xsd">
    <header>
        <title>SZFZ6578</title>
        <version>1.0</version>
        <language>CHI</language>
        <characterSet>unicode 5.0</characterSet>
        <size>5KB</size>
        <fileCreate>
            <creator>YUX</creator>
            <createdTime>20161224</createdTime>
        </fileCreate>
```

```xml
</header>
<indexObject type="方志" bookNum="1" name="6578">
    <indexSubobject>
        <id>1</id>
        <title>大明一统志</title>
        <edition>明天顺五年内府刻本</edition>
    </indexSubobject>
</indexObject>
<indexingItem type="卷目">
    <id>id</id>
    <idNote>流水号，从1开始</idNote>
    <indexHeading>chapterNum+chapterName</indexHeading>
    <indexHeadingNote>卷号或卷名</indexHeadingNote>
    <headingNotes id="1">
        <headingNote>serialNum</headingNote>
        <headingNoteNote>层级关系</headingNoteNote>
    </headingNotes>
    <headingNotes id="2">
        <headingNote>pageProp</headingNote>
        <headingNoteNote>是否为目录页，"1"表示是，"0"表示否</headingNoteNote>
    </headingNotes>
    <locations id="1">
        <location>bookNum+volumeNum+pageNum</location>
        <locationNote>书号4位，卷号3位，页号3位</locationNote>
    </locations>
```

```xml
</indexingItem>
<indexEntrySet indexEntryNum="480">
    <indexEntry id="1">
        <indexHeading>目錄</indexHeading>
        <headingNotes id="1">
            <headingNote>000</headingNote>
        </headingNotes>
        <headingNotes id="2">
            <headingNote>1</headingNote>
        </headingNotes>
        <locations id="1">
            <linkTo>6578001013</linkTo>
        </locations>
    </indexEntry>
    <indexEntry id="2">
        <indexHeading>卷之一</indexHeading>
        <headingNotes id="1">
            <headingNote>001</headingNote>
        </headingNotes>
        <headingNotes id="2">
            <headingNote>0</headingNote>
        </headingNotes>
        <locations id="1">
            <linkTo>6578001002</linkTo>
        </locations>
    </indexEntry>
```

```xml
<indexEntry id="3">
    <indexHeading>京師</indexHeading>
    <headingNotes id="1">
        <headingNote>001-001</headingNote>
    </headingNotes>
    <headingNotes id="2">
        <headingNote>0</headingNote>
    </headingNotes>
    <locations id="1">
        <linkTo>6578001032</linkTo>
    </locations>
</indexEntry>
<indexEntry id="4">
    <indexHeading>順天府</indexHeading>
    <headingNotes id="1">
        <headingNote>001-001</headingNote>
    </headingNotes>
    <headingNotes id="2">
        <headingNote>0</headingNote>
    </headingNotes>
    <locations id="1">
        <linkTo>6578001035</linkTo>
    </locations>
</indexEntry>
<indexEntry id="5">
    <indexHeading>卷之二</indexHeading>
```

```xml
        <headingNotes id="1">
            <headingNote>002</headingNote>
        </headingNotes>
        <headingNotes id="2">
            <headingNote>0</headingNote>
        </headingNotes>
        <locations id="1">
            <linkTo>6578002002</linkTo>
        </locations>
</indexEntry>
<indexEntry id="6">
    <indexHeading> 保定府 </indexHeading>
        <headingNotes id="1">
            <headingNote>002-001</headingNote>
        </headingNotes>
        <headingNotes id="2">
            <headingNote>0</headingNote>
        </headingNotes>
        <locations id="1">
            <linkTo>6578002002</linkTo>
        </locations>
</indexEntry>
<indexEntry id="7">
    <indexHeading> 河間府 </indexHeading>
        <headingNotes id="1">
            <headingNote>002-002</headingNote>
```

```
                </headingNotes>
                <headingNotes id="2">
                    <headingNote>0</headingNote>
                </headingNotes>
                <locations id="1">
                    <linkTo>6578002025</linkTo>
                </locations>
            </indexEntry>
            ……
        </indexEntrySet>
</index>
```

2.2.3　图像数据

古籍图像数据通常分为保存级和应用级（发布级）。保存级图像通常采用 tiff 格式，串表编码（Lempel-Ziv-Welch Encoding，LZW）；应用级图像通常采用 djvu、jpg、jp2 等格式。古籍图像数据非本书讨论的重点，此处不再赘述。

2.2.4　文本数据

纯文本是最早出现的古籍文本数据形式，其结构简单，可用任何文本编辑器创建、查看或修改。纯文本数据描述重点是文字、符号、大小字、墨围、墨盖子等，忽略版式、文字属性、符号属性等，图形、图像、表格、图形组合、特殊图像等可直接忽略，或进行简单描述，如图 2-5 所示。纯文本数据的常用文件格式为 txt。

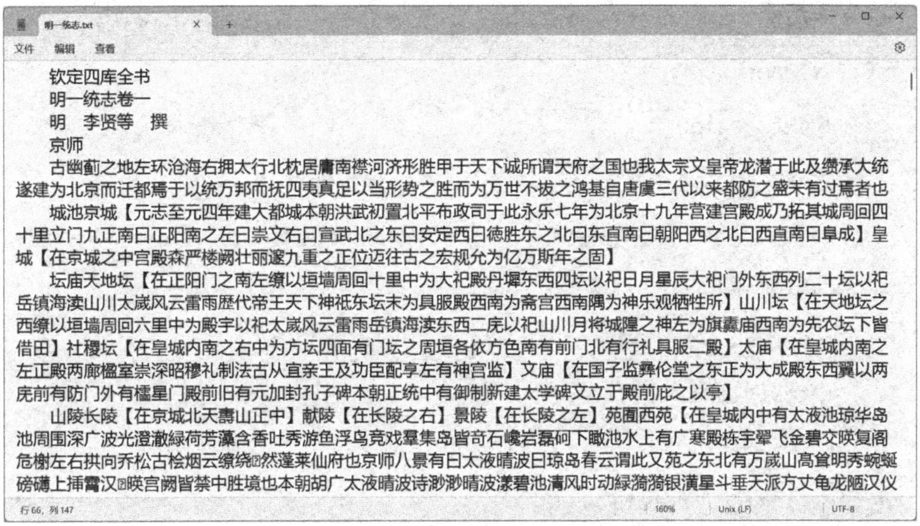

钦定四库全书
明一统志卷一
明　李贤等　撰
京师
古幽蓟之地左环沧海右拥太行北枕居庸南襟河济形胜甲于天下诚所谓天府之国也我太宗文皇帝龙潜于此及缵承大统遂建为北京而迁都焉于以统万邦而抚四夷真足以当形势之胜而为万世不拔之鸿基自唐虞三代以来都防之盛未有过焉者也
城池京城【元志至元四年建大都城本朝洪武初置北平布政司于此永乐七年为北京十九年营建宫殿成乃拓其城周回四十里立门九正南曰正阳南之左曰崇文右曰宣武北之东曰安定西曰德胜东之北曰东直南曰朝阳西之北曰西直南曰阜成】皇城【在京城之中宫殿森严楼阙壮丽邃九重之正位迈往古之宏规允为亿万斯年之固】
坛庙天地坛【在正阳门之南左缭以垣墙周回十里中为大祀殿丹墀东西四坛以祀日月星辰大祀门外东西列二十坛以祀岳镇海渎山川太岁风云雷雨历代帝王天下神祇东坛末为具服殿西南为斋宫西南隅为神乐观牺牲所】山川坛【在天地坛之西缭以垣墙周回六里中为殿宇以祀太岁风云雷雨岳镇海渎东西二庑以祀山川月将城隍之神左为旗纛庙西南为先农坛下皆借田】社稷坛【在皇城内南之右中为方坛四面有门坛之周垣各依方色南有前门北有行礼具服二殿】太庙【在皇城内南之左正殿两廊楹室崇深昭穆礼制法古从宜亲王及功臣配享左有神宫监】文庙【在国子监彝伦堂之东正为大成殿东西翼以两庑前有防门外有櫺星门殿前旧有元加封孔子碑本朝正统中有御制新建太学碑文立于殿前庇之以亭】
山陵长陵【在京城北天寿山正中】献陵【在长陵之右】景陵【在长陵之左】苑囿西苑【在皇城内中有太液池琼华岛池周围深广波光澄澈绿荷芳藻含香吐秀游鱼浮鸟竞戏群集岛皆奇石巉岩磊砢下瞰池水上有广寒殿栋宇翚飞金碧交映复阁危榭左右拱向乔松古桧烟云缭绕□然蓬莱仙府也京师八景有曰太液晴波曰琼岛春云谓此又苑之东北有万岁山高耸明秀蜿蜒磅礴上插霄汉□暎宫阙皆禁中胜境也本朝胡广太液晴波诗渺渺晴波漾碧池清风时动绿漪漪银潢星斗垂天派方丈龟龙陋汉仪

图 2-5　纯文本数据样例

与纯文本格式相比，位置文本格式加入了位置信息，文本数据与图像数据建立了一一对应关系。位置文本数据描述重点是文字、符号、文字和符号的位置属性，大小字、墨围和墨盖子等只描述文字和位置属性，图形、图像、表格、图形组合、特殊图像等仅描述其中的文字。位置文本数据的常用文件格式为便携文件格式。

版式文本数据以版式描述为基础，完整描述了古籍的内容信息、版式信息、结构信息等，是目前专业古籍文本数据库采用的主要数据格式。版式文本数据由一个头文件和多个叶文件组成。头文件描述古籍的整体信息，叶文件描述每叶古籍的内容和版式信息，详见本书附录 6 和附录 7。版式文本数据常用的交换文件格式为 xml，如例 2-9 所示，发布文件格式为 pdf。

【例 2-9】

```
<?xml version="1.0" encoding="utf-8"?>
<page page_id="32" relate_id="" width="4509" height="3631"
page_middle_area="157,315,4351,3473"xmlns:xsi="http://www.
```

```
w3.org/2001/XMLSchema-instance" xsi:noNamespaceSchemaLocation="s
zfzTextPage.xsd">
    <text_region_list>
    <text_region region="2197,1276,2310,2662" direction="1">
    <text_line region="2197,1276,2310,1353" font_id="0"
decoration="0" rotation="0">
    <text>▄</text>
    </text_line>
    <text_line region="2197,1353,2310,2662" font_id="0"
decoration="0" rotation="0">
    <text>大明一統志卷一            一            </text>
    </text_line>
    <text_line region="2197,2662,2310,2739" font_id="0"
decoration="0" rotation="0">
    <text>▄</text>
    </text_line>
    </text_region>
    <text_region region="4130,359,4330,359" direction="1">
    <text_line region="4130,359,4330,1458" font_id="1"
decoration="0" rotation="0">
    <text> 大明一統志卷之一 </text>
    </text_line>
    </text_region>
    <text_region region="3928,359,4128,359" direction="1">
    <text_line region="3928,359,4128,618" font_id="1"
decoration="0" rotation="0">
```

```
    <text> 京師 </text>
  </text_line>
</text_region>
<text_region region="3726,499,3926,499" direction="1">
  <text_line region="3726,499,3926,3418" font_id="1" decoration="0" rotation="0">
    <text> 古幽薊之地左環滄海右擁太行北枕居庸南襟河濟 </text>
  </text_line>
</text_region>
<text_region region="3524,499,3724,499" direction="1">
  <text_line region="3524,499,3724,3418" font_id="1" decoration="0" rotation="0">
    <text> 形勝甲於天下誠所謂天府之國也遼金元雖嘗於此 </text>
  </text_line>
</text_region>
<text_region region="3322,499,3522,499" direction="1">
  <text_line region="3322,499,3522,3278" font_id="1" decoration="0" rotation="0">
    <text> 建都然皆以夷狄入中國不足以當形勢之勝至我 </text>
  </text_line>
</text_region>
<text_region region="3120,359,3320,359" direction="1">
  <text_line region="3120,359,3320,3418" font_id="1" decoration="0" rotation="0">
    <text> 太宗文皇帝乃龍潛於此及纘承大統遂建爲北京而遷 </text>
  </text_line>
```

```
        </text_region>
    <text_region region="2918,499,3118,499" direction="1">
    <text_line region="2918,499,3118,3418" font_id="1" decoration="0" rotation="0">
        <text>都焉于以統萬邦而撫四夷真足以當形勢之勝而爲</text>
    </text_line>
        </text_region>
    <text_region region="2716,499,2916,499" direction="1">
    <text_line region="2716,499,2916,3418" font_id="1" decoration="0" rotation="0">
        <text>萬世不拔之鴻基自唐虞三代以來都會之盛未有過</text>
    </text_line>
        </text_region>
    <text_region region="2514,499,2714,499" direction="1">
    <text_line region="2514,499,2714,898" font_id="1" decoration="0" rotation="0">
        <text>焉者也</text>
    </text_line>
        </text_region>
    <text_region region="2312,359,2512,359" direction="1">
    <text_line region="2312,359,2512,618" font_id="1" decoration="0" rotation="0">
        <text>城池</text>
    </text_line>
        </text_region>
    <text_region region="1995,359,2195,639" direction="1">
```

```
    <text_line region="1995,359,2195,618" font_id="1"
decoration="0" rotation="0">
        <text> 京城 </text>
    </text_line>
    <text_line region="2095,639,2176,3380" font_id="2"
decoration="0" rotation="0">
        <text> 元志至元四年建大都城　本朝洪武初置北平布 </text>
    </text_line>
    <text_line region="2014,639,2095,3380" font_id="2"
decoration="0" rotation="0">
        <text> 政司於此永樂七年爲北京十九年營建宮殿成乃 </text>
    </text_line>
</text_region>
<text_region region="1793,499,1993,499" direction="1">
    <text_line region="1893,499,1974,3380" font_id="2"
decoration="0" rotation="0">
        <text> 拓其城周迴四十里立門九正南曰正陽南之左曰崇 </text>
    </text_line>
    <text_line region="1812,499,1893,3380" font_id="2"
decoration="0" rotation="0">
        <text> 文右曰宣武北之東曰安定西曰德勝東之北曰東直 </text>
    </text_line>
</text_region>
<text_region region="1591,499,1791,499" direction="1">
    <text_line region="1691,499,1772,1420" font_id="2"
decoration="0" rotation="0">
```

```
        <text>南曰朝陽西之北</text>

    </text_line>

    <text_line region="1610,499,1691,1420" font_id="2" decoration="0" rotation="0">

        <text>曰西直南曰阜成</text>

    </text_line>

</text_region>

<text_region region="1389,359,1589,639" direction="1">

    <text_line region="1389,359,1589,618" font_id="1" decoration="0" rotation="0">

        <text>皇城</text>

    </text_line>

    <text_line region="1489,639,1570,2960" font_id="2" decoration="0" rotation="0">

        <text>在京城之中宮殿森嚴樓闕壯麗邃九重之</text>

    </text_line>

    <text_line region="1408,639,1489,2820" font_id="2" decoration="0" rotation="0">

        <text>正位邁往古之宏規允爲億萬斯年之固</text>

    </text_line>

</text_region>

<text_region region="1187,359,1387,359" direction="1">

    <text_line region="1187,359,1387,618" font_id="1" decoration="0" rotation="0">

        <text>壇廟</text>

    </text_line>
```

```
    </text_region>
    <text_region region="985,359,1185,779" direction="1">
        <text_line region="985,359,1185,758" font_id="1" decoration="0" rotation="0">
            <text>天地壇</text>
        </text_line>
        <text_line region="1085,779,1166,3380" font_id="2" decoration="0" rotation="0">
            <text>在正陽門之南左繚以垣墻周迴十里中爲大祀</text>
        </text_line>
        <text_line region="1004,779,1085,3380" font_id="2" decoration="0" rotation="0">
            <text>殿丹墀東西四壇以祀日月星辰大祀門外東西</text>
        </text_line>
    </text_region>
    <text_region region="783,499,983,499" direction="1">
        <text_line region="883,499,964,3380" font_id="2" decoration="0" rotation="0">
            <text>列二十壇以祀嶽鎮海瀆山川太歲風雲雷雨歷代帝</text>
        </text_line>
        <text_line region="802,499,883,3380" font_id="2" decoration="0" rotation="0">
            <text>王天下神祇東壇末爲具服殿西南爲齋宮西南隅爲</text>
        </text_line>
    </text_region>
    <text_region region="581,499,781,499" direction="1">
```

```
<text_line region="681,499,762,860" font_id="2" decoration="0" rotation="0">
    <text>神樂觀</text>
</text_line>
<text_line region="600,499,681,860" font_id="2" decoration="0" rotation="0">
    <text>犧牲所</text>
</text_line>
</text_region>
<text_region region="379,359,579,779" direction="1">
<text_line region="379,359,579,758" font_id="1" decoration="0" rotation="0">
    <text>山川壇</text>
</text_line>
<text_line region="479,779,560,3380" font_id="2" decoration="0" rotation="0">
    <text>在天地壇之西繚以垣墻周廻六里中爲殿宇以</text>
</text_line>
<text_line region="398,779,479,3380" font_id="2" decoration="0" rotation="0">
    <text>祀太歲風雲雷雨嶽鎭海瀆東西一廡以祀山川</text>
</text_line>
</text_region>
<text_region region="178,499,377,499" direction="1">
<text_line region="277,499,358,1980" font_id="2" decoration="0" rotation="0">
```

```xml
            <text>月將城隍之神左爲旗纛廟 </text>
        </text_line>
        <text_line region="196,499,277,1840" font_id="2" decoration="0" rotation="0">
            <text>西南爲先農壇下皆藉田 </text>
        </text_line>
    </text_region>
</text_region_list>
<page_text_list />
<image_list>
    <image name="\picture\上鱼尾.jpg" region="2197,1276,2310,1353" />
    <image name="\picture\下鱼尾.jpg" region="2197,2662,2310,2739" />
</image_list>
<line_list>
    <line start_position="157,315" end_position="157,3473" weight="10" />
    <line start_position="157,315" end_position="4351,315" weight="10" />
    <line start_position="4351,315" end_position="4351,3473" weight="10" />
    <line start_position="157,3473" end_position="4351,3473" weight="10" />
    <line start_position="177,335" end_position="177,3453" weight="1" />
```

```xml
    <line start_position="177,335" end_position="4331,335" weight="1" />
    <line start_position="4331,335" end_position="4331,3453" weight="1" />
    <line start_position="177,3453" end_position="4331,3453" weight="1" />
    <line start_position="177,335" end_position="177,3453" weight="1" />
    <line start_position="378,335" end_position="378,3453" weight="1" />
    <line start_position="580,335" end_position="580,3453" weight="1" />
    <line start_position="782,335" end_position="782,3453" weight="1" />
    <line start_position="984,335" end_position="984,3453" weight="1" />
    <line start_position="1186,335" end_position="1186,3453" weight="1" />
    <line start_position="1388,335" end_position="1388,3453" weight="1" />
    <line start_position="1590,335" end_position="1590,3453" weight="1" />
    <line start_position="1792,335" end_position="1792,3453" weight="1" />
    <line start_position="1994,335" end_position="1994,3453" weight="1" />
```

```xml
    <line start_position="2196,335" end_position="2196,3453" weight="1" />
    <line start_position="2311,335" end_position="2311,3453" weight="1" />
    <line start_position="2513,335" end_position="2513,3453" weight="1" />
    <line start_position="2715,335" end_position="2715,3453" weight="1" />
    <line start_position="2917,335" end_position="2917,3453" weight="1" />
    <line start_position="3119,335" end_position="3119,3453" weight="1" />
    <line start_position="3321,335" end_position="3321,3453" weight="1" />
    <line start_position="3523,335" end_position="3523,3453" weight="1" />
    <line start_position="3725,335" end_position="3725,3453" weight="1" />
    <line start_position="3927,335" end_position="3927,3453" weight="1" />
    <line start_position="4129,335" end_position="4129,3453" weight="1" />
    <line start_position="4331,335" end_position="4331,3453" weight="1" />
    <line start_position="2253,335" end_position="2253,1276" weight="57" />
```

```
    <line start_position="2196,1276" end_position="2311,1276" weight="4" />
    <line start_position="2253,2739" end_position="2253,3453" weight="57" />
    <line start_position="2196,2739" end_position="2311,2739" weight="4" />
    </line_list>
    <rectangle_list />
    <reverse_list />
    </page>
```

纯文本是只包含文字和非修饰性、非格式控制（回车符和换行符除外）符号的文本。位置文本是只包含文字和非修饰性、非格式控制（回车符和换行符除外）符号和位置信息的文本。版式文本是具有版式结构化描述的文本。三者的区别如表2-6所示。

表2-6 古籍文本数据格式对照表[①]

数据模型		纯文本	位置文本	版式文本
简单对象	文字	基于字符集描述文字字形，集外字用字符串描述	基于字符集描述文字字形，集外字用字符串描述，同时描述文字的位置	基于字符集描述文字字形，集外字用字符串、图像等描述，同时描述字体、字号、位置、颜色、变形、旋转等属性
	符号	基于字符集描述标点符号和专类符号，集外符号替换为"●"(U+25CF)，不描述校对符号和版式符号	基于字符集描述标点符号和专类符号，集外符号替换为"●"(U+25CF)，同时描述符号的位置，不描述校对符号和版式符号	基于字符集描述符号，集外符号用字符串、图像等描述，同时描述大小、颜色、变形、旋转等属性

---

① 肖禹. 古籍文本数据格式比较研究[M]. 上海：上海远东出版社, 2017.

（续表）

数据模型		纯文本	位置文本	版式文本
简单对象	图形	可描述为"【图】"或不描述	只描述图形中的文字或符号，同时描述文字或符号的位置	用起点、终点描述线段，用圆心、半径描述圆形，用半径、起点、终点描述圆弧，用顶点描述边形等，同时描述线形、线宽、颜色、填充颜色等属性
	图像	可描述为"【图】"或不描述	只描述图像中的文字或符号，同时描述文字或符号的位置	作为一个整体描述，描述位置、来源、层等属性
复杂对象	大小字	用符号或标签简单区分大小字	用标签和属性简单区分大小字	用标签和属性描述大小字，同时描述字体、字号、位置、颜色、变形、旋转等属性
	墨围	用符号或标签进行简单描述	用标签和属性进行简单描述	墨围中的文字按大小字描述，墨围按图形描述
	墨盖子	用符号或标签进行简单描述	用标签和属性进行简单描述	墨盖子中的文字按大小字描述，墨盖子按图形描述
	表格	可描述为"【表】"或不描述	只描述表格中的文字或符号，同时描述文字或符号的位置	表格中的文字按大小字描述，表格按图形描述
	图形组合	可描述为"【图】"或不描述	只描述图形中的文字或符号，同时描述文字或符号的位置	图形组合中的文字按大小字描述，其他按图形描述
	特殊图像	可描述为"【图】"或不描述	只描述图像中的文字或符号，同时描述文字或符号的位置	作为一个整体描述，描述位置、来源、层等属性
	版式	不描述	不描述	版框、版心、天头、地脚、界栏、鱼尾、象鼻、书耳等，其中的文字按大小字描述，其他按图形描述
结构对象		每个文件对应书、卷或多叶，头文件包含书目信息	以叶为描述单位，每个文件对应一个或多个古籍图像，头文件包含书目信息和卷目信息	以叶为描述单位，每个叶文件对应一个古籍图像，文件头对应一种书，包含书目信息和卷目信息

第 3 章
古籍文本数据碎片化

关于碎片化（fragmentation），《新词语 10 000 条》[①]将其定义为"将整体分割，分化成很多部分、碎片"；百度百科将其描述为"在 20 世纪 80 年代常见于'后现代主义'的有关研究文献中，原意是指完整的东西破成诸多零块，如今，已应用于政治学、经济学、社会学和传播学等多个不同领域中"。胡壮麟在《多模态的碎片化时代》中比较了"时间碎片化（time fragmentation）"和"碎片化时间（fragmented time）"，前者指计划中的一段完整时间被分散成若干小段，后者指生活中经常出现的小块时间[②]。

林元彪在《走出"文本语境"——"碎片化阅读"时代典籍翻译的若干问题思考》中指出，中国古代的典籍从来就是被碎片化阅读的，"四书五经"正是碎片化阅读的产物。四书当中的《大学》和《中庸》本是《礼记》中的两篇，经宋代数位大儒的努力提倡被独立出来。《孟子》的"经途"更是坎坷，不能一言以尽，至于五经，孔子一生"述而不作"，修《诗》《书》，定《礼》《乐》，序《周易》，作《春秋》，五经基本上可以看作孔子本人"碎片化阅读"的成果[③]。周鸿飞在《简论中医典籍的"碎片化"学习》中指出，中医典籍尤其是早期经典文献，如《黄帝内经》《神农本草经》《伤寒杂病论》等，其内容结构颇具"碎片化"特质。《黄帝内经》包括《素问》《灵枢》两部分，

[①] 刘海润，亢世勇. 新词语 10 000 条 [M]. 上海：上海辞书出版社，2012.
[②] 胡壮麟. 多模态的碎片化时代 [J]. 外语研究，2018（5）：1-6.
[③] 林元彪. 走出"文本语境"——"碎片化阅读"时代典籍翻译的若干问题思考 [J]. 上海翻译，2015（1）：20-26.

其中《素问》24卷，《灵枢》12卷，各有81篇，其主体内容由先秦医学文献资料汇集而成，每篇各有其命题的中心思想，故各篇之间并无严密关联，而一篇又由若干段、若干节来组成，每一段、每一节又有其重点旨意①。

赵文丽在《新闻出版行业标准碎片化标引研究与应用》中提出"标准碎片化"概念，即根据标准的结构（部分、章、条、段、附录等）将标准分成诸多碎片，并对标准的基本信息（如标准号、标准名称、分类号等），标准每章、每一层次条的内容进行标引②。而莱比锡开放碎片文本序列（The Leipzig Open Fragmentary Texts Series，LOFTS）项目是在数字化基础上，对古典文献中的"碎片文本"进行元数据标引和深度整合，研究对象是古代文本中大量存在的引文和佚文，即西方古典文献学中所谓的"碎片文本"（Fragmentary Texts）③。

对古籍而言，一种书可以划分为若干卷，一卷可以划分为若干篇，篇之下可能有类似于现代汉语的段落、句子，最后可以划分为词、字（或符号）。古籍全文文本（full text）数据可以按上述固定粒度转换为多粒度文本（multi-grained text）数据。不同粒度的文本数据包含的信息量不同，其适用的场景也不同。

若底本为古籍点校本，有篇章、段落、标点、专名号等，全文文本数据转换为多粒度文本数据的难度较低。若底本为古籍原本，版式文本数据很难直接转换为多粒度文本数据。因此，本书将古籍碎片化定义为将古籍全文文本数据转换为多粒度文本数据的过程，某一粒度的文本数据称为碎片数据（fragmentary data）。通过碎片化可以加深对古籍特性的理解，并在此基础上构建古籍数据集。

---

① 周鸿飞. 简论中医典籍的"碎片化"学习［J］. 中医临床研究，2016（8）：14-15.
② 赵文丽. 新闻出版行业标准碎片化标引研究与应用［D］. 北京：北方工业大学，2017：5.
③ 赵洪雅. 数字人文项目"莱比锡开放碎片文本序列"（LOFTS）探究［J］. 图书馆论坛，2018（1）：10-20.

3.1 碎片数据模型

在古籍数字化视阈下，版式文本数据是古籍文本信息和版式信息的结构化描述，而碎片数据是在保证语义完整的基础上，将版式与文本分离，将具有语义信息、结构信息的版式转换为文本属性描述。从古籍编纂的角度考察，碎片化是古籍编纂的逆过程，即将具有体例的文本部分还原为文本材料，碎片数据既可以独立使用，也可以组合使用。

碎片数据是由资源片段、属性描述和辅助描述组成的数据单元。资源片段是碎片数据的主体，能表达完整语义，既可以是文本，也可以是表格、图形、图像等其他类型数据。属性描述是碎片数据的重要组成部分，独立于资源片段，即同一个资源片段可以有多个属性标注，也可以进行多次属性标注，常见的属性有时间、空间、内容分类、出处、层级等。辅助描述是碎片数据的必要补充，如集外字描述、备注说明等。仍以《大明一统志》为例，如图 3-1 所示，碎片数据结构如图 3-2 所示，碎片数据 XML 如例 3-1 所示。

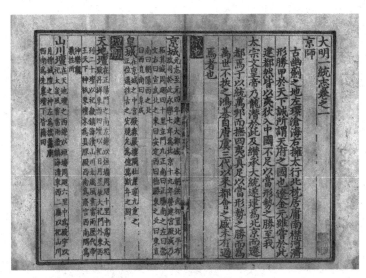

图 3-1　数字方志图像数据样例

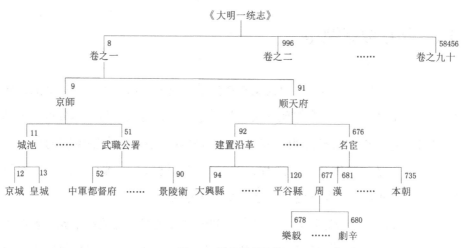

图 3-2 碎片数据结构

【例 3-1】

……

<block id="12" level="4" blockType="text" blockType2="0"blockType3="0"blockType4="0" blockType5="3" time="" space="京師" classification="城池" bookSource="szfz6578">

<fragmentSet>

<paragraph id="1" startPage="001032" startLine="11" endPage="001032" endLine="13">

<lineTexts>

<LineText text="京城" biglittle="0"/>

<LineText text="元志至元四年建大都城本朝洪武初置北平布政司於此永樂七年爲北京十九年營建宮殿成乃拓其城周迴四十里立門九正南曰正陽南之左曰崇文右曰宣武北之東曰安定西曰德勝東之北曰東直南曰朝陽西之北曰西直南曰阜成" biglittle="1"/>

</lineTexts>

```
</paragraph>
</fragmentSet>
<attributeSet>
<fragmentTagSet id="1" annotationType=" 时间标注 ">
<fragmentTag id="1" time=" 至元四年 "/>
<fragmentTag id="2" time =" 洪武初 "/>
<fragmentTag id="3" time =" 永樂七年 "/>
</fragmentSet>
<fragmentTagSet id="2" annotationType=" 引书标注 ">
<fragmentTag id="1" citingBook=" 元志 "/>
</fragmentSet>
</attributeTagSet>
<gaiji/>
<note/>
</block>
……
```

碎片数据用 block 标签表示，其中资源片段用 fragmentSet 标签表示，属性描述用 block 标签的属性和 attributeSet 标签表示，辅助描述用 gaiji、note 等标签表示。在例 3-1 中，block 标签具有四类属性：序号、层级、碎片类型和资源属性。序号用 id 属性表示，"12" 为该碎片数据在 XML 中的唯一标识号，不可重复。层级用 level 属性表示，"4" 为该碎片数据的层级，《大明一统志》的层级为 "0"，"卷之一" 的层级为 "1"，"京师" 的层级为 "2"，"城池" 的层级为 "3"。碎片类型用 blockType、blockType2、blockType3、blockType4 和 blockType5 属性表示，blockType 表示资源片段类型，text 表示文本型；blockType2 表示资源片段的存储位置，"0" 表示资源片段存储在碎片数据内部；blockType3 表示资源片段的存储方式，"0"表示资源片段存储方式与碎片数据相同；blockType4 表示资源片段的引用方式，"0"表示资源片段未引用其他碎片数据；blockType4 表示资源片段的碎片化程度，"3"表示资源片段已碎片化为段落。资源属性用 time、space、classification、bookSource 等属性表示，time 表示资源片段的时间属性，space 表示资源片段的空间属性，classification 表示资源片段的分类，bookSource 表示资源片段的来源文献。"京师"和"城池"为碎片数据在来源文献中所属的类目，"szfz6578"为来源文献编号，即碎片数据出自《大明一统志》。

fragmentSet 标签表示资源片段，在例 3-1 中，资源片段为《大明一统志》卷一第三十二叶第 11～13 行，如图 3-1 所示。文本型资源片段用 paragraph、lineTexts、lineText 等标签描述。paragraph 表示段落，包含 id、startPage、startLine、endPage、endLine 等属性。id 属性表示序号，"1"为该段落在资源片段中的唯一标识号；startPage 表示起始叶，"001032"为该段落在来源文献中的起始叶码；startLine 表示起始行，"11"为该段落在来源文献起始叶中的起始行号；endPage 表示结束叶，"001032"为该段落在来源文献中的结束叶码；endLine 表示结束行，"13"为该段落在来源文献结束叶中的结束行号。

lineTexts 标签描述文本型资源片段用整体，lineText 标签描述资源片段的各个部分，包含 text 和 biglittle 属性。text 属性描述文本型资源片段的具体内容，biglittle 属性描述该文本在来源文献中的大小字属性，"0"表示大字，"1"表示小字。通常大字为正文，小字为注释。

属性描述分为两类：从来源文献继承的属性，以下简称继承属性，用 block 标签的资源类型类属性表示；依据应用需求标注的属性，以下简称标注属性，用 attributeSet 标签表示。fragmentTagSet 标签表示属性标注组，id 属性表示属性标注组编号，annotationType 属性表示属性标注组类型。fragmentTag 标签表示标注属性，id 属性表示标注的序号，time、place、citingBook 等属性表述不同类型的标注属性值。在例 3-1 中，碎片数据的第一组标注属性为"时间标注",三个时间属性标注分别为"至元四年""洪武初"和"永樂七年";第二组标注属性为"引书标注",引书属性标注为"元志",即《大元一统志》。fragmentTagSet 和 fragmentTag 标签可重复,即对同一资源片段可以进行多次或多维度属性标注,既可以是单一属性标注,也可以是多属性标注。

辅助描述按需添加,gaiji 标签表示集外字描述,note 标签表示备注说明。在例 3-1 中,两个标签为空。

3.2 碎片数据特点

与其他数据类型相比,碎片数据由资源片段、属性描述和辅助描述组成,结构较为复杂。其具有以下几个特点。

第一,碎片数据具有完整的语义,每个碎片数据都可以单独使用。在例 3-1 中,文本片段的内容和大小字属性都包含在 lineTexts 标签内,来源文献信息包含在 block 标签的 bookSource 属性中,文本在来源文献中的位置信息包含在 paragraph 标签的 startPage、startLine、endPage、endLine 属性中。如果需要精确定位,也可以将文字在原书中的位置坐标作为 paragraph 标签的属性。原书中的表格,以《光绪顺天府志》为例,如图 3-3 所示,"朱爲弼六月任",对应表格中的位置及表头应为"道光六年顺天府丞",碎片数据如例 3-2 所示。碎片数据"31295"(block 标签的 id 属性)描述整个表格,"31570"描述单元格,"31298"和"31394"描述单元格对应的行和列。而"朱爲弼字椒堂浙江平湖人乙丑進士左遷丞",对应表格中的位置及表头应为"道光五年顺天府尹",碎片数据"31568"描述单元格,"31297"和"31393"描述单元格对应的行和列。

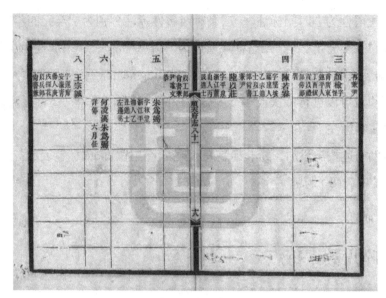

图 3-3　数字方志图像数据样例

【例 3-2】

……

```
<block id="31295" level="4" blockType="table" blockType2="0" blockType3="0"blockType4="1" blockType5="3" time="" space="顺天府" classification="官師" bookSource="szfz0005">
    <fragmentSet>
<paragraph id="1" startPage="081002" startLine="9" endPage="081002" endLine="9">
<lineTexts>
<LineText text="國朝監尹以下表一" biglittle="0"/>
</lineTexts>
</paragraph>
    <tablerow="9"column="144"startPage="081002"
```

```
startpoint="2502,292" endPage="081031" endpoint="2788,2796">
    <rowCellstartBID="31296" endBID="31303"/>
        <columnCellstartBID="31304" endBID="31447"/>
        <coreCellstartBID="31448" endBID="31694"/>
    </table>
</fragmentSet>
<attributeSet>
<fragmentTagSetid="1" annotationType=" 题名标注 ">
<fragmentTag id="1" title=" 國朝監尹以下表一 "/>
</fragmentSet>
</attributeTagSet>
<gaiji/>
<note/>
</block>
<block id="31296" level="5" blockType="tableCell" blockType2="0"blockType3="0"blockType4="0" blockType5="3" time="" space=" 順天府 " classification=" 官師 " bookSource="szfz0005">
    <fragmentSet>
    <tableCellrow="1"column="0"cellType="rowCell"startPage="081002" startpoint="2502,608" endPage="081002" endpoint="772,882">
    <paragraph id="1" startCellLine="1"endCellLine="1">
    <lineTexts>
    <LineText text=" 兼尹 " biglittle="0"/>
    </lineTexts>
    </paragraph>
```

```xml
<rowName />
<columnName />
    </tableCell>
</fragmentSet>
<attributeSet />
<gaiji/>
<note>順天府兼尹</note>
</block>
<block id="31297" level="5" blockType="tableCell" blockType2="0"blockType3="0"blockType4="0" blockType5="3" time="" space="順天府" classification="官師" bookSource="szfz0005">
    <fragmentSet>
        <tableCellrow="2"column="0"cellType="rowCell"startPage="081002" startpoint="2502,880" endPage="081002" endpoint="772,1158">
    <paragraph id="1" startCellLine="1"endCellLine="1">
    <lineTexts>
    <LineText text="尹" biglittle="0"/>
    </lineTexts>
    </paragraph>
    <rowName />
    <columnName />
        </tableCell>
    </fragmentSet>
    <attributeSet />
    <gaiji/>
```

```
            <note>順天府尹</note>
        </block>
......
    <block id="31304" level="5" blockType="tableCell" blockType2="0"blockType3="0"blockType4="0" blockType5="3" time="" space="順天府" classification="官師" bookSource="szfz0005">
        <fragmentSet>
            <tableCellrow="0"column="1"cellType="columnCell" startPage="081002" startpoint="772,316" endPage="081003" endpoint="3540,608">
                <paragraph id="1" startCellLine="1"endCellLine="0">
                    <lineTexts>
                        <LineText text="順治年" biglittle="0"/>
                    </lineTexts>
                </paragraph>
                <rowName />
                <columnName />
            </tableCell>
        </fragmentSet>
        <attributeSet />
        <gaiji/>
        <note/>
    </block>
......
    <block id="31394" level="5" blockType="tableCell" blockType2="0"blockType3="0"blockType4="0" blockType5="3" time="" space="
```

```
顺天府" classification="官师" bookSource="szfz0005">
    <fragmentSet>
    <tableCell row="0" column="91" cellType="columnCell" startPage="081019" startpoint="1095,345" endPage="081019" endpoint="808,642">
    <paragraph id="1" startCellLine="1" endCellLine="0">
    <lineTexts>
    <LineText text="六" biglittle="0"/>
    </lineTexts>
    </paragraph>
    <rowName />
    <columnName />
        </tableCell>
    </fragmentSet>
    <attributeSet />
    <gaiji/>
    <note>道光六年</note>
    </block>
    ……
    <block id="31567" level="5" blockType="tableCell" blockType2="0" blockType3="0" blockType4="1" blockType5="3" time="" space="顺天府" classification="官师" bookSource="szfz0005">
    <fragmentSet>
    <tableCell row="2" column="89" cellType="coreCell" startPage="081019" startpoint="3092,628" endPage="081019" endpoint="1676,908">
```

```xml
<paragraph id="1" startCellLine="1"endCellLine="4">
<lineTexts>
<LineText text="陳若霖" biglittle="0"/>
<LineText text="字望坡福建人乙未進士以工部尙書兼尹" biglittle="1"/>
</lineTexts>
</paragraph>
<paragraph id="2" startCellLine="5"endCellLine="9">
<lineTexts>
<LineText text="陸以莊" biglittle="0"/>
<LineText text="字平泉浙江蕭山人丙辰進士以工部尙書兼尹諡文恭" biglittle="1"/>
</lineTexts>
</paragraph>
<rowName BID="31296" />
<columnName BID="31392" />
    </tableCell>
</fragmentSet>
<attributeSet />
<gaiji/>
<note/>
</block>
<block id="31568" level="5" blockType="tableCell" blockType2="0"blockType3="0"blockType4="1" blockType5="3" time="" space="順天府" classification="官師" bookSource="szfz0005">
    <fragmentSet>
```

```
                    <tableCell row="2" column="90" cellType="coreCell" s
tartPage="081019"  startpoint="1676,908"  endPage="081019"
endpoint="1095,1184">

    <paragraph id="1" startCellLine="1"endCellLine="4">

<lineTexts>

<LineText text="朱爲弼" biglittle="0"/>

<LineText text="字 椒 堂 浙 江 平 湖 人 乙 丑 進 士 左 遷 丞"
biglittle="1"/>

</lineTexts>

</paragraph>

<rowName BID="31297" />

<columnName BID="31393" />

    </tableCell>

</fragmentSet>

<attributeSet />

<gaiji/>

<note/>

</block>

<block id="31569" level="5" blockType="tableCell" blockType
2="0"blockType3="0"blockType4="1" blockType5="3" time="" space="
順天府" classification="官師" bookSource="szfz0005">

    <fragmentSet>

        <tableCell row="2" column="91"cellType="coreCell"
startPage="081019" startpoint="1095,908" endPage="081019"
endpoint="808,1184">

    <paragraph id="1" startCellLine="1"endCellLine="2">
```

```
<lineTexts>
<LineText text="何凌漢" biglittle="0"/>
<LineText text="詳傳" biglittle="1"/>
</lineTexts>
</paragraph>
<rowName BID="31297" />
<columnName BID="31394">
</tableCell>
</fragmentSet>
    <attributeSet />
<gaiji/>
<note/>
</block>
<block id="31570" level="5" blockType="tableCell" blockType2="0"blockType3="0"blockType4="1" blockType5="3" time="" space="順天府" classification="官師" bookSource="szfz0005">
    <fragmentSet>
    <tableCellrow="3" column="91"cellType="coreCell"startPage="081019" startpoint="1095,1184" endPage="081019" endpoint="808,1464">
    <paragraph id="1" startCellLine="1"endCellLine="2">
<lineTexts>
<LineText text="朱爲弼" biglittle="0"/>
<LineText text="六月任" biglittle="1"/>
</lineTexts>
</paragraph>
```

```
<rowName BID="31298" />
<columnName BID="31394" />
    </tableCell>
</fragmentSet>
<attributeSet />
<gaiji/>
<note/>
</block>
......
```

第二，碎片数据的内容与属性相分离，继承属性与标注属性相分离。碎片数据的内容即资源片段，包含在 fragmentSet 标签中，而继承属性包含在 block 标签的属性中，标注属性包含在 attributeSet 标签中。在例 3-1 中，继承属性包含序号、层级、资源类型、来源文献等，直接取自来源文献，不做规范化处理和其他人为干预。标注属性包含时间标注和引书标注，三个时间标注和一个引书标注都使用原文，未做后续处理。在例 3-2 中，碎片数据"31295"只做了题名标注，对应表格名称。

第三，碎片数据可以描述任意粒度的文本，level 属性描述碎片数据的层级，如图 3-2 所示，与来源文献层级（体例）一一对应，其中一部分（level 值为 0～2）与卷目索引数据的层级一一对应。在例 3-1 中，碎片数据的 level 属性值为"4"，对应的来源文献层级为"《大明一统志》——卷之一——京师——城池——京城"。在例 3-2 中，碎片数据"31295"的 level 属性值为"4"，对应的来源文献层级为"《光绪顺天府志》——卷八十一——官师志十——國朝官师表——國朝監尹以下表一"。碎片数据"31567"的 level 属性值为"5"，"國朝監尹以下表一"中的一个单元格，包含两段文字，如有需要，可以生成粒度更小的碎片数据，如例 3-3 所示。若暂不需要对

"國朝監尹以下表一"做进一步碎片化，则碎片数据如例3-4所示。

【例3-3】

......

    <block id="31567" level="5" blockType="tableCell" blockType2="0"blockType3="0"blockType4="1" blockType5="3" time="" space="順天府" classification="官師" bookSource="szfz0005">

        <fragmentSet>

        <tableCellrow="2"column="89"cellType="coreCell"startPage="081019" startpoint="3092,628" endPage="081019" endpoint="1676,908">

            <subCell id="1" BID="31296001" />

            <subCell id="2" BID="31296002" />

    <rowName BID="31296" />

    <columnName BID="31392" />

        </tableCell>

</fragmentSet>

<attributeSet />

<gaiji/>

<note/>

</block>

    <block id="31296001" level="6" blockType="subCell" blockType2="0"blockType3="0"blockType4="0" blockType5="3" time="" space="順天府" classification="官師" bookSource="szfz0005">

        <fragmentSet>

        <subCelltableCellBID="31567">

```xml
<paragraph id="1" startCellLine="1"endCellLine="4">
<lineTexts>
<LineText text="陳若霖" biglittle="0"/>
<LineText text="字望坡福建人乙未進士以工部尚書兼尹" biglittle="1"/>
</lineTexts>
</paragraph>
    </subCell>
</fragmentSet>
<attributeSet>
<fragmentTagSet id="1" annotationType="空间标注">
<fragmentTag id="1" place="福建"/>
</fragmentSet>
</attributeTagSet>
<gaiji/>
<note/>
</block>
<block id="31296002" level="6" blockType="subCell" blockType2="0"blockType3="0"blockType4="0" blockType5="3" time="" space="顺天府" classification="官師" bookSource="szfz0005">
    <fragmentSet>
    <subCelltableCellBID="31567">
<paragraph id="2" startCellLine="5"endCellLine="9">
<lineTexts>
<LineText text="陸以莊" biglittle="0"/>
<LineText text="字平泉浙江蕭山人丙辰進士以工部尚書兼尹諡文恭"
```

```
biglittle="1"/>
    </lineTexts>
    </paragraph>
        </subCell>
</fragmentSet>
<attributeSet>
<fragmentTagSet id="1" annotationType="空间标注">
<fragmentTag id="1" place="浙江"/>
<fragmentTag id="2" place="蕭山"/>
</fragmentSet>
</attributeTagSet>
<gaiji/>
<note/>
</block>
……
```

【例3-4】

```
……
    <block id="31295" level="4" blockType="text" blockType2="0"blockType3="0"blockType4="0" blockType5="3" time="" space="順天府" classification="官師" bookSource="szfz0005">
        <fragmentSet>
    <paragraph id="1" startPage="081002" startLine="9" endPage="081002" endLine="9">
    <lineTexts>
    <LineText text="國朝監尹以下表一" biglittle="0"/>
```

```xml
    </lineTexts>
  </paragraph>
  <paragraph id="2" startPage="081002" startpoint="2502,608" endPage="081002" endpoint="772,882">
    <lineTexts>
    <LineText text="兼尹" biglittle="0"/>
    </lineTexts>
      </paragraph>
  <paragraph id="3" startPage="081002" startpoint="2502,880" endPage="081002" endpoint="772,1158">
    <lineTexts>
    <LineText text="尹" biglittle="0"/>
    </lineTexts>
      </paragraph>
……
  <paragraph id="10" startPage="081002" startpoint="772,316" endPage="081003" endpoint="3540,608">
    <lineTexts>
    <LineText text="顺治年" biglittle="0"/>
    </lineTexts>
      </paragraph>
     ……
  <paragraph id="187" startPage="081019" startpoint="3092,342" endPage="081019" endpoint="1676,628">
    <lineTexts>
    <LineText text="四" biglittle="0"/>
```

```
      </lineTexts>
    </paragraph>
    <paragraph id="188" startPage="081019" startpoint="3092,628" endPage="081019" endpoint="1676,908">
      <lineTexts>
        <LineText text="陳若霖" biglittle="0"/>
        <LineText text="字望坡福建人乙未進士以工部尙書兼尹" biglittle="1"/>
        <LineText text="陸以莊" biglittle="0"/>
        <LineText text="字平泉浙江蕭山人丙辰進士以工部尙書兼尹諡文恭" biglittle="1"/>
      </lineTexts>
    </paragraph>
    <paragraph id="189" startPage="081019" startpoint="1676,342" endPage="081019" endpoint="1095,628">
      <lineTexts>
        <LineText text="五" biglittle="0"/>
      </lineTexts>
    </paragraph>
    <paragraph id="190" startPage="081019" startpoint="1676,908" endPage="081019" endpoint="1095,1184">
      <lineTexts>
        <LineText text="朱爲弼" biglittle="0"/>
        <LineText text="字椒堂浙江平湖人乙丑進士左遷丞" biglittle="1"/>
      </lineTexts>
```

```xml
        </paragraph>
    <paragraph id="191" startPage="081019" startpoint="1095,345" endPage="081019" endpoint="808,642">
    <lineTexts>
    <LineText text="六" biglittle="0"/>
    </lineTexts>
        </paragraph>
    <paragraph id="192" startPage="081019" startpoint="1095,908" endPage="081019" endpoint="808,1184">
    <lineTexts>
    <LineText text="何凌漢" biglittle="0"/>
    <LineText text="詳傳" biglittle="1"/>
    </lineTexts>
        </paragraph>
    <paragraph id="193" startPage="081019" startpoint="1095,1184" endPage="081019" endpoint="808,1464">
    <lineTexts>
    <LineText text="朱爲弼" biglittle="0"/>
    <LineText text="六月任" biglittle="1"/>
    </lineTexts>
        </paragraph>
        ……
        </fragmentSet>
    <attributeSet>
    <fragmentTagSetid="1" annotationType="題名标注">
    <fragmentTag id="1" title="國朝監尹以下表一"/>
```

```
</fragmentSet>
</attributeTagSet>
<gaiji/>
<note/>
</block>
……
```

对深度学习而言，碎片数据具有以下几个优点。

第一，碎片数据可以描述任意粒度的文本，提升了文本数据的可操作性。古籍文本转化为碎片数据，实现了长文本的有效截断，同时保证每个文本片段的语义完整性。

第二，碎片数据具有属性标注，既可以依据属性标注生成不同类或子类的无标签数据集，又可以将文本作为数据、将属性标注作为标签，生成有标签数据集。

第三，通过碎片化方法可以创建高质量的深度学习数据集，同时基于深度学习技术又可以对碎片数据做进一步的属性标注，提高碎片数据的质量。

3.3 碎片数据生成

碎片化是充分利用原始文本中的版式、符号等信息，将文本进行切分与标注，按需生成碎片数据的过程。由于碎片数据是面向具体应用的，需求不同，碎片数据的结构也不同；而古籍文本的格式、内容、体例等都可能有区别，碎片化的具体方法也要随之变化。仍以《大明一统志》为例，如图 3-1 所示，版式文本数据如例 2-9 所示，碎片数据生成过程可划分为文本切分、结构描述、属性填充、指代消解、数据纠错、属性标注等步骤。fragment_ demo.py 为文本碎片化演示程序，数据库为 szfz.db，用 sqlite3 模块操作。testdata 包含 3 个 XML 文件，testdata2 包含 1 个 XML 文件，testdata3 包含 9 个 XML 文件，三种版式特征如图 3-4 所示，相关参数保存在 config.py 中。

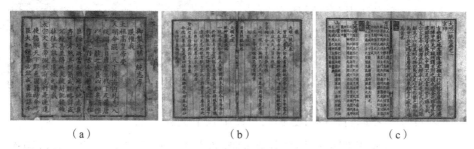

图 3-4　数字方志图像数据样例

3.3.1　文本切分

版式文本数据以文本行为描述单位，第 0 行为版心，自右向左为第 1 至 N 行。在图 3-1 中，第 11 行为"京城元志至元四年建大都城　本朝洪武初置北平布政司於此永樂七年爲北京十九年營建宫殿成乃"，依据字号和文本所在区域可再分为三部分："京城""元志至元四年建大都城　本朝洪武初置北平布"和"政司於此永樂七年爲北京十九年營建宫殿成乃"。对应版式文本 XML 中，text_region（1 995,359）（2 195,639）中的三个 text_line，如例 3-5 所示。

```
【例 3-5】
    ......
        <text_region region="1995,359,2195,639" direction="1">
        <text_line region="1995,359,2195,618" font_id="1" decoration="0" rotation="0">
            <text>京城</text>
        </text_line>
```

```xml
    <text_line region="2095,639,2176,3380" font_id="2"
 decoration="0" rotation="0">
        <text>元志至元四年建大都城　本朝洪武初置北平布</text>
    </text_line>
    <text_line region="2014,639,2095,3380" font_id="2"
 decoration="0" rotation="0">
        <text>政司於此永樂七年爲北京十九年營建宮殿成乃</text>
    </text_line>
</text_region>
......
```

第一步，解析版式文本 XML。使用 Python 内置的 xml.etree.ElementTree 模块，语法详见官网文档。先读取指定路径下的 XML 文件，获取文件名；再获取根节点，page_middle_area 属性（叶文本区域），给 text_region 元素编号作为文本行编号（lineID）；然后提取 text_region 元素中的 text_line 元素，给 text_line 元素编号（subLineID），再提取 text_line 元素中的 text 元素和 region、font_id、decoration、rotation 属性；之后从 region 属性中解析文本区域（文本区域左上角和右下角的坐标）（regionX1，regionY1）和（regionX2，regionY2），并用 regionY2 和 regionY1 计算 subLine 的长度；最后将上述数据写入 originalpage 表，如表 3-1 所示。

第二步，版式数据预处理。首先，从 originalpage 表中选取可直接使用的数据 fileName（XML 文件名）、lineID（文本行编号）、subLineID（文本行子块编号）、font_id（字号）、decoration（版式标记）、rotation（文字旋转）、text_char（文本片段）等。同时，以叶为单位，将 page_middle_area 的 Y1 值设为 head（文本行起始 Y 坐标），Y2 值设为 end（文本行结束 Y 坐标），大字的平均宽度设为 bigchar（大字宽度），小字的平均宽度设为 smallchar（小

表 3-1 碎片数据生成过程表（一）

No	fileName	lineID	subLineID	regionX1	regionY1	regionX2	regionY2w	font_id	decoration	rotation	text_char	subLineLength
795	SZFZ6578-00 000001-00 032.xml	0	1	2 197	1 276	2 310	1 353	0	0	0	◀	77
796	SZFZ6578-00 000001-00 032.xml	0	2	2 197	1 353	2 310	2 662	0	0	0	大明一統志卷一	1 309
797	SZFZ6578-00 000001-00 032.xml	0	3	2 197	2 662	2 310	2 739	0	0	0	◀	77
798	SZFZ6578-00 000001-00 032.xml	1	1	4 130	359	4 330	1 458	1	0	0	大明一統志卷之一	1 099
799	SZFZ6578-00 000001-00 032.xml	2	1	3 928	359	4 128	618	1	0	0	京師	259
800	SZFZ6578-00 000001-00 032.xml	3	1	3 726	499	3 926	3 418	1	0	0	古幽薊之地左環滄海右襟太行北枕居庸南襟河濟	2 919
801	SZFZ6578-00 000001-00 032.xml	4	1	3 524	499	3 724	3 418	1	0	0	形勝甲於天下誠所謂天府之國也逮金元繼嘗於此	2 919
802	SZFZ6578-00 000001-00 032.xml	5	1	3 322	499	3 522	3 278	1	0	0	建都然皆以夷狄入中國不足以當形勢之勝至我	2 779
803	SZFZ6578-00 000001-00 032.xml	6	1	3 120	359	3 320	3 418	1	0	0	太宗文皇帝乃龍潛於此及纘承大統遂建爲北京而遷	3 059
804	SZFZ6578-00 000001-00 032.xml	7	1	2 918	499	3 118	3 418	1	0	0	都焉于以統萬邦而撫四夷眞足以當形勢之鴻基而爲	2 919
805	SZFZ6578-00 000001-00 032.xml	8	1	2 716	499	2 916	3 418	1	0	0	萬世不拔之鴻基自唐虞三代以來都會之盛未有過	2 919
806	SZFZ6578-00 000001-00 032.xml	9	1	2 514	499	2 714	898	1	0	0	焉者也	399
807	SZFZ6578-00 000001-00 032.xml	10	1	2 312	359	2 512	618	1	0	0	城池	259
808	SZFZ6578-00 000001-00 032.xml	11	1	1 995	359	2 195	618	1	0	0	京城	259
809	SZFZ6578-00 000001-00 032.xml	11	2	2 095	639	2 176	3 380	2	0	0	元志至元四年建大都城本朝洪武初置北平府	2 741

（续表）

No	fileName	lineID	subLineID	regionX1	regionY1	regionX2	regionY2w	font_id	decoration	rotation	text_char	subLineLength
810	SZFZ6578-00 000001-00 032.xml	11	3	2 014	639	2 095	3 380	2	0	0	政司於此永樂七年爲北京十九年營建宮殿成乃	2 741
811	SZFZ6578-00 000001-00 032.xml	12	1	1 893	499	1 974	3 380	2	0	0	拆其城周迴四十里門九正南曰正陽南之左曰崇	2 881
812	SZFZ6578-00 000001-00 032.xml	12	2	1 812	499	1 893	3 380	2	0	0	文右曰宣武北之東曰安定西曰德勝東之北曰東直	2 881
813	SZFZ6578-00 000001-00 032.xml	13	1	1 691	499	1 772	1 420	2	0	0	南曰朝陽西之北	921
814	SZFZ6578-00 000001-00 032.xml	13	2	1 610	499	1 691	1 420	2	0	0	曰西直南曰阜成	921
815	SZFZ6578-00 000001-00 032.xml	14	1	1 389	359	1 589	618	1	0	0	皇城	259
816	SZFZ6578-00 000001-00 032.xml	14	2	1 489	639	1 570	2 960	2	0	0	在京城之中宮殿森嚴樓闕壯麗蓋九重之	2 321
817	SZFZ6578-00 000001-00 032.xml	14	3	1 408	639	1 489	2 820	2	0	0	正位邁任古之玄規允爲億萬斯年之固	2 181
818	SZFZ6578-00 000001-00 032.xml	15	1	1 187	359	1 387	618	1	1	0	壇廟	259
819	SZFZ6578-00 000001-00 032.xml	16	1	985	359	1 185	758	1	0	0	天地壇	399
820	SZFZ6578-00 000001-00 032.xml	16	2	1 085	779	1 166	3 380	2	0	0	在正陽門之南左綠以垣墙周迴十里中爲大祀	2 601
821	SZFZ6578-00 000001-00 032.xml	16	3	1 004	779	1 085	3 380	2	0	0	殿丹墀東西四壇以祀日月星辰大祀外東西	2 601
822	SZFZ6578-00 000001-00 032.xml	17	1	883	499	964	3 380	2	0	0	列二十壇以祀風雲雷雨歷代帝川太歲海瀆山	2 881
823	SZFZ6578-00 000001-00 032.xml	17	2	802	499	883	3 380	2	0	0	王天下神祇東瀆末爲具服殿西爲齋宮西南爲兩	2 881

（续表）

No	fileName	lineID	subLineID	regionX1	regionY1	regionX2	regionY2w	font_id	decoration	rotation	text_char	subLineLength
824	SZFZ6578-00 000001-00 032.xml	18	1	681	499	762	860	2	0	0	神樂觀	361
825	SZFZ6578-00 000001-00 032.xml	18	2	600	499	681	860	2	0	0	犧牲所	361
826	SZFZ6578-00 000001-00 032.xml	19	1	379	359	579	758	1	0	0	山川壇	399
827	SZFZ6578-00 000001-00 032.xml	19	2	479	779	560	3 380	2	0	0	在天地壇之西繚以垣牆周迴六里中爲殿宇以	2 601
828	SZFZ6578-00 000001-00 032.xml	19	3	398	779	479	3 380	2	0	0	祀太歲風雲雷雨嶽鎭海瀆東西一簾以祀山川	2 601
829	SZFZ6578-00 000001-00 032.xml	20	1	277	499	358	1 980	2	0	0	月將城隍之神左爲旗纛廟	1 481
830	SZFZ6578-00 000001-00 032.xml	20	2	196	499	277	1 840	2	0	0	西南爲先農壇下皆藉田	1 341
831	SZFZ6578-00 000001-00 033.xml	0	1	2 197	1 276	2 310	1 353	0	0	0	▲	77
832	SZFZ6578-00 000001-00 033.xml	0	2	2 197	1 353	2 310	2 662	0	0	0	大明一統志卷一 二	1 309
833	SZFZ6578-00 000001-00 033.xml	0	3	2 197	2 662	2 310	2 739	0	0	0	▼	77
834	SZFZ6578-00 000001-00 033.xml	1	1	4 130	359	4 330	758	1	0	0	社稷壇	399
835	SZFZ6578-00 000001-00 033.xml	1	2	4 230	779	4 311	3 240	2	0	0	在皇城內南之右中爲方壇四面有欞門壇之周	2 461
836	SZFZ6578-00 000001-00 033.xml	1	3	4 149	779	4 230	3 100	2	0	0	垣各依方色南前門北有行禮具服一殿	2 321
837	SZFZ6578-00 000001-00 033.xml	2	1	3 928	359	4 128	618	1	0	0	太廟	259
838	SZFZ6578-00 000001-00 033.xml	2	2	4 028	639	4 109	3 100	2	0	0	在皇城內南之左正殿兩廊寢室崇深昭穆禮	2 461
839	SZFZ6578-00 000001-00 033.xml	2	3	3 947	639	4 028	2 960	2	0	0	制法古從官親王及臣配享左有神宮監	2 321
840	SZFZ6578-00 000001-00 033.xml	3	1	3 726	499	3 926	758	1	0	0	文廟	259
841	SZFZ6578-00 000001-00 033.xml	3	2	3 826	779	3 907	3 380	2	0	0	在國子監辟雍堂之東正爲大成殿東西翼以兩	2 601

字宽度），小小字的平均宽度设为 littlechar（小小字宽度）。其次，计算文本行子块的 regionX2 与 regionX1 的差值，即 X2minusX1（文本行子块文字宽度）；计算文本行子块的 regionY1 与 head 的差值，即 Y1minusHead（文本行子块上端与叶文本区域顶端的 Y 轴距离）；计算文本行子块的 end 与 regionY2 的差值，即 EndminusY2（叶文本区域底端与文本行子块下端的 Y 轴距离）。再次，用 X2minusX1 分别除以 bigchar、smallchar、littlechar 后取整，作为文本行子块的逻辑字号（大字为"1"，小字为"2"，小小字为"3"，其他情况为"0"），即 fontID；用 Y1minusHead 除以 bigchar 后取整，作为文本行子块前空几字，即 lineHead；用 EndminusY2 除以 bigchar 后取整，作为文本行子块后空几字，即 lineEnd。最后，将上述数据填入 pagepretreatment 表，如表 3-2 所示。

在一部古籍中可能使用多个字号，字号的绝对值对碎片化而言意义不大，只需要通过字号变化确定大小字关系即可，因此要将版式 XNL 中的字号转换为表示大小字关系的逻辑字号。同时，由于排版的原因，古籍中也会出现文字紧缩或拉伸，文字的高度按需变化，而文字的宽度基本不变，因此要用 regionX2 与 regionX1 的差值分别除以 bigchar、smallchar、littlechar 后取整作为逻辑字号。

古籍也有类似现代汉语的段落，但是现代汉语固定每个段落前空两格，而古籍的情况较为复杂，有不空格的，也有空一格或多格的，同时还有表示尊称的顶格、抬格（如图 3-5 所示）、空格等。因此，文本行不能简单拼接为段落，要先确定文本行之间是否在语义上连续。碎片化以文本行子块为基本单位，以图 3-1 第 11 行为例，子块 1 为"京城"，子块 2 为"元志至元四年建大都城　本朝洪武初置北平布"，子块 3 为"政司於此永樂七年爲北京十九年營建宮殿成乃"，如表 3-2 所示。在文本行内，三个子块的关系为"京城元志至元四年建大都城　本朝洪武初置北平布政司於此永樂七年爲北京十九年營建宮殿成乃"。如果再考虑文本行之间的关系，很显然第 11 行并不完整，

表 3-2 碎片数据生成过程表（二）

No	fileName	line ID	subLine ID	font_id	decoration	rotation	X2minus X1	Y1minus Head	Endminus Y2	font ID	lineHead	lineEnd	text_char	text_char Num
708	SZFZ6578-00000001-00032.xml	1	1	1	0	0	200	39	1 992	1	0	11	大明一統志卷之一	8
709	SZFZ6578-00000001-00032.xml	2	1	1	0	0	200	39	2 832	1	0	16	京師	2
710	SZFZ6578-00000001-00032.xml	3	1	1	0	0	200	179	32	1	1	0	古幽薊之地左環滄海右擁太行北枕居庸南襟河濟	21
711	SZFZ6578-00000001-00032.xml	4	1	1	0	0	200	179	32	1	1	0	形勝甲於天下誠所謂天府之國也遂金元雖嘗於此	21
712	SZFZ6578-00000001-00032.xml	5	1	1	0	0	200	179	172	1	1	1	建都然皆以夷狄人中國不足以當形勢之勝至我	20
713	SZFZ6578-00000001-00032.xml	6	1	1	0	0	200	39	32	1	0	0	太宗文皇帝乃龍潛於此及纘承大統遂建爲北京而遷	22
714	SZFZ6578-00000001-00032.xml	7	1	1	0	0	200	179	32	1	1	0	都焉于以統萬邦而撫四夷眞足以當形勢之勝而鴈	21
715	SZFZ6578-00000001-00032.xml	8	1	1	0	0	200	179	32	1	1	0	萬世不拔之鴻基自唐虞三代以來都會之盛未有過	21
716	SZFZ6578-00000001-00032.xml	9	1	1	0	0	200	179	2 552	1	1	14	焉者也	3
717	SZFZ6578-00000001-00032.xml	10	1	1	1	0	200	39	2 832	1	0	16	城池	2
718	SZFZ6578-00000001-00032.xml	11	1	1	0	0	200	39	2 832	1	0	-1	京城	2

(续表)

No	fileName	line ID	subLine ID	font_id	decoration	rotation	X2minus X1	Y1minus Head	Endminus Y2	font ID	lineHead	lineEnd	text_char	text_char Num
719	SZFZ6578-00000001-00032.xml	11	2	2	0	0	81	319	70	2	-1	-1	元志至元四年建大都城 本朝洪武初置北平布	20
720	SZFZ6578-00000001-00032.xml	11	3	2	0	0	81	319	70	2	-1	0	政司欣此永樂七年爲北京十九年營建宮殿乃	20
721	SZFZ6578-00000001-00032.xml	12	1	2	0	0	81	179	70	2	-1	-1	拓其城周迴四十里立門九正南曰正陽南之左曰崇	21
722	SZFZ6578-00000001-00032.xml	12	2	2	0	0	81	179	70	2	-1	0	文右曰宣武北之東曰安定西曰德勝東之北曰東直	21
723	SZFZ6578-00000001-00032.xml	13	1	2	0	0	81	179	2 030	2	1	-1	南曰朝陽西之北	7
724	SZFZ6578-00000001-00032.xml	13	2	2	0	0	81	179	2 030	2	-1	11	曰西直南曰阜成	7
725	SZFZ6578-00000001-00032.xml	14	1	1	0	0	200	39	2 832	1	0	-1	皇城	2
726	SZFZ6578-00000001-00032.xml	14	2	2	0	0	81	319	490	2	-1	-1	在京城之中宮殿森嚴樓閣壯麗蓬九重之	17
727	SZFZ6578-00000001-00032.xml	14	3	2	0	0	81	319	630	2	-1	4	正位邁佳古之宏規允爲億萬斯年之固	16
728	SZFZ6578-00000001-00032.xml	15	1	1	1	0	200	39	2 832	1	0	16	壇廟	2
729	SZFZ6578-00000001-00032.xml	16	1	1	0	0	200	39	2 692	1	0	-1	天地壇	3
730	SZFZ6578-00000001-00032.xml	16	2	2	0	0	81	459	70	2	-1	-1	在正陽門之南左礫以垣牆周迴十里中爲大祀	19

（续表）

No	fileName	lineID	subLineID	font_id	decoration	rotation	X2minusX1	Y1minusHead	EndminusY2	fontID	lineHead	lineEnd	text_char	text_charNum
731	SZFZ6578-00000001-00032.xml	16	3	2	0	0	81	459	70	2	-1	0	殿丹墀東西四增以祀日月星辰大祀門外東西	19
732	SZFZ6578-00000001-00032.xml	17	1	2	0	0	81	179	70	2	1	-1	列二十增以祀嶽鎮海瀆山川太歲風雲雷雨歷代帝	21
733	SZFZ6578-00000001-00032.xml	17	2	2	0	0	81	179	70	2	-1	0	王天下神祇東壝末爲具服殿西南爲齋宮西南隅爲	21
734	SZFZ6578-00000001-00032.xml	18	1	2	0	0	81	179	2590	2	1	-1	神樂觀	3
735	SZFZ6578-00000001-00032.xml	18	2	2	0	0	81	179	2590	2	-1	14	犧牲所	3
736	SZFZ6578-00000001-00032.xml	19	1	1	0	0	200	39	2692	1	0	-1	山川壇	3
737	SZFZ6578-00000001-00032.xml	19	2	2	0	0	81	459	70	2	-1	-1	在天地壇之西繚以垣牆周迴六里中爲殿宇以	19
738	SZFZ6578-00000001-00032.xml	19	3	2	0	0	81	459	70	2	-1	0	祀太歲風雲雷雨鎮海瀆東西一簷以祀山川	19
739	SZFZ6578-00000001-00032.xml	20	1	2	0	0	81	179	1470	2	1	-1	月將城隍之神左爲旗纛廟	11
740	SZFZ6578-00000001-00032.xml	20	2	2	0	0	81	179	1610	2	-1	9	西南爲先農壇下皆藉田	10
741	SZFZ6578-00000001-00033.xml	1	1	1	0	0	200	39	2692	1	0	-1	社稷壇	3

（续表）

No	fileName	line ID	subLine ID	font_id	decoration	rotation	X2minus X1	Y1minus Head	Endminus Y2	font ID	lineHead	lineEnd	text_char	text_char Num
742	SZFZ6578-00000001-00033.xml	1	2	2	0	0	81	459	210	2	-1	-1	在皇城内南之右中爲方壝四面有門壝之內	18
743	SZFZ6578-00000001-00033.xml	1	3	2	0	0	81	459	350	2	-1	2	垣各依方色南有前門北有行櫺具服二殿	17
744	SZFZ6578-00000001-00033.xml	2	1	1	0	0	200	39	2 832	1	0	-1	太廟	2
745	SZFZ6578-00000001-00033.xml	2	2	2	0	0	81	319	350	2	-1	-1	在皇城内南之左正殿兩廊楹堂崇深昭穆禮	18
746	SZFZ6578-00000001-00033.xml	2	3	2	0	0	81	319	490	2	-1	3	制法古從宜親王及功臣配享左有神宮監	17
747	SZFZ6578-00000001-00033.xml	3	1	1	0	0	200	179	2 692	1	1	-1	文廟	2
748	SZFZ6578-00000001-00033.xml	3	2	2	0	0	81	459	70	2	-1	-1	在國子監彝倫堂之東正爲大成殿東西翼以廡	19
749	SZFZ6578-00000001-00033.xml	3	3	2	0	0	81	459	70	2	-1	0	廡前有門外廡星門殿前舊有元加封孔子	19
750	SZFZ6578-00000001-00033.xml	4	1	2	0	0	81	179	1 190	2	-1	-1	碑本朝正統中有御製新建	13
751	SZFZ6578-00000001-00033.xml	4	2	2	0	1	81	179	1 330	2	-1	7	太學碑文立於殿前庇之以亭	12
752	SZFZ6578-00000001-00033.xml	5	1	1	0	0	200	39	2 832	1	0	16	山陵	2
753	SZFZ6578-00000001-00033.xml	6	1	1	0	0	200	39	2 832	1	0	-1	長陵	2

要一直连续到第 13 行。在版式数据预处理中，用 lineHead 和 lineEnd 表示文本行片段前后空格情况。为了便于后续处理，若能直接确定文本行片段 n 与 $n+1$ 连续，lineEnd 值为"–1"。

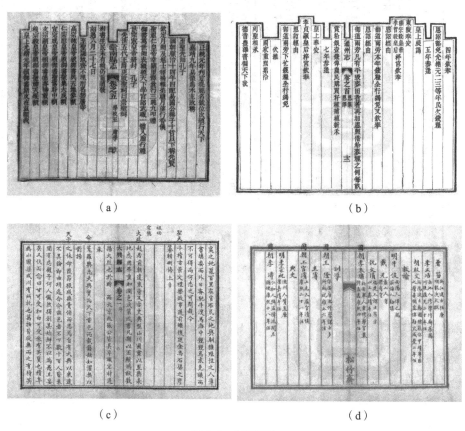

图 3-5　古籍样张

第三步，生成资源片段。从 pagepretreatment 表中选取 fontID、lineHead、lineEnd 等数据，基于大字与小字不连续、小字之间连续、前有空格的大字与前一行不连续、有抬格的大字与后一行连续、无抬格后有空格的大字与后一行不连续等规则，将文本行片段拼接为资源片段，同时生成 text（大字）、text2（小字）、startFileName（资源片段起始文件名）、startLineID（资源片段起始文本行）、endFileName（资源片段结束文件名）、endLineID（资源片段结束文本行）、mark（标记）等数据，并依据 text 统计 charNum（大字字符数，含空格等符号）和 textNum（大字字数），依据 text2 统计 char2Num（小字字符数，含空格等符号）和 text2Num（小字字数）。最后将上述数据填入 intermediatedata 表，如表 3-3 所示。

为了处理抬格，如图 3-4 所示，引入了 honorific_word_num（无抬格文本行前空格数），若 honorific_word_num 的值为"1"，表示无抬格时文本行前有 1 个空格；lineHead 的值为"0"，表示 1 个抬格；lineHead 的值为"-1"，表示 2 个抬格。当抬格与其他版式重叠时，为了判断语义连续性，引入 honorificword（敬语）表，如皇、天、圣、敕、本朝、太祖、太宗等，若抬格文本行前 n 个字（通常 n 小于等于 3）都不在表中，表示可忽略抬格，按其他版式处理。另外，还有一些较为特殊的情况，可作为特例处理，此处不再赘述。

3.3.2 结构描述

完成文本切分后，要描述资源片段的结构，包括序号、层级等。结构描述的重点是确定资源片段的层级（level），以 intermediatedata 表为基础，依据 bookindex 表（古籍索引数据）确定 level1 和 level2，依据 content 表（内容主题）确定 level3，当 level3 为"名宦"和"人物"时，依据 time 表（时间）确定 level4。最后将 level 和 intermediatedata 中的数据填入 intermediatedata2 表，如表 3-4 所示。

3.3.3 属性填充

属性填充是生成碎片数据属性描述的继承属性部分。由于继承属性直接来自文献本身，可以用 level2、level3 和部分 level4 的资源片段作为属性描述。以 intermediatedata2 表为基础，将 level 值为 2 的 text_char 作为内容主题，将 level 值为 3 的 text_char 作为空间属性（地名主题），将部分 level 值为 4 的 text_char，如"宋""元""本朝"等作为时间属性（时间主题）。同

表 3-3 碎片数据生成过程表（三）

No	startFileName	startLineID	endFileName	endLineID	mark	text	text2	charNum	char2Num	textNum	text2Num
362	SZFZ6578-00000001-00032.xml	1	SZFZ6578-00000001-00032.xml	1		大明一统志卷之一		8	0	8	0
363	SZFZ6578-00000001-00032.xml	2	SZFZ6578-00000001-00032.xml	2		京师		2	0	2	0
364	SZFZ6578-00000001-00032.xml	3	SZFZ6578-00000001-00032.xml	9		古幽蓟之地左环渤海…		129	0	129	0
365	SZFZ6578-00000001-00032.xml	10	SZFZ6578-00000001-00032.xml	10	1	城池		2	0	2	0
366	SZFZ6578-00000001-00032.xml	11	SZFZ6578-00000001-00032.xml	13		京城	元志至元四年建大都城本朝洪武初置北平布…	2	96	2	95
367	SZFZ6578-00000001-00032.xml	14	SZFZ6578-00000001-00032.xml	14		皇城	在京城之中宫殿森严麓楼阁壮丽逾九重之正位…	2	33	2	33
368	SZFZ6578-00000001-00032.xml	15	SZFZ6578-00000001-00032.xml	15		坛庙		2	0	2	0
369	SZFZ6578-00000001-00032.xml	16	SZFZ6578-00000001-00032.xml	18		天地坛	在正阳门之南左缝以亘墙周迴十里中为大祀…	3	86	3	86
370	SZFZ6578-00000001-00032.xml	19	SZFZ6578-00000001-00032.xml	20		山川坛	在天地坛之西缝以亘墙周迴六里中为殿宇以…	3	59	3	59
371	SZFZ6578-00000001-00033.xml	1	SZFZ6578-00000001-00033.xml	1		社稷坛	在皇城内南之右中为方壝四面有门壝之间壝…	3	35	3	35
372	SZFZ6578-00000001-00033.xml	2	SZFZ6578-00000001-00033.xml	2		太庙	在皇城内南之左正殿两廊楹室崇深昭穆襏制…	2	35	2	35
373	SZFZ6578-00000001-00033.xml	3	SZFZ6578-00000001-00033.xml	4		文庙	在国子监彝伦堂之东正为大成殿东西翼两以…	2	63	2	61
374	SZFZ6578-00000001-00033.xml	5	SZFZ6578-00000001-00033.xml	5	1	山陵		2	0	2	0
375	SZFZ6578-00000001-00033.xml	6	SZFZ6578-00000001-00033.xml	6		长陵	在京城北天寿山正中	2	9	2	9
376	SZFZ6578-00000001-00033.xml	7	SZFZ6578-00000001-00033.xml	7		献陵	在长陵之右	2	5	2	5
377	SZFZ6578-00000001-00033.xml	8	SZFZ6578-00000001-00033.xml	8		景陵	在长陵之左	2	5	2	5

第3章 古籍文本数据碎片化

(续表)

No	startFileName	startLineID	endFileName	endLineID	mark	text	text2	charNum	char2Num	textNum	text2Num
378	SZFZ6578-00000001-00033.xml	9	SZFZ6578-00000001-00033.xml	9		苑囿		2	0	2	0
379	SZFZ6578-00000001-00033.xml	9	SZFZ6578-00000001-00033.xml	15		西苑	在皇城内中有太液池瓊華島池周圍深廣波光…	2	262	2	261
380	SZFZ6578-00000001-00033.xml	15	SZFZ6578-00000001-00033.xml	17		南海子	在京城南二十里舊爲下馬飛放泊内有按鷹臺…	3	83	3	83
381	SZFZ6578-00000001-00033.xml	17	SZFZ6578-00000001-00033.xml	19		御馬苑	在京城外鄭村琪等處牧養御馬大小二十所俱…	3	65	3	65
382	SZFZ6578-00000001-00033.xml	19	SZFZ6578-00000001-00033.xml	20	1	文職公署		4	0	4	0
383	SZFZ6578-00000001-00033.xml	20	SZFZ6578-00000001-00033.xml	20		宗人府	在長安左門南經歷司附焉	3	11	3	11
384	SZFZ6578-00000001-00033.xml	20	SZFZ6578-00000001-00034.xml	1		吏部	在宗人府南其屬文選驗封司稽勲考功四清吏司…	2	25	2	25
385	SZFZ6578-00000001-00034.xml	1	SZFZ6578-00000001-00034.xml	2		户部	在吏部南其屬浙江福建江西湖廣四川山東…	2	46	2	46
386	SZFZ6578-00000001-00034.xml	2	SZFZ6578-00000001-00034.xml	3		禮部	在户部南其屬儀制祠祭主客精膳四清吏司并…	2	41	2	41
387	SZFZ6578-00000001-00034.xml	3	SZFZ6578-00000001-00034.xml	4		兵部	在宗人府後其屬武選車駕職方武庫四清吏司…	2	39	2	39
388	SZFZ6578-00000001-00034.xml	4	SZFZ6578-00000001-00034.xml	5		刑部	在貫城坊其屬浙江福建江西湖廣四川山東…	2	50	2	50
389	SZFZ6578-00000001-00034.xml	5	SZFZ6578-00000001-00034.xml	6		工部	在兵部南其屬營繕虞衡都水屯田四清吏司并…	2	39	2	39
390	SZFZ6578-00000001-00034.xml	6	SZFZ6578-00000001-00034.xml	8		都察院	在刑部所轄浙江福建江西湖廣四川山東…	3	50	3	50
391	SZFZ6578-00000001-00034.xml	8	SZFZ6578-00000001-00034.xml	8		翰林院	在長安左門外玉河西岸四夷館隸焉	3	15	3	15

(续表)

No	startFileName	startLineID	endFileName	endLineID	mark	text	text2	charNum	char2Num	textNum	text2Num
392	SZFZ6578-00000001-00034.xml	8	SZFZ6578-00000001-00034.xml	9		國子監	在安定門內文廟西有彝倫堂左右有繩愆博…	3	41	3	41
393	SZFZ6578-00000001-00034.xml	9	SZFZ6578-00000001-00034.xml	10		太常寺	在後府南典簿廳附焉外有神樂觀犧牲所各祠…	3	24	3	24
394	SZFZ6578-00000001-00034.xml	10	SZFZ6578-00000001-00034.xml	11		通政使司	在太常寺南經歷司附焉	4	10	4	10
395	SZFZ6578-00000001-00034.xml	11	SZFZ6578-00000001-00034.xml	11		大理寺	在都察院南其屬左寺右寺并司務廳附焉	3	17	3	17
396	SZFZ6578-00000001-00034.xml	11	SZFZ6578-00000001-00034.xml	12		詹事府	在玉河東岸主簿廳附焉	3	10	3	10
397	SZFZ6578-00000001-00034.xml	12	SZFZ6578-00000001-00034.xml	12		光祿寺	在東安門內其屬大官署珍羞良醞掌醢四署并署…	3	23	3	23
398	SZFZ6578-00000001-00034.xml	12	SZFZ6578-00000001-00034.xml	13		太寺	在萬寶坊主簿廳附焉	3	9	3	9
399	SZFZ6578-00000001-00034.xml	13	SZFZ6578-00000001-00034.xml	13		鴻臚寺	在工部南其屬司賓署并主簿廳署…	3	18	3	18
400	SZFZ6578-00000001-00034.xml	13	SZFZ6578-00000001-00034.xml	14		欽天監	在鴻臚寺南主簿廳附焉外設有天臺於朝陽門…	3	21	3	21
401	SZFZ6578-00000001-00034.xml	14	SZFZ6578-00000001-00034.xml	14		太醫院	在欽天監南生藥庫附焉外有惠民藥局亦隸之	3	19	3	19
402	SZFZ6578-00000001-00034.xml	15	SZFZ6578-00000001-00034.xml	15		行人司	在長安右門外朝房西	3	9	3	9
403	SZFZ6578-00000001-00034.xml	15	SZFZ6578-00000001-00034.xml	16		上林苑監	在文德坊玉河橋西典簿廳附焉外有春育嘉蔬…	4	60	4	60
404	SZFZ6578-00000001-00034.xml	17	SZFZ6578-00000001-00034.xml	18		五兵馬司	中兵馬司在城內仁壽坊東城兵馬司在城內忠…	4	54	4	54
405	SZFZ6578-00000001-00034.xml	19	SZFZ6578-00000001-00034.xml	19	1	武職公署		4	0	4	0
406	SZFZ6578-00000001-00034.xml	19	SZFZ6578-00000001-00034.xml	20		中軍都督府	在長安門南經歷司附焉在城南守中神策和…	5	32	5	32
407	SZFZ6578-00000001-00034.xml	20	SZFZ6578-00000001-00035.xml	1		左軍都督府	在中府南經歷司附焉在城留守左蕃陽左右驍…	5	29	5	29

表 3-4 碎片数据生成过程表（四）

blockNo	level	text	text2	startFileName	startLineID	endFileName	endLineID	charNum	char2Num	TextNum	text2Num
8	1	大明一统志卷之一		SZFZ6578-00000001-00032.xml	1	SZFZ6578-00000001-00032.xml	1	8	0	8	0
9	2	京師		SZFZ6578-00000001-00032.xml	2	SZFZ6578-00000001-00032.xml	2	2	0	2	0
10	0	古幽蓟之地左環滄海…		SZFZ6578-00000001-00032.xml	3	SZFZ6578-00000001-00032.xml	5	129	0	129	0
11	3	城池		SZFZ6578-00000001-00032.xml	6	SZFZ6578-00000001-00032.xml	9	2	0	2	0
12	4	京城	元志至元四年建大都城本朝洪武初置北…	SZFZ6578-00000001-00032.xml	10	SZFZ6578-00000001-00032.xml	10	2	96	2	95
13	4	皇城	在京城之中宫殿森嚴樓閣壯麗遶九重之置…	SZFZ6578-00000001-00032.xml	11	SZFZ6578-00000001-00032.xml	13	2	33	2	33
14	3	壇廟		SZFZ6578-00000001-00032.xml	14	SZFZ6578-00000001-00032.xml	14	2	0	2	0
15	4	天地壇	在正陽門之南左繚以垣墙周迴十里中爲大…	SZFZ6578-00000001-00032.xml	15	SZFZ6578-00000001-00032.xml	15	3	86	3	86
16	4	山川壇	在天地壇之西繚以垣墙周迴六里中爲殿宇…	SZFZ6578-00000001-00032.xml	16	SZFZ6578-00000001-00032.xml	18	3	59	3	59
17	4	社稷壇	在皇城內南之右中爲方壇四面有門壇之周…	SZFZ6578-00000001-00032.xml	19	SZFZ6578-00000001-00032.xml	20	3	35	3	35
18	4	太廟	在皇城內南之左正殿兩廊寢室崇深昭穆禮…	SZFZ6578-00000001-00033.xml	1	SZFZ6578-00000001-00033.xml	1	2	35	2	35
19	4	文廟	在國子監彝倫堂之東正爲大成殿東西翼以…	SZFZ6578-00000001-00033.xml	2	SZFZ6578-00000001-00033.xml	2	2	63	2	61
20	3	山陵		SZFZ6578-00000001-00033.xml	3	SZFZ6578-00000001-00033.xml	4	2	0	2	0
21	4	長陵	在京城北天壽山正中	SZFZ6578-00000001-00033.xml	5	SZFZ6578-00000001-00033.xml	5	2	9	2	9
22	4	獻陵	在長陵之右	SZFZ6578-00000001-00033.xml	6	SZFZ6578-00000001-00033.xml	6	2	5	2	5
23	4	景陵	在長陵之左	SZFZ6578-00000001-00033.xml	7	SZFZ6578-00000001-00033.xml	7	2	5	2	5

（续表）

blockNo	level	text	text2	startFileName	startLineID	endFileName	endLineID	charNum	char2Num	TextNum	text2Num
24	3	苑囿	在皇城内中有大液池瑰华烏池周围深廣波…	SZFZ6578-00000001-00033.xml	8	SZFZ6578-00000001-00033.xml	8	2	0	2	0
25	4	西苑	在皇城内中有大液池瑰华烏池周围深廣波…	SZFZ6578-00000001-00033.xml	9	SZFZ6578-00000001-00033.xml	9	2	262	2	261
26	4	南海子	在京城南二十里舊爲下馬飛放泊内有按鷹…	SZFZ6578-00000001-00033.xml	9	SZFZ6578-00000001-00033.xml	15	3	83	3	83
27	4	御馬苑	在京城外鄭村垻等處牧養廄馬大小二十所…	SZFZ6578-00000001-00033.xml	15	SZFZ6578-00000001-00033.xml	17	3	65	3	65
28	3	文職公署		SZFZ6578-00000001-00033.xml	17	SZFZ6578-00000001-00033.xml	19	4	0	4	0
29	4	宗人府	在長安左門南經歷司附焉	SZFZ6578-00000001-00033.xml	20	SZFZ6578-00000001-00033.xml	20	3	11	3	11
30	4	吏部	在宗人府南其屬文選驗封稽勳考功四清吏…	SZFZ6578-00000001-00033.xml	20	SZFZ6578-00000001-00033.xml	20	2	25	2	25
31	4	戶部	在吏部南其屬浙江福建江西湖廣四川山東…	SZFZ6578-00000001-00033.xml	20	SZFZ6578-00000001-00034.xml	1	2	46	2	46
32	4	禮部	在户部南其屬儀制祠祭主客精膳四清吏司…	SZFZ6578-00000001-00034.xml	1	SZFZ6578-00000001-00034.xml	2	2	41	2	41
33	4	兵部	在宗人府後其屬武選車駕職方武庫四清吏…	SZFZ6578-00000001-00034.xml	2	SZFZ6578-00000001-00034.xml	3	2	39	2	39
34	4	刑部	在貫城坊内其屬浙江福建江西湖廣四川山…	SZFZ6578-00000001-00034.xml	3	SZFZ6578-00000001-00034.xml	4	2	50	2	50
35	4	工部	在兵部南其屬營繕虞衡都水屯田四清吏司…	SZFZ6578-00000001-00034.xml	4	SZFZ6578-00000001-00034.xml	5	2	39	2	39
36	4	都察院	在刑部南所轄浙江福建江西湖廣四川山東…	SZFZ6578-00000001-00034.xml	5	SZFZ6578-00000001-00034.xml	6	3	50	3	50
37	4	翰林院	在長安左門外玉河西岸四夷館隸焉	SZFZ6578-00000001-00034.xml	6	SZFZ6578-00000001-00034.xml	8	3	15	3	15

（续表）

blockNo	level	text	text2	startFileName	startLineID	endFileName	endLineID	charNum	char2Num	TextNum	text2Num
38	4	國子監	在安定門內文廟西有彝倫堂左右有繩愆…	SZFZ6578-00000001-00034.xml	8	SZFZ6578-00000001-00034.xml	8	3	41	3	41
39	4	太常寺	在後府南典簿廳附焉外有神樂觀犧牲所各…	SZFZ6578-00000001-00034.xml	8	SZFZ6578-00000001-00034.xml	9	3	24	3	24
40	4	通政使司	在太常寺南經歷司附焉	SZFZ6578-00000001-00034.xml	9	SZFZ6578-00000001-00034.xml	10	4	10	4	10
41	4	大理寺	在都察院南其寺屬左寺右寺并司務廳附焉	SZFZ6578-00000001-00034.xml	10	SZFZ6578-00000001-00034.xml	11	3	17	3	17
42	4	詹事府	在玉河東岸主簿廳附焉	SZFZ6578-00000001-00034.xml	11	SZFZ6578-00000001-00034.xml	11	3	10	3	10
43	4	光祿寺	在東安門內其屬大官珍羞良醞掌醢四署并…	SZFZ6578-00000001-00034.xml	11	SZFZ6578-00000001-00034.xml	12	3	23	3	23
44	4	太仆寺	在萬寶坊主簿廳附焉	SZFZ6578-00000001-00034.xml	12	SZFZ6578-00000001-00034.xml	12	3	9	3	9
45	4	鴻臚寺	在工部南其屬典簿署司儀署并主簿廳附焉	SZFZ6578-00000001-00034.xml	12	SZFZ6578-00000001-00034.xml	13	3	18	3	18
46	4	欽天監	在鴻臚寺南主簿廳附焉外設observatory於朝陽…	SZFZ6578-00000001-00034.xml	13	SZFZ6578-00000001-00034.xml	13	3	21	3	21
47	4	太醫院	在欽天監南生藥庫附焉外有惠民藥局亦隸之	SZFZ6578-00000001-00034.xml	13	SZFZ6578-00000001-00034.xml	14	3	19	3	19
48	4	行人司	在長安右門外朝房西	SZFZ6578-00000001-00034.xml	14	SZFZ6578-00000001-00034.xml	14	3	9	3	9
49	4	上林苑監	在文僧坊玉河橋西典簿廳附焉外有春夏嘉…	SZFZ6578-00000001-00034.xml	15	SZFZ6578-00000001-00034.xml	15	4	60	4	60
50	4	五兵馬司	中兵馬司在城內仁壽坊東城兵馬司在城中…	SZFZ6578-00000001-00034.xml	15	SZFZ6578-00000001-00034.xml	16	4	54	4	54
51	3	武職公署		SZFZ6578-00000001-00034.xml	17	SZFZ6578-00000001-00034.xml	18	4	0	4	0
52	4	中軍都督府	在長安門南經歷司附焉在城留守中神策…	SZFZ6578-00000001-00034.xml	19	SZFZ6578-00000001-00034.xml	19	5	32	5	32
53	4	左軍都督府	在中府經歷司滿陽左右城留守左滿陽左右…	SZFZ6578-00000001-00034.xml	19	SZFZ6578-00000001-00034.xml	20	5	29	5	29

时，将文献来源属性分解为 book（书）、volume（卷）和 page（叶），以 originalpage 表为基础，将 lineID 值为 0（版心）的 text_char 作为卷号和叶码，生成 filename2bvp 表，即文本数据文件名与文献来源属性的映射表。最后将 keyword、keyword2、keyword3、book、volume、page 和 intermediatedata2 中的数据填入 intermediatedata3 表，如表 3-5 所示。

3.3.4 指代消解

在古籍原文本中，为了避免同一词语重复出现，通常在下文中采用简称或代称来代替上文已经出现的某一词语，即指代。而碎片化过程切断了部分上下文联系，造成指代不明，为了保证碎片数据的语义完整性，要处理上述指代不明问题，即指代消解，如例 3-6 至例 3-15 所示。在这些例子中，第一段为古籍原文本，与指代相关的字词用下划线标出；第二段为碎片数据中的文本片段，为了便于比较，将 lineTexts 标签中的文本依据 biglittle 属性直接写出，与古籍原文本形式上保持一致。

【例 3-6】

白朮百合<u>各縣俱出</u>

白朮懷寧縣桐城縣潛山縣太湖縣宿松縣望江縣出
百合懷寧縣桐城縣潛山縣太湖縣宿松縣望江縣出

【例 3-7】

人性躁勁風氣果決隋地理志尚淳質好儉約<u>同上</u>其俗頗尚淳質好儉約喪祀婚姻率及於禮

人性躁勁風氣果決隋地理志
尚淳質好儉約隋地理志其俗頗尚淳質好儉約喪祀婚姻率及於禮

表 3-5 碎片数据生成过程表（五）

blockNo	level	keyword	keyword2	keyword3	text	text2	book	volume	page	charNum	char2Num	TextNum	text2Num
8	1				大明一统志卷之一		大明一统志	一	一	8	0	8	0
9	2				京师		大明一统志	一	一	2	0	2	0
10	0				古幽蓟之地左环渤海…		大明一统志	一	一	129	0	129	0
11	3				城池		大明一统志	一	一	2	0	2	0
12	4	京师	城池		京城	元志至元四年建大都城本朝洪武初置北平布…	大明一统志	一	一	2	96	2	95
13	4	京师	城池		皇城	在京城之中宫殿森严楼阙壮丽远力重之正位…	大明一统志	一	一	2	33	2	33
14	3				坛庙		大明一统志	一	二	2	0	2	0
15	4	京师	坛庙		天地坛	在正阳门之南左缭以垣墙周廻十里中为大祀…	大明一统志	一	二	3	86	3	86
16	4	京师	坛庙		山川坛	在天地坛之西缭以垣墙同廻六里中为殿宇以…	大明一统志	一	二	3	59	3	59
17	4	京师	坛庙		社稷坛	在皇城内南之右中为方墥四面有门坛之间垣…	大明一统志	一	二	3	35	3	35
18	4	京师	坛庙		太庙	在皇城内南之左正殿两廊楹室崇深昭穆礼制…	大明一统志	一	二	2	35	2	35
19	4	京师	坛庙		文庙	在国子监彝伦堂之东正殿东西翼以两…	大明一统志	一	二	2	63	2	61
20	3				山陵		大明一统志	一	二	2	0	2	0
21	4	京师	山陵		长陵	在京城北天寿山正中	大明一统志	一	二	2	9	2	9
22	4	京师	山陵		献陵	在长陵之右	大明一统志	一	二	2	5	2	5
23	4	京师	山陵		景陵	在长陵之左	大明一统志	一	二	2	5	2	5
24	3				苑囿		大明一统志	一	二	2	0	2	0

（续表）

blockNo	level	keyword	keyword2	keyword3	text	text2	book	volume	page	charNum	char2Num	TextNum	text2Num
25	4	京師	苑囿		西苑	在皇城內中有太液池蓋華島池周圍深廣波光…	大明一統志	一	二	2	262	2	261
26	4	京師	苑囿		南海子	在京城南二十里舊為下馬飛放泊內有按鷹臺…	大明一統志	一	二	3	83	3	83
27	4	京師	苑囿		御馬苑	在京城外鄭村垻等處牧養廄馬大小二十所相…	大明一統志	一	二	3	65	3	65
28	3	京師	文職公署		文職公署		大明一統志	一	二	4	0	4	0
29	4	京師	文職公署		宗人府	在長安左門南經歷司附焉	大明一統志	一	二	3	11	3	11
30	4	京師	文職公署		吏部	在宗人府南其屬文選驗封稽勳考功四清吏司…	大明一統志	一	二	2	25	2	25
31	4	京師	文職公署		戶部	在吏部南其屬浙江福建江西湖廣四川山東…	大明一統志	一	二	2	46	2	46
32	4	京師	文職公署		禮部	在戶部南其屬儀制祠祭主客精膳四清吏司并…	大明一統志	一	三	2	41	2	41
33	4	京師	文職公署		兵部	在宗人府後其屬武選職方車駕武庫四清吏司…	大明一統志	一	三	2	39	2	39
34	4	京師	文職公署		刑部	在貫城坊內其屬浙江福建江西湖廣四川山東…	大明一統志	一	三	2	50	2	50
35	4	京師	文職公署		工部	在兵部南其屬營繕虞衡都水屯田四清吏司并…	大明一統志	一	三	2	39	2	39
36	4	京師	文職公署		都察院	在刑部南所轄浙江福建江西湖廣四川山東…	大明一統志	一	三	3	50	3	50
37	4	京師	文職公署		翰林院	在長安左門外玉河西岸四夷館隸焉	大明一統志	一	三	3	15	3	15
38	4	京師	文職公署		國子監	在安定門內文廟內有彝倫堂左右繩愆博…	大明一統志	一	三	3	41	3	41

（续表）

blockNo	level	keyword	keyword2	keyword3	text	text2	book	volume	page	charNum	char2Num	TextNum	text2Num
39	4	京師	文職公署		大常寺	在後府南典簿廳附焉外有神樂觀犧牲所俱各衙…	大明一統志	一	三	3	24	3	24
40	4	京師	文職公署		通政使司	在太常寺南經歷司附焉	大明一統志	一	三	4	10	4	10
41	4	京師	文職公署		大理寺	在都察院其屬左寺右寺并司務廳附焉	大明一統志	一	三	3	17	3	17
42	4	京師	文職公署		詹事府	在玉河東岸主簿廳附焉	大明一統志	一	三	3	10	3	10
43	4	京師	文職公署		光祿寺	在東安門內其屬大官珍羞良醞掌醢四署并典…	大明一統志	一	三	3	23	3	23
44	4	京師	文職公署		太寺	在萬寶坊主簿廳附焉	大明一統志	一	三	3	9	3	9
45	4	京師	文職公署		鴻臚寺	在工部南其屬司賓署司儀署并主簿廳附焉	大明一統志	一	三	3	18	3	18
46	4	京師	文職公署		欽天監	在鴻臚寺南主簿廳附焉於朝陽門天壹於朝陽門…	大明一統志	一	三	3	21	3	21
47	4	京師	文職公署		太醫院	在欽天監南生藥庫附焉外有惠民藥局亦隸之	大明一統志	一	三	3	19	3	19
48	4	京師	文職公署		行人司	在長安台門外朝房丙	大明一統志	一	三	3	9	3	9
49	4	京師	文職公署		上林苑監	在文德坊玉河橋西典簿廳附焉外有育嘉蔬…	大明一統志	一	三	4	60	4	60
50	4	京師	文職公署		五兵馬司	中兵馬司在城內仁壽坊東城兵馬司在城內忠…	大明一統志	一	三	4	54	4	54
51	3		武職公署		武職公署		大明一統志	一	三	4	0	4	0
52	4	京師	武職公署		中軍都督府	在長安右門南經歷司附焉在城留守中神策衛…	大明一統志	一	三	5	32	5	32
53	4	京師	武職公署		左軍都督府	在中府經歷司附焉在城留守左潘陽左衛…	大明一統志	一	三	5	29	5	29

【例 3-8】

龍眠山寨石索山寨<u>俱</u>在舒城縣山險有水<u>各</u>可容數千人

龍眠山寨在舒城縣山險有水可容數千人

石索山寨在舒城縣山險有水可容數千人

【例 3-9】

来賓樓重譯樓<u>俱</u>在聚寶門外清江樓石城樓<u>俱</u>石城關邊鶴鳴樓醉仙樓樂民樓集賢樓<u>俱</u>在三山門外謳歌樓鼓腹樓<u>俱</u>在石城門外輕煙樓澹粉樓梅妍樓翠柳樓<u>俱</u>在江東門內自<u>来賓至翠柳十四樓俱</u>洪武間建以聚四方賓旅

来賓樓在聚寶門外洪武間建以聚四方賓旅

重譯樓在聚寶門外洪武間建以聚四方賓旅

清江樓石城關邊洪武間建以聚四方賓旅

石城樓石城關邊洪武間建以聚四方賓旅

鶴鳴樓在三山門外洪武間建以聚四方賓旅

醉仙樓在三山門外洪武間建以聚四方賓旅

樂民樓在三山門外洪武間建以聚四方賓旅

集賢樓在三山門外洪武間建以聚四方賓旅

謳歌樓在石城門外洪武間建以聚四方賓旅

鼓腹樓在石城門外洪武間建以聚四方賓旅

輕煙樓在江東門內洪武間建以聚四方賓旅

澹粉樓在江東門內洪武間建以聚四方賓旅

梅妍樓在江東門內洪武間建以聚四方賓旅

翠柳樓在江東門內洪武間建以聚四方賓旅

【例3-10】

金吾前衛金吾後衛虎賁左衛<u>已上三衛俱在保大坊</u>

金吾前衛在保大坊

金吾後衛在保大坊

虎賁左衛在保大坊

【例3-11】

長陵衛

獻陵衛

景陵衛<u>已上三衛俱在天壽山永安城內</u>

長陵衛在天壽山永安城內

獻陵衛在天壽山永安城內

景陵衛在天壽山永安城內

【例3-12】

廣惠橋一名赤欄橋通濟橋<u>以上二橋俱在州治東沙河上</u>

廣惠橋一名赤欄橋在州治東沙河上

通濟橋在州治東沙河上

【例3-13】

景德寺在府治北舊名祝聖唐貞觀間建宋景德初賜額妙音寺在青陽縣治東北唐建開福寺在石埭縣西二里建已上二寺宋太平興國間賜額永樂寺在建德縣東南二里唐建崇福寺在銅陵縣治西宋淳熙間建民化寺在東流縣治西宋景定初建已上六寺俱本朝洪武間重修

景德寺在府治北舊名祝聖唐貞觀間建宋景德初賜額本朝洪武間重修
妙音寺在青陽縣治東北唐建宋太平興國間賜額本朝洪武間重修
開福寺在石埭縣西二里唐建宋太平興國間賜額本朝洪武間重修
永樂寺在建德縣東南二里唐建本朝洪武間重修
崇福寺在銅陵縣治西宋淳熙間建本朝洪武間重修
民化寺在東流縣治西宋景定初建本朝洪武間重修

【例3-14】

左伯桃羊角哀戰國燕人二人爲友聞楚王善待士乃同入楚值雨雪糧少伯桃乃併糧與哀令往事楚自餓死於空樹中哀至楚爲上大夫乃言於楚王備禮以葬伯桃

左伯桃戰國燕人左伯桃羊角哀爲友聞楚王善待士乃同入楚值雨雪糧少伯桃乃併糧與哀令往事楚自餓死於空樹中哀至楚爲上大夫乃言於楚王備禮以葬伯桃
羊角哀戰國燕人左伯桃羊角哀爲友聞楚王善待士乃同入楚值雨雪糧少伯桃乃併糧與哀令往事楚自餓死於空樹中哀至楚爲上大夫乃言於楚王備禮以葬伯桃

【例3-15】

會同橋有二一在大市橋南跨運瀆舊名景定一在會同館前

> 會同橋在大市橋南跨運瀆舊名景定
>
> 會同橋在會同舘前

通过上述例子不难看出，碎片化造成的指代不明情况较为复杂，指代消解方式也各不相同。这部分非本书讨论的重点，此处不再赘述。

3.3.5 数据纠错

无论是古籍原文本，还是古籍文本数据，都可能存在错误。这些错误可能来源于文本创作、刻印、流传等，也可能源自数字化过程。而在碎片化过程中，大量使用古籍的版式、符号等信息，若版式描述错误，碎片数据可能产生一个或多个错误。在图 3-1 第 10 行中，"城池"为墨盖子，在版式文本 XML 中，text_line 标签 decoration 属性值应为"1"，而在数据中误为"0"，如表 3-1 所示（807 行）。若碎片化程序只依据 decoration 判断碎片数据的层级，则"城池"的 level 值为"0"，后面"京城"和"皇城"的 level 值也会出现错误。因此，在碎片化程序中要有必要的纠错机制，以避免出现错误。

此外，还有一些版式本身没有错误，XML 描述也正确，但是基于某些碎片化规则，会产生错误。例如，《大明一统志》卷一第三十叶第十七行"名宦周"（墨盖子），"名宦"为内容主题，"周"为时代，在某些古籍中为"名宦""周"（两个墨盖子），若碎片化规则的容纳性较差，就会产生错误。因此，fragment_demo 程序中包含 XML 导入、数据预处理、文本切分、结构描述、属性填充五个部分，可以按需加入数据纠错机制；还在 config 中提供了 PAGE_HEAD、PAGE_END、BIGCHAR、SMALLCHAR、LITTLECHAR、HW_num 等参数，可适应不同的版式。古籍中还有很多特例，可按需进行手动纠错。

某些文字错误也会影响碎片化的结果。例如，《大明一统志》卷四第十九叶第四行"五伐"（墨盖子）应为"五代"，若无纠错机制，后面四个碎片数据 keyword3 都会出现错误；若纠错机制引入 time 表，仅表中词汇可作为时间属性，则后面四个碎片数据 keyword3 都空。

3.3.6 属性标注

属性标注是生成碎片数据属性描述的标注属性部分。属性标注依据应用需求，可多次标注。文本分类、序列标注等方法都可以用于属性标注，这些方法将在后续章节进行详细讨论。

第 4 章

文本分类

文本分类（Text Classification）是将输入文本映射到类集合（预先定义的封闭集合）的过程。依据类别的数量，可将文本分为二分类（Two-class Classification）文本和多分类（Multi-class Classification）文本；依据每个样本可分配的标签数量，可分为单标签分类（Single-lable Classification）文本和多标签分类（Multi-lable Classification）文本。本书重点关注单标签多分类问题，即输入文本的分类输出结果为 1 个类标签。这个标签可以从 n 个（$n>2$）可能的值中选择，取值范围是 0 至 $n–1$。

文本分类是 NLP 领域的经典问题。除了直接应用外，还有很多 NLP 问题可以转换为文本分类问题，如文本匹配（Text Matching），即判断两端输入文本之间的匹配关系，包括复述关系（Paraphrasing）、蕴含关系（Entailment）等[1]。

文本分类流程包含文本预处理（Text Preprocessing）、文本表示（Text Representation）、文本特征抽取（Text Feature Extraction）。文本预处理是一个数据清洗过程，使数据在内容与形式上符合后续流程的需求。文本表示是将文本分割为便于处理的数据单元，如词（word）、字（character）、子词（subword）等，并将这些单元用向量表示。文本特征抽取是将文本向量转换为文本特征向量，作为分类器（classifier）的输入。分类是将文本特征向量输入分类器获得分类结果的过程。

---

[1] 车万翔，郭江，崔一鸣. 自然语言处理：基于预训练模型的方法 [M]. 北京：电子工业出版社，2021.

4.1 内容分类

内容分类即内容标引,是依据古籍文本的内容来标注主题词(subject heading)或关键词(keyword),它广泛应用于古籍编纂、辑佚、专题数据建设等方面。以《永乐大典方志辑佚》为例,《永乐大典》依韵编纂,同一方志被支割分散,失去原书目录,今根据文字内容,列出类目,并以方括号表示支,如［山川］［仓廪］［人物］［诗文］等,反之,不加方括号者,皆为《永乐大典》原有类目[①]。张毅在《地方志文献特性与数据抽取研究》中将明、清、民国时期方志内容归纳为序、凡例、修纂者信息、目录、图、正文、附录、跋等,正文为方志的主体,多包括疆域、建置、沿革、山川、城池、公署、古迹、选举、职官、学校、赋役、户口、武备、风俗、物产、灾异、人物、艺文等[②]。

此外,在古籍文本碎片化中,依据原书完成属性填充后,按照应用需求可多次进行属性标注。在该操作中,内容分类是常用方法之一。

4.1.1 数据

在深度学习中,训练数据通常分为训练集(training set)、验证集(validation set)和测试集(test set)。训练集用于训练模型及确定模型参数(parameter),验证集用于确定模型结构及调整超参数(hyperparameter),测试集用于检验模型的泛化能力。通常情况下,在数据量不大(小于1万条)的情况下,训练集、验证集、测试集划分的比例为6∶2∶2;若数据很大(大于100万条),训练集、验证集、测试集划分的比例为98∶1∶1。

碎片数据简单整理后可直接生成训练集、验证集或测试集。在本节中,使用《大明一统志》碎片数据32 879条作为训练、验证数据,用myDataset_db2jsonlines.py 从数据库 szfz.db 的 intermediatedata3 表中读取数据,依据

---

① 马蓉,陈抗,钟文,等. 永乐大典方志辑佚［M］. 北京:中华书局,2004.
② 张毅. 地方志文献特性与数据抽取研究［M］. 上海:上海远东出版社,2017.

level 字段初筛数据，再将 keyword2 字段转换为标签（label），并筛选"风俗""陵墓""古迹""关梁""名宦""人物""山川""寺观"和"土产"，转换为 0 至 8，合并 text_char 和 text_char2 字段为文本（text），最后写入 fz.jsonl 文件，数据如例 4-1 所示。JSON Lines 文件每行保存 1 条结构化数据，用 jsonlines 模块进行读写。

【例 4-1】

　　{"id": 0, "text": " 多文雅士隋志自古言勇俠者皆出幽并然涿郡太原自前代以來多文雅之士 ", "label": 0}

　　{"id": 1, "text": " 人多技藝地志水甘土厚人多拔藝 ", "label": 0}

　　{"id": 2, "text": " 沉鷙多材力重許可唐杜牧集幽并之地其人沉鷙多材力重許可 ", "label": 0}

　　……

　　{"id": 900, "text": " 遼章宗陵在三河縣北五十五里 ", "label": 1}

　　{"id": 901, "text": " 金太祖陵在房山縣西二十里三峯山下 ", "label": 1}

　　{"id": 902, "text": " 世宗陵在房山縣西二十里三峯山下 ", "label": 1}

　　……

　　……

　　{"id": 4553, "text": " 居庸關在府北一百二十里兩山夾峙一水旁流關跨南北四十里懸崖峭壁最爲要險淮南子曰天下有九塞居庸其一焉關之南重巒疊嶂

> 吞奇吐秀蒼翠可愛爲京師八景之一名曰居庸疊翠本朝曾棨詩重關深鎖白雲收天際諸峯黛色流北枕龍沙通絕漠南臨鳳關壯神州煙生睥睨千巖曉露濕芙蓉萬壑秋王氣自應成五彩龍文長傍日光浮 ", "label": 3}
> {"id": 4554, "text": " 黃崖峪關在薊州北四十里自關以東凡十口至馬蘭關其間差大者曰寬佃峪關","label": 3}
> {"id": 4555, "text":" 白楊口在昌平縣西凡二十七關口至天津關 ", "label": 3}

myDataset_jsonlines_seg82.py 可以将 fz.jsonl 按 8∶2 划分为训练集和验证集。在 fz 文件夹下，训练集为 train.jsonl，包含 26 304 条数据；验证集为 validation.jsonl，包含 6 575 条数据；考虑到古籍的特殊性，测试集使用《[康熙]江南通志》《[康熙]河南通志》《[康熙]湖广通志》《[康熙]云南通志》碎片数据 17 631 条，测试集为 test.jsonl，如表 4-1 所示。

表 4-1 方志内容分类数据集统计表

标签	分类	数据量/条			各类标签占比	
		训练集	验证集	测试集	训练集/验证集	测试集
0	风俗	720	180	168	2.74%	0.95%
1	陵墓	848	212	1 128	3.22%	6.40%
2	古迹	2 075	518	1 831	7.89%	10.39%
3	关梁	1 232	308	1 963	4.68%	11.13%
4	名宦	4 377	1 095	2 906	16.64%	16.48%
5	人物	5 065	1 266	3 653	19.26%	20.72%
6	山川	8 970	2 242	3 676	34.10%	20.85%
7	寺观	1 565	391	1 792	5.95%	10.16%
8	土产	1 452	363	514	5.52%	2.92%
	合计	26 304	6 575	17 631	100.00%	100.00%

4.1.2 模型

TextCNN 是利用卷积神经网络（Convolutional Neural Network，CNN）对文本进行分类的算法，能够自动地对 N-Gram（N 元模型）特征进行组合与筛选，获得不同抽象层次的语义信息，其原理如图 4-1 所示。

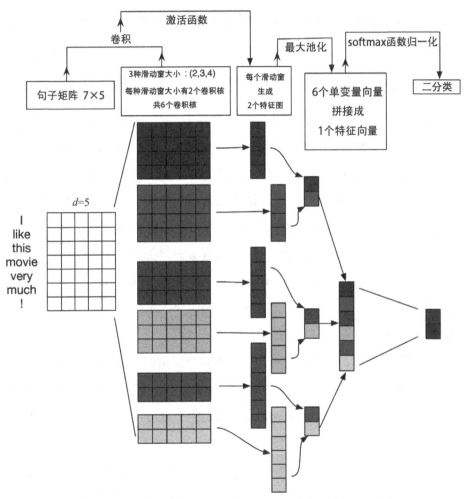

图 4-1　用于句子分类的 CNN 架构示意图[1]

---

[1] Ye Zhang, Byron C. Wallace. A Sensitivity Analysis of (and Practitioners' Guide to) ConvolutionalNeural Networks for Sentence Classification [J]. arXiv，2016:510.

第一层为输入层，将每个词（或标点）转换为五维的向量，句子"I like this movie very much！"就是 7×5 的矩阵。第二层为卷积层，使用三种卷积核尺寸（kernelsize）的六个过滤器（filter）进行卷积运算。第三层为池化层，使用 1-MAX 池化，即对每个过滤器输出的向量取最大值，再拼接为特征向量。第四层为输出层，将特征向量输入全连接层（fully connected layer），并使用 softmax 激活函数输出每个类的概率。模型在 TextCNN 文件夹下的 model.py 中。

4.1.3 训练效果

在 TextCNN 文件夹下，包含三个文件夹：downstreamModel 用于保存模型，log 用于保存训练结果数据，vocab 用于保存词表。config.py 用于设置文件路径、超参数、运行结果打印控制等。model.py 用于定义模型，运行 model.py 可打印模型主要参数。若将 config.py 中的 EMBEDDING_NUM 设置为 5，IN_CHANNELS 设置为 1，OUT_CHANNELS 设置为 2，KERNEL_SIZES 设置为 [2, 3, 4]，model.py 中的 class_n 设置为 2，模型与图 4-1 一致。train.py 为模型训练程序，需要 datasets 库、NumPy 库和 Scikit-learn（也称为 sklearn）库。test.py 为模型测试程序。utils.py 用于保存工具函数，供 train.py 和 test.py 调用。

为了便于讨论，本书将部分超参数设置为固定值，如设置 BATCH_SIZE 为 32，EPOCH 为 50，学习率（Learning Rate，LR）为 5e-4，DROPOUT 为 0.5 等，依据应用与模型选择最常用的优化器（optimizer）与损失函数（loss function）。

在 train.py 中，先加载训练集、创建文字字典和标签字典、加载验证集，使用 DataLoader 构建数据加载器（数据处理在 collate_fn 函数中完成）。然后初始化词嵌入（Word embedding）模型和 TextCNN 模型，优化器为 AdamW，损失函数为 Cross Entropy Loss。之后开始训练，在每个 epoch 内，将每个 batch 数据输入模型计算损失（loss），梯度清零后，计算梯度反向传播，更新模型参数使损失减小。按需计算准确率（accuracy）、精确率（precision）、召回率（recall）、F1 值（F1 score）等指标，使用验证集数据进行验证。最后保存模型。

在 config.py 中，设置 TEXT_LEN_MIN（文本最小长度）为 10，TEXT_LEN_MAX（文本最大长度）为 500，EMBEDDING_NUM（字向量维度）为 300，按照图 4-1 设置 IN_CHANNELS 为 1，KERNEL_SIZES 为 [2, 3, 4]；OUT_CHANNELS 设置为 100。运行 train.py，结果如图 4-2 所示。运行 test.py，准确率为 60.25%，F1 值为 45.13%。

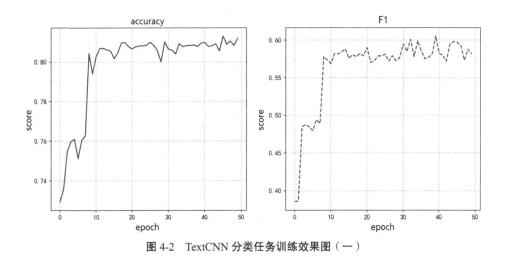

图 4-2　TextCNN 分类任务训练效果图（一）

为了提高模型在测试集上的准确率，从数据的角度，必须要考虑数据集的平衡性。在训练集中，"山川"类最多，占比为 34.1%；"人物"类次之，占比为 19.26%，与"山川"类相差 14.84%；"风俗"类最少，占比仅为 2.74%。而在测试集中，"山川"类最多，占比为 20.85%；"人物"类次之，占比为 20.72%，与"山川"类仅相差 0.13%；"风俗"类最少，占比仅为 0.95%。训练集与测试集各类标签占比如表 4-1 所示。

要解决数据平衡性问题，可使用过采样（over-sampling）和欠采样（under-sampling）方法生成均衡数据集。用 myDataset_jsonlines_segAvg.py 生

成均衡数据集，原数据集（以下简称 fz）包含文本 32 879 条，将 avg_num 设置为 3 650，生成的数据集 fz2 包含文本 32 850 条，与 fz 数据量相当；fz 数据集中"名宦"类占比为 16.64%（5 472 条），将 avg_num 设置为 5 472，生成的数据集 fz3 包含文本 49 248 条；fz 数据集中"山川"类文本最多，占比 34.1%（11 212 条），将 avg_num 设置为 11 212，生成的数据集 fz4 包含文本 100 908 条。分别使用 myDataset_jsonlines_seg82.py 按 8:2 划分为训练集和验证集，运行 train.py，结果如图 4-3 所示，运行 test.py，结果如表 4-2 所示。

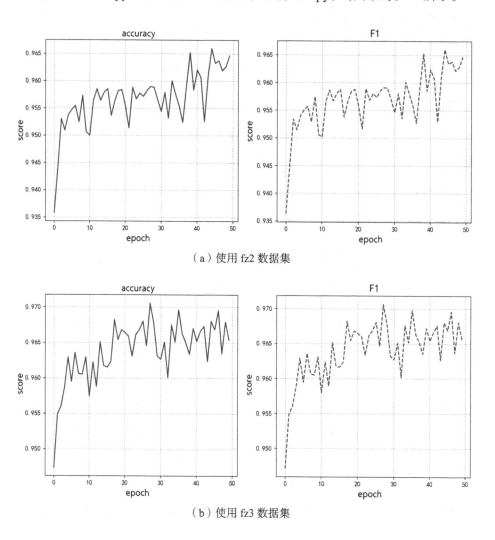

（a）使用 fz2 数据集

（b）使用 fz3 数据集

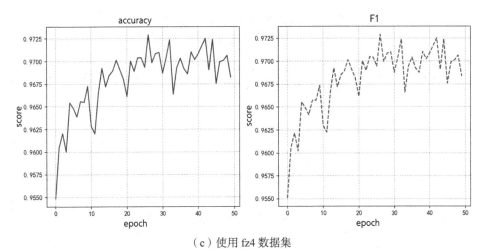

(c)使用 fz4 数据集

图 4-3 TextCNN 分类任务训练效果图(二)

表 4-2 TextCNN 分类任务训练效果表(一)

数据集	数据量	验证集				测试集	
		准确率最大值	准确率最终值	F1 最大值	F1 最终值	准确率	F1 值
fz	32 879	81.30%	81.19%	60.54%	58.18%	60.25%	45.13%
fz2	32 850	96.60%	96.46%	96.60%	96.47%	82.87%	81.24%
fz3	49 248	97.06%	96.54%	97.07%	96.56%	84.07%	82.64%
fz4	100 908	97.29%	96.83%	97.29%	96.84%	82.86%	81.45%

为了提高准确率,从模型的角度,可以考虑调整卷积核尺寸和过滤器数量。在 config.py 中,设置 TEXT_LEN_MIN 为 10,TEXT_LEN_MAX 为 500,EMBEDDING_NUM 为 300,IN_CHANNELS 为 1,调整 KERNEL_SIZES 和 OUT_CHANNELS 的设置。使用 fz 数据集,运行 train.py 和 test.py,结果如表 4-3 所示。

表 4-3 TextCNN 分类任务训练效果表（二）

卷积核尺寸	过滤器数量	特征向量维度	验证集				测试集	
			准确率最大值	准确率最终值	F1最大值	F1最终值	准确率	F1 值
[2,3,4]	100	300	81.30%	81.19%	60.54%	58.18%	60.25%	45.13%
[2,3]	150	300	87.03%	86.55%	72.72%	72.53%	68.89%	58.43%
[2,4]	150	300	81.14%	80.78%	59.91%	58.22%	60.23%	58.22%
[3,4]	150	300	82.45%	82.07%	61.75%	61.27%	61.41%	46.86%
[2,3,4,5]	150	600	82.52%	81.86%	61.07%	59.45%	60.66%	59.45%
[2,3,4]	200	600	76.72%	75.27%	50.24%	49.11%	49.94%	33.61%
[3,4,5]	200	600	76.68%	76.42%	50.44%	47.90%	51.79%	34.77%
[2,3]	300	600	76.60%	76.54%	49.38%	47.86%	53.31%	33.56%

若从词嵌入的角度考量，train.py 使用 nn.Embeding，随机初始化符合标准正态分布。词嵌入从静态的 Word2vec、GloVe 等向 ELMo、Transformer、GPT、BERT、XLNet、ALBERT 等动态的预训练模型延伸[1]。廖运春、舒坚在《基于加权 Word2Vec 和 TextCNN 的新闻文本分类》中提出一种基于加权 Word2Vec 和 TextCNN 的新闻文本分类方法，在新闻文本多分类数据上进行实验，比 TF-IDF 模型、Word2Vec 模型以及随机词嵌入模型在精确率、召回率和 F1 值上均有提高[2]。鲍彤等在《基于 BERT 字向量和 TextCNN 的农业问句分类模型分析》中采用 BERT 对农业问句进行字符编码，利用 TextCNN 对农业问句进行分类，在词向量对比实验中，BERT 字向量与 TextCNN 结合时农业问句分类 F1 值达 93.32%，相比 Word2vec 字向量提高 2.1%[3]。在 config.py 中，设置 IN_CHANNELS 为 1，KERNEL_SIZES 为 [2, 3, 4]，OUT_CHANNELS 为 100，TEXT_LEN_MIN

---

[1] 吴茂贵，王红星. 深入浅出 Embedding [M]. 北京：机械工业出版社，2021.
[2] 廖运春，舒坚. 基于加权 Word2Vec 和 TextCNN 的新闻文本分类 [J]. 长江信息通信，2022（9）：33-35.
[3] 鲍彤，罗瑞，郭婷，等. 基于 BERT 字向量和 TextCNN 的农业问句分类模型分析 [J]. 南方农业学报，2022，53（7）：2068-2076.

为 10，TEXT_LEN_MAX 为 500。使用 fz 数据集，在 TextCNN、word2vec+TextCNN 和 bert+TextCNN 文件夹下，分别运行 train.py 和 test.py，结果如表 4-4 所示。

表 4-4 TextCNN 分类任务训练效果表（三）

词嵌入		词向量维度	验证集				测试集	
方式	说明		准确率最大值	准确率最终值	F1最大值	F1最终值	准确率	F1值
nn.Embeding		300	81.30%	81.19%	60.54%	58.18%	60.25%	45.13%
nn.Embeding		600	80.14%	80.13%	50.86%	50.62%	60.46%	38.57%
word2vec	sikuword	300	94.97%	94.82%	92.47%	92.33%	77.39%	75.95%
word2vec	sikuword+Ngram	300	95.32%	94.83%	93.01%	92.55%	76.88%	75.57%
BERT	base-chinese	768	98.84%	98.83%	98.36%	98.22%	84.65%	85.83%

表 4-4 中的 word2vec 使用了 Chinese-Word-Vectors 中的《四库全书》Word（sgns.sikuquanshu.word）和《四库全书》Word+Ngram（sgns.sikuquanshu.bigram）。以 sgns.sikuquanshu.word.txt 为例，使用 siku_vec2nn_embedding.py 读取该文件的第一行，字数为 19 527，字向量为 300 维，依据剩余各行生成 text 字典和权重矩阵 weight，使用 nn.Embedding.from_pretrained 实现 word2vec，保存模型参数，train.py 可直接调用。

若综合考虑数据、模型、词嵌入等因素对验证集 F1 值的影响，调整后的超参数与结果如表 4-5 所示。然而，验证集与测试集的结果略有差异。

表 4-5 TextCNN 分类任务训练效果表（四）

数据集	数据量/条	词嵌入	词向量维度	卷积核尺寸	过滤器数量	特征向量维度	准确率最大值	准确率最终值	F1最大值	F1最终值	准确率	F1值
				模型			验证集				测试集	
fz	32 879	nn.Embeding	300	[2, 3, 4]	100	300	81.30%	81.19%	60.54%	58.18%	60.25%	45.13%
fz	32 879	word2vec（siku word）	300	[2, 3, 4]	100	300	94.97%	94.82%	92.47%	92.33%	77.39%	75.95%
fz	32 879	BERT（base-chinese）	768	[2, 3, 4]	100	300	98.84%	98.83%	98.36%	98.22%	84.65%	85.83%
fz	32 879	word2vec（siku word）	300	[2, 3]	150	300	94.71%	94.31%	92.29%	91.75%	77.22%	75.35%
fz	32 879	BERT（base-chinese）	768	[2, 3]	150	300	98.92%	98.64%	98.37%	97.95%	83.83%	84.87%
fz3	49 248	word2vec（siku word）	300	[2, 3, 4]	100	300	94.92%	94.90%	94.90%	94.87%	77.17%	75.29%
fz3	49 248	BERT（base-chinese）	768	[2, 3, 4]	100	300	98.60%	98.53%	98.60%	98.54%	84.27%	85.25%
fz3	49 248	word2vec（siku word）	300	[2, 3]	150	300	94.54%	94.14%	94.54%	94.11%	78.20%	76.62%
fz3	49 248	BERT（base-chinese）	768	[2, 3]	150	300	98.92%	98.80%	98.80%	98.80%	83.97%	84.63%

4.2 题名分类

题名即题目名称,它既可以是书名,也可以是卷名、篇名等。书名作为书籍之眼,是书籍的重要组成部分,人们关注古籍书名的历史也由来已久[①]。在古籍著录中,正题名是古籍正文卷端题名,如原书各卷端有不同题名时,以第一卷卷端题名为准。正题名是古籍的主要题名,包括交替题名,但不包括并列题名和其他题名信息。

古籍分类是将某种属性作为划分标准对图书进行区分和分组,并按某种次序排列[②]。古籍分类数据是反映所编古籍整体或部分内容的、按照不同内容揭示体系标引的文字或符号,即古籍分类的对象是古籍内容(整体或部分),依据的揭示体系为古籍分类法。

从我国第一部分类目录《七略》始到清末张之洞的《书目答问》止,这中间产生了许多古籍分类目录,虽然类目设置的情况不尽相同,有四分的,有六分的,有七分的,有十二分的等,但它们的基本框架相似,在具体组分方面展现出多样性。然而这些分类法都是在儒家思想指导下根据藏书的实际情况编制的,依据这些分类法编成的各种古籍目录一般都能体现"辨章学术,考镜源流"的特点。但我国古代的图书分类法有其先天性的不足:(1)始终没有产生一部独立的图书分类法,分类法一直是依附于具体的图书分类目录而存在的,所以即便是《四库全书总目》分类法,也不能用来类分全部的中国古籍;(2)由于分类法存在于分类目录之中,所以我国古代图书分类法的编制几乎没有什么技术性可言,除类目表外,现代图书分类法中的标记符号、注释、说明、仿分、复分、组配、索引等内容、方法和技术手段,在我国古代图书分类法中概付阙如;(3)我国古代图书分类法自成体系,基于当时人们对自然、社会、传统的认识而建立,并且深受儒家思想的

---

① 韩锡铎. 关于古籍分类法问题[J]. 江苏图书馆学报, 2001 (4):42-45.
② 郑明. 古籍分类管见[J]. 图书馆学研究, 2009 (2):46-48.

影响。因此，这一体系难以合理纳入源自完全不同思想体系的西方图书，同时也不适用于我国近现代的图书分类需求[①]。

《四库全书总目》分四部44类。《中国古籍总目》分五部57类，沿用四部分类法，经、史、子、集部外增设丛书部，各部下复分若干类属，类目设置参酌《中国丛书综录》《中国古籍善本书目》[②]。《中华古籍总目》在四部分类法的基础上增设类从部，新学类单独附于类从部，把各部中的丛编和新增的类从部加在一起，类目达64个[③]，详见本书附录9。

若要实现古籍自动分类，参照手工分类的流程，应将古籍文本输入模型，输出对应的分类。但是在当前技术条件下，超长文本直接输入模型很难实现，更何况仍有大量古籍无文本数据。在各类古籍数据中，书目数据是最为成熟且最完整的，因此我们可以考虑使用书目数据中的题名字段作为数据源进行古籍分类。

书名命名的实质就是命名者基于对描述书籍属性摹状词的认知，选择其中一组或若干组摹状词进行压缩，从而形成一个用于指称书籍的名称的过程[④]。我国古籍书名有鲜明的类别属性，分属于不同部类的典籍，书名整体上呈现出不同的命名特征，经部元典书名多为通名所转化，经解类典籍的书名多由元典名加表批注方式的词汇构成，史部典籍书名最显著的特征为重名、近名现象比较普遍，子部典籍书名多为"姓+子"、概括原书内容、反映一己情志或间接反映书籍内容的词汇，集部典籍中别集多以"某某+集"形式命名，总集书名多为反映书籍内容或为对内容的提示，"选""全"等字样经常出现在书名中。然而，需要注意的是，书籍命名的实质仍为一种主观性创造活动，命名者身份、目的的不同，均有可能影响书名的面貌，打破规律的

[①] 姚伯岳. 试论中国古籍分类的历史走向［J］. 图书馆理论与实践，1993（4）：13-16.
[②] 中国古籍总目编纂委员会. 中国古籍总目·经部［M］. 北京：中华书局，2012.
[③] 舒和新. 古籍普查登记数据的审校与思考——以安徽省博物院、安庆市图书馆数据为样本［J］. 山东图书馆学刊，2020（5）：63-68.
[④] 黄威. 古籍书名的命名、涵义与指称［J］. 图书馆界，2021（4）：8-16.

现象也比比皆是①。可见，古籍书名既能反映或部分反映原书的分类特征，又有若干不符合上述规律的反例。若反例的比例较小，古籍书名就有可能用于古籍分类。同时，深度学习模型能否从古籍书名中提取古籍分类的特征是可以实证的。

4.2.1 数据

《中国古籍总目》数据如例2-2所示，取题名部分，并将分类转换为标签，数据集保存为CSV（Comma-Separated Values）格式，用Python内置CSV模块进行读写，分类数据统计如表4-6所示。选取《中国古籍总目》数据59 035条，用myDataset_csv_segAvg.py生成均衡数据集，再用myDataset_csv_seg82.py按8:2划分为训练集和验证集。在gjzm文件夹下，训练集为train.csv，包含91 200条数据；验证集为validation.csv，包含22 800条数据。另外，选取《中国古籍总目》数据23 723条，与训练集、验证集数据不重复，测试集为test.csv。

4.2.2 模型

BERT（Bidirectional Encoder Representations from Transformers）是Google在2018年发布的自编码语言模型（Autoencoder Language Model）。BERT基于Transformer模型的编码器（Encoder）构建，如图4-4所示。BERT-base由12层编码器堆叠而成，每层编码器有12个注意力头（Multi-Heads Attention），前馈网络（FeedForward）的隐层神经元数量为768个，总参数约为1.1亿个；BERT-large由24层编码器堆叠而成，每层编码器有16个注意力头，前馈网络的隐层神经元数量为1024个，总参数约为3.4亿个。BERT可以视为一个双向的Transformer编码器网络，而GPT（Generative Pre-Trained Transformer）则是一个单向（由左至右）的Transformer解码器网络，如图4-5所示。

---

① 黄威，王士香. 论古籍书名的类别属性与命名特征［J］. 山东图书馆学刊，2021（1）：98-104.

表 4-6 《中国古籍总目》分类数据统计表

部	类	标签	数据量	部	类	标签	数据量
经	总类	0	177	子	总类	29	91
	易类	1	2 330		儒家类	30	2 922
	书类	2	1 011		兵家类	31	950
	诗类	3	1 348		法家类	32	117
	礼类	4	1 525		农家类	33	468
	乐类	5	223		医家类	34	6 685
	春秋类	6	1 665		天文算法类	35	1 657
	孝经类	7	368		术数类	36	1 798
	四书类	8	2 493		艺术类	37	3 846
	尔雅	9	191		谱录类	38	953
	群经总义类	10	716		杂家类	39	5 269
	小学类	11	3 097		类书类	40	1 461
史	总类	12	10		小说家类	41	2 708
	纪传类	13	971		释家类	42	3 152
	编年类	14	788		道家类	43	3 023
	纪事本末类	15	144		诸教类	44	1 126
	杂史类	16	2 649		新学类	45	2 072
	史表类	17	272	集	楚辞类	46	159
	史钞类	18	440		别集类	47	41 529
	史评类	19	924		总集类	48	3 794
	传记类	20	18 390		诗文评类	49	864
	谱牒类	21	16 900		词类	50	2 410
	政书类	22	6 106		曲类	51	6 133
	诏令奏议类	23	1 613	丛书	杂纂类	52	760
	时令类	24	97		辑佚类	53	21
	地理类	25	5 604		郡邑类	54	109
	方志类	26	8 584		氏族类	55	137
	金石考古类	27	1 755		独撰类	56	1 247
	目录类	28	1 254				

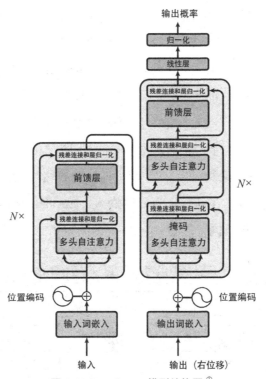

图 4-4　Transformer 模型结构图[①]

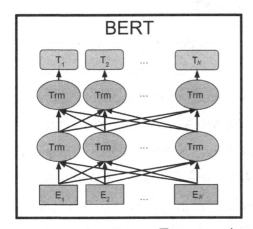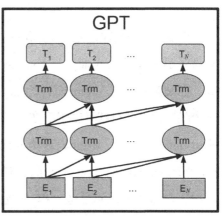

图 4-5　BERT 与 GPT 模型结构图[②]

---

① Ashish Vaswani,Noam Shazeer,Niki Parmar,et al.Attention Is All You Need [J]. arXiv，2017：1706.
② Jacob Devlin,Ming-Wei Chang,Kenton Lee,et al.BERT:Pre-training of Deep Bidirectional Transformers forLanguage Understanding[J].arXiv，2019:1810.

BERT模型的输入可以是单句（single sentence），也可以是句子对（sentence pair），在句首添加"[CLS]"，在句末添加"[SEP]"，分别进行标记嵌入（token embedding）、分段嵌入（segment embedding）和位置嵌入（position embedding），如图4-6所示。BERT输入的上限是512个token（含"[CLS]"和"[SEP]"），在古籍数字化领域，BERT的输入为单字。若输入为句子对，上限为509个字；若输入为单句，上限为510个字。bert_test_IO.py中输入句子对"春風又綠江南岸""明月何時照我還"，输入inputs中input_ids为标记嵌入，token_type_ids为分段嵌入，attention_mask用于处理batch中句子对或句子长度不同，使用"[PAD]"的值为0，否则为1。

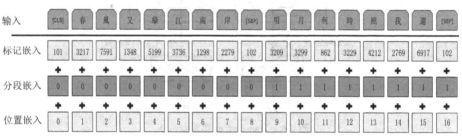

图4-6 BERT输入图

BERT模型的输出outputs是一个元组，outputs[0]为last hidden state，即模型最后一个隐层的输出，outputs[0].shape是[batch_size, sequence_length_max, hidden_size]；outputs[1]为pooler_output，是对"[CLS]"标记的最后一个隐层输出进行线性变换和Tanh激活后的结果，outputs[1].shape是[batch_size, hidden_size]；outputs[2]为hidden_states，隐层输出（元组），outputs[2][0]为inputsembedding，outputs[2][i]为第i个隐层的输出，不同隐层的输出应用于命名实体识别任务，F1分数如表4-7所示[1]；outputs[3]为attentions，注意力权重。bert_test_IO.py中输入句子对"春風又綠江南岸""明月何時照我還"，输出outputs[0].shape是[1, 17, 768]，outputs[1].shape是[1, 768]，

---

[1] 苏达哈尔桑·拉维昌迪兰. BERT基础教程：Transformer大模型实战［M］. 周参，译. 北京：人民邮电出版社，2023.

outputs[2][0].shape 是 [1, 17, 768]，outputs[2][12] 等于 outputs[0]。

表 4-7 不同层嵌入的 F1 分数表

特征	符号	F1 分数
输入嵌入层	h_0	91.0
倒数第 2 个隐层	h_{11}	95.6
最后 1 个隐层	h_{12}	94.9
最后 4 个隐层的加权总和	$h_9 \sim h_{12}$	95.9
串联最后 4 个隐层	$h_9 \sim h_{12}$	96.1
全部 12 个隐层的加权总和	$h_1 \sim h_{12}$	95.5

BERT 模型在遮蔽语言模型（Masked Language Model，MLM）和下一句预测（Next Sentence Prediction，NSP）任务上进行预训练。MLM 是输入一个句子，随机遮蔽 15% 的单词，即将单词替换为"[MASK]"，通过上下文预测该单词。NSP 是输入两个句子，预测第二个句子是否是第一个句子的下一句。在 bert_test_MLM.py 中，sentence1 为"春風又綠江南岸"，sentence2 为"明月何時照我還"，mask_index 为 4，即 mask 掉"綠"，运行结果如表 4-8 所示。

表 4-8 MLM 测试结果表

序号	预测值	概率	序号	预测值	概率
1	綠	0.9572275280952454	11	上	0.0008791735745035112
2	舊	0.008247403427958488	12	作	0.0007461783825419843
3	雨	0.004956019576638937	13	在	0.0007151517202146351
4	去	0.0020240701269358397	14	瘦	0.0006987724918872118
5	暖	0.001479054451920092	15	後	0.0005634969566017389
6	，	0.0012355499202385545	16	使	0.0005205341149121523
7	往	0.0010641845874488354	17	是	0.0005160928121767938
8	落	0.0010557821951806545	18	許	0.0004151242901571095
9	老	0.0009895104449242353	19	似	0.00039519817801192403
10	滿	0.0009550513350404799	20	柳	0.0003936571010854095

4.2.3 训练效果

在 BERT 文件夹下，config.py 中设置数据集路径为 D:/mybook/dataset/CSV/gjzm，训练集为 train.csv，验证集为 validation.csv，测试集为 test.csv，使用预训练模型 bert-base-chinese，输出字向量维度为 768，设置 BATCH_SIZE 为 32，EPOCH 为 50，LR 为 5e-4，DROPOUT 为 0.5。model.py 中定义了四个下游任务模型。

Bert_classification 使用 BERT 模型输出 pooler_output 作为全连接层的输入，全连接层的输出进行 softmax。运行 train.py，结果如图 4-7 所示。运行 test.py，准确率为 68.89%，F1 值为 53.55%。

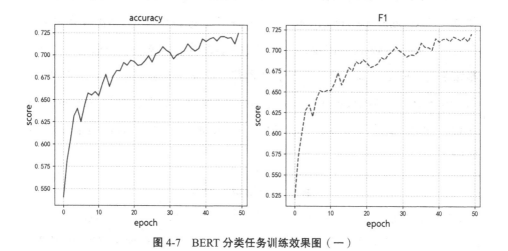

图 4-7　BERT 分类任务训练效果图（一）

Bert_classification2 使用 BERT 模型输出最后 1 个隐层 [CLS]（last_hidden_state[:, 0]）作为全连接层的输入，全连接层的输出进行 softmax。运行 train.py，结果如图 4-8 所示。运行 test.py，准确率为 73.46%，F1 值为 62.24%。

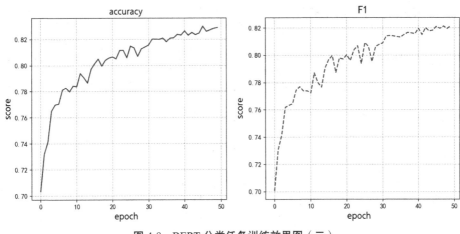

图 4-8 BERT 分类任务训练效果图（二）

Bert_classification3 使用 BERT 模型输出 last_hidden_state[:, 0] 作为全连接层的输入，经过两个全连接层、dropout 层、ReLU（Rectified Linear Unit）激活函数，全连接层的输出进行 softmax。运行 train.py，结果如图 4-9 所示。运行 test.py，准确率为 77.13%，F1 值为 66.94%。

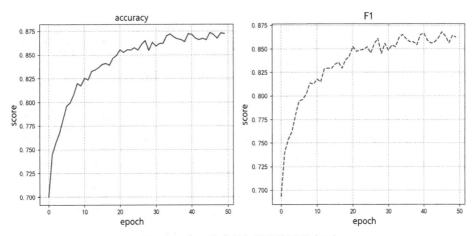

图 4-9 BERT 分类任务训练效果图（三）

Bert_classification4 使用 BERT 模型输出 last_hidden_state[:, 0] 作为全连接层的输入，经过三个全连接层、dropout 层、ReLU 激活函数，全连接层的输出进行 softmax。运行 train.py，结果如图 4-10 所示。运行 test.py，准确率

为 75.03%，F1 值为 63.87%。

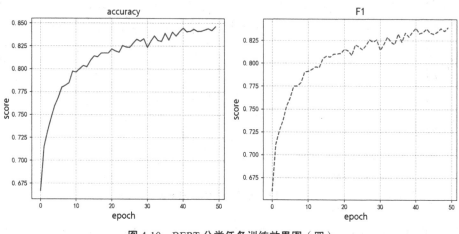

图 4-10　BERT 分类任务训练效果图（四）

四个下游任务模型的训练效果如表 4-9 所示。若准确率、F1 最大值出现在最后一个 epoch，说明模型训练可能不充分，在 config.py 中设置 epoch 为 100，训练效果如表 4-10 所示。

表 4-9　BERT 分类任务训练效果表（一）

下游任务模型	验证集				测试集	
	准确率最大值	所在 epoch	F1 最大值	所在 epoch	准确率	F1 值
Bert_classification	72.52%	49	72.06%	49	68.89%	53.55%
Bert_classification2	83.00%	45	81.56%	49	73.46%	62.24%
Bert_classification3	87.35%	45	86.78%	45	77.13%	66.94%
Bert_classification4	84.63%	49	83.94%	49	75.03%	63.87%

表 4-10　BERT 分类任务训练效果表（二）

下游任务模型	验证集				测试集	
	准确率最大值	所在 epoch	F1 最大值	所在 epoch	准确率	F1 值
Bert_classification	74.10%	98	73.60%	95	68.12%	53.68%

（续表）

下游任务模型	验证集				测试集	
	准确率最大值	所在epoch	F1最大值	所在epoch	准确率	F1值
Bert_classification2	84.10%	95	83.25%	95	73.20%	61.58%
Bert_classification3	88.83%	96	87.84%	88	76.73%	67.12%
Bert_classification4	86.82%	96	86.22%	96	75.31%	64.31%

若使用 Bert+TextCNN 模型，设置 IN_CHANNELS 为 1，KERNEL_SIZES 为 [2, 3, 4]，OUT_CHANNELS 为 100，TEXT_LEN_MIN 为 10，TEXT_LEN_MAX 为 500，预训练模型为 bert-base-chinese。运行 train.py，结果如图 4-11 所示。运行 test.py，准确率为 75.57%，F1 值为 62.03%。

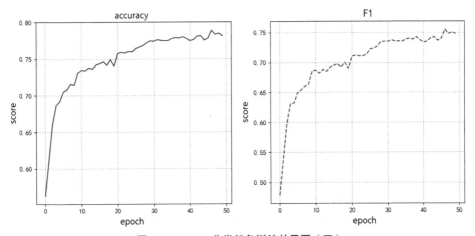

图 4-11　BERT 分类任务训练效果图（五）

第 5 章

序列标注

序列标注（Sequence Labeling）是一种序列到标签的映射过程，即通过模型对输入序列的每个位置进行标签标注。序列标注是 NLP 领域的经典问题，常见的子任务包括分词（word segmentation）、词性标注（Part-Of-Speech tagging，POS tagging）、命名实体识别（Named Entity Recognition，NER）等。

序列标注常用的标注体系包括 BIO（B-begin, I-inside, O-outside）、BMES（B-begin, M-middle, E-end, S-single）、BIOES（B-begin, I-inside, O-outside, E-end, S-single）等。BIO 标注体系中，B 表示实体的开头，I 表示实体的中间或结尾，O 表示非实体；BMES 标注体系中，B 表示实体的开头，M 表示实体的中间，E 表示实体的结尾，S 表示单个实体。BIOES 标注体系中，B 表示实体的开头，I 表示实体的中间，O 表示非实体，E 表示实体的结尾，S 表示单个实体，示例如表 5-1 所示。

表 5-1 序列标注示例

序列	元	志	至	元	四	年	建	大	都	城
BIO	B-DOC	I-DOC	B-TIME	I-TIME	I-TIME	I-TIME	O	B-LOC	I-LOC	I-LOC
BMES	B	E	B	M	M	E	S	B	M	E
BIOES	B-DOC	E-DOC	B-TIME	I-TIME	I-TIME	E-TIME	O	B-LOC	I-LOC	E-LOC

5.1 专名识别

命名实体识别是 NLP 领域中的一项基础任务，主要用于识别文本中实体的类别和边界。在古籍点校本中，人名、地名、时间、书名、篇名、民族名等用专名号标记。专名识别是古籍点校的任务之一，详见本书附录 1。徐晨飞等在《基于深度学习的方志物产资料实体自动识别模型构建研究》中使用方志物产数据量 65 680 条（约 100 万字，采用 HanLP 工具包转换为简体），对物产别名、人物、产地以及引书等四种实体进行识别，结果如表 5-2 所示[①]。

表 5-2 古籍方志物产语料各模型实验效果表

模型	Precision	Recall	F-measure
Bi-RNN	69.91%	75.10%	72.38%
Bi-LSTM	76.33%	76.73%	76.51%
Bi-LSTM-CRF	81.87%	78.30%	80.02%
BERT	76.61%	83.36%	79.83%

此外，在古籍文本碎片化中，依据原书完成属性填充后，按照应用需求可多次进行属性标注，专名识别也是常用方法之一。

5.1.1 数据

古籍专名识别数据由文本和标注数据组成，文本可以使用碎片化数据，而标注数据需要使用文本标注工具手工完成。doccano（document anotation）是一个开源文本标注工具，可以为文本分类、序列标注、序列到序列（sequence to sequence）等任务提供标注，可以创建用于情感分析（sentiment analysis）、命名实体识别、文本摘要（text summarization）等标记数据。

---

① 徐晨飞, 叶海影, 包平. 基于深度学习的方志物产资料实体自动识别模型构建研究[J]. 数据分析与知识发现, 2020（8）: 86-97.

doccano 需要 Python3.8 以上版本，使用 Anaconda 创建虚拟环境，Python 3.9.12 或 Python 3.10.10。运行虚拟环境终端如图 5-1 所示，运行 pip install doccano 进行安装，当前版本为 1.8.3，运行结果如图 5-2 所示。

图 5-1　doccano 安装图（一）

图 5-2　doccano 安装图（二）

运行 doccano init 进行初始化，运行结果如图 5-3 所示。运行 doccano createuser -- username admin -- password 3096 创建用户名密码，用户名为 admin，密码为 3096，运行结果如图 5-4 所示。

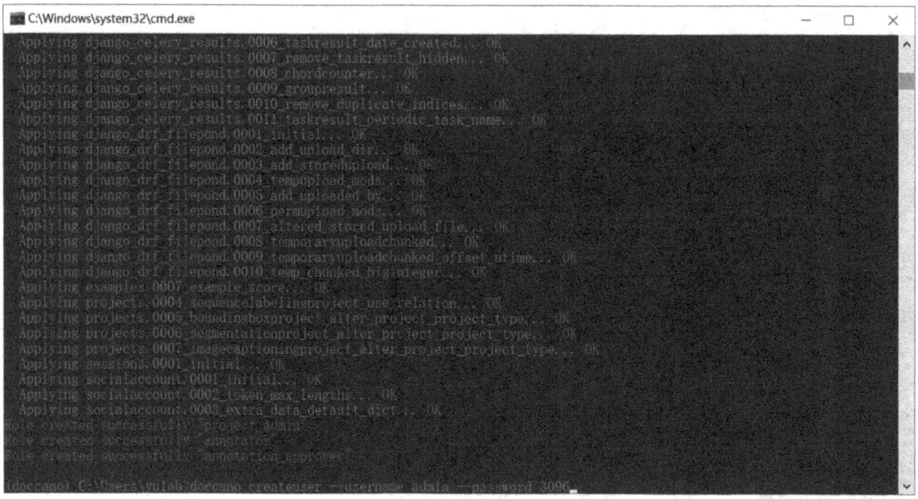

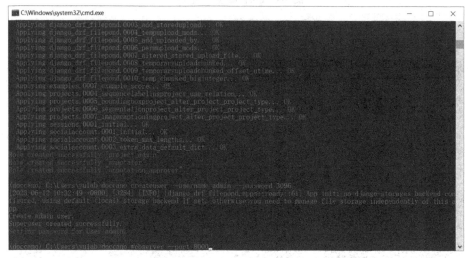

图 5-3　doccano 安装图（三）

图 5-4　doccano 运行图（一）

在虚拟环境终端中，运行 doccano webserver -- port 8000 启动 WebServer，运行结果如图 5-5 所示。

第 5 章 序列标注

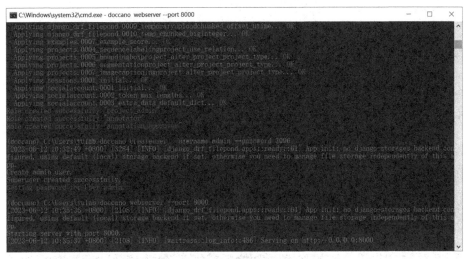

图 5-5　doccano 运行图（二）

打开一个新的虚拟环境终端，如图 5-6 所示，运行 doccano task 启动任务队列，运行结果如图 5-7 所示。

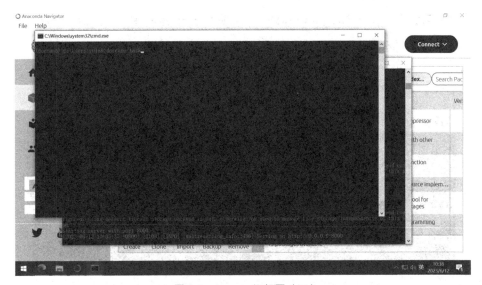

图 5-6　doccano 运行图（三）

基于深度学习的古籍数字化研究

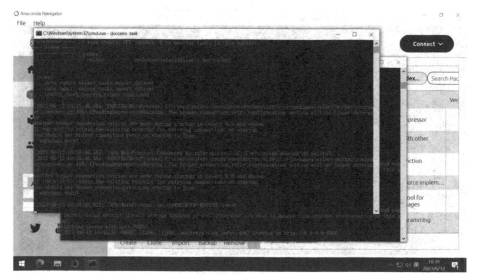

图 5-7　doccano 运行图（四）

如图 5-8 所示，单击"快速开始"，在登录界面中输入用户名、密码，再单击"登录"，运行结果如图 5-9 所示。单击图 5-9 中的"创建"，运行结果如图 5-10 所示，选择"序列标注"，在项目创建界面中输入项目名称、项目描述等，依据项目需求确定相关选项，单击"创建"，运行结果如图 5-11 所示。

图 5-8　doccano 运行图（五）

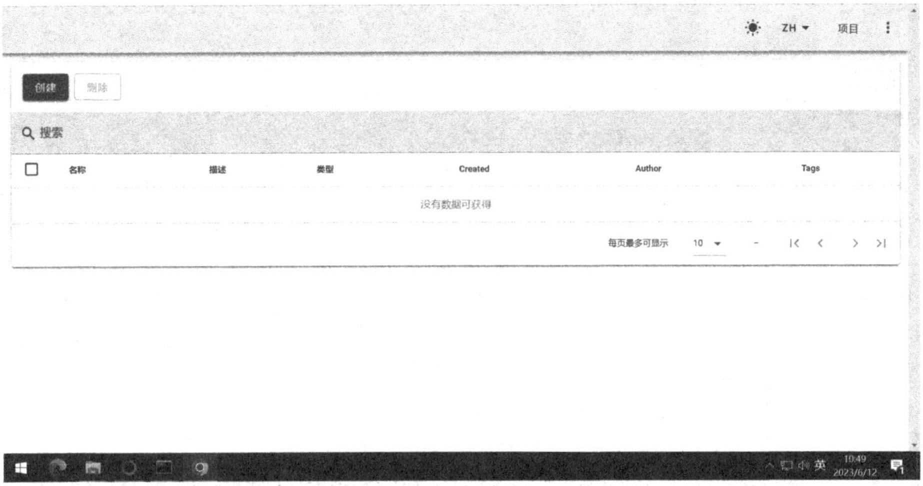

图 5-9　doccano 设置图（一）

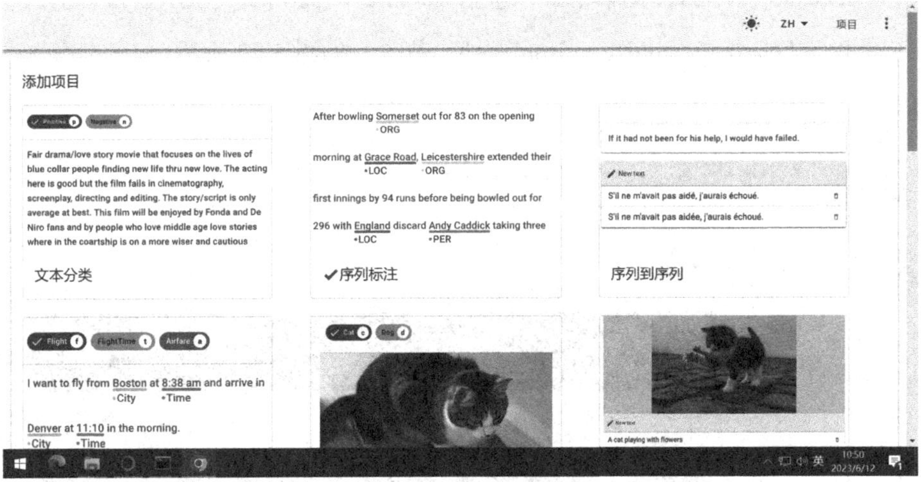

图 5-10　doccano 设置图（二）

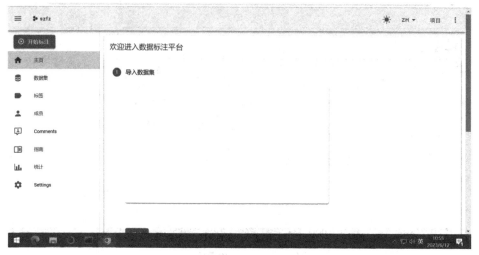

图 5-11 doccano 设置图（三）

doccano 支持四种文本格式，包括 Textfile、Textline、JSONL 和 CoNLL。选择 fz 文件夹下的 validation.jsonl，导入数据，如图 5-12 所示。

图 5-12 doccano 设置图（四）

导入数据成功后，开始创建标签，如人名（PER）、地名（LOC）、时间（TIME）、文献（DOC），设置标签名、键值和颜色，如图 5-13 所示。按需完成其他设置后，可以开始进行标注，如图 5-14 所示。

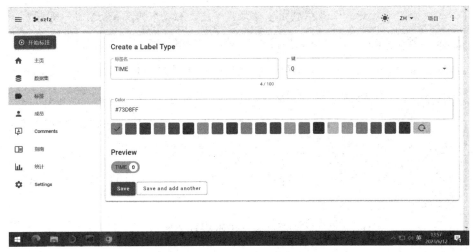

图 5-13 doccano 设置图（五）

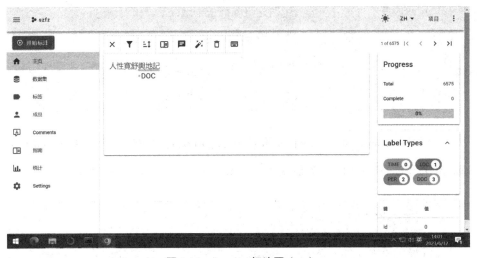

图 5-14 doccano 标注图（一）

标注完成后，导出数据为 admin.jsonl，如例 5-1 所示。

【例5-1】

{"id":0,"text":"京城元志至元四年建大都城本朝洪武初置北平布政司於此永樂七年爲北京十九年營建宮殿成乃拓其城周迴四十里立門九正南曰正陽南之左曰崇文右曰宣武北之東曰安定西曰德勝東之北曰東直南曰朝陽西之北曰西直南曰阜成","label":[[0,2,"LOC"],[2,4,"DOC"],[4,8,"TIME"],[9,12,"LOC"],[12,17,"TIME"],[18,23,"LOC"],[25,29,"TIME"],[30,32,"LOC"],[32,35,"TIME"],[55,57,"LOC"],[61,63,"LOC"],[65,67,"LOC"],[71,73,"LOC"],[75,77,"LOC"],[81,83,"LOC"],[85,87,"LOC"],[91,93,"LOC"],[95,97,"LOC"]]}

{"id":1,"text":"皇城在京城之中宮殿森嚴樓闕壯麗逾九重之正位邁徃古之宏規允爲億萬斯年之固","label":[[0,2,"LOC"],[3,5,"LOC"]]}

{"id":2,"text":"天地壇在正陽門之南左繚以垣墻周迴十里中爲大祀殿丹墀東西四壇以祀日月星辰大祀門外東西列二十壇以祀嶽鎮海瀆山川太歲風雲雷雨歷代帝王天下神祇東壇末爲具服殿西南爲齋宮西南隅爲神樂觀犠牲所","label":[[0,3,"LOC"],[4,7,"LOC"],[20,23,"LOC"],[27,29,"LOC"],[42,45,"LOC"],[77,79,"LOC"],[83,86,"LOC"],[86,89,"LOC"]]}

使用 doccano_jsonl2label.py 可将 doccano 标注数据转换为 BIO、BMES 或 BIOSE 标签，label_type 设置为 BIOSE，运行结果如例 5-2 所示。

【例5-2】

['B-LOC', 'E-LOC', 'B-DOC', 'E-DOC', 'B-TIME', 'I-TIME', 'I-TIME', 'E-TIME', 'O', 'B-LOC', 'I-LOC', 'E-LOC', 'B-TIME', 'I-TIME', 'I-TIME', 'I-TIME', 'E-TIME', 'O', 'B-LOC', 'I-LOC', 'I-LOC', 'I-LOC', 'E-LOC', 'O', 'O', 'B-TIME', 'I-TIME', 'I-TIME', 'E-TIME', 'O', 'B-LOC', 'E-LOC', 'B-TIME', 'I-TIME',

```
'E-TIME', 'O', 'O', 'O', 'O', 'O', 'O', 'O', 'O', 'O', 'O', 'O',
'O', 'O', 'O', 'O', 'O', 'O', 'O', 'O', 'O', 'B-LOC', 'E-LOC',
'O', 'O', 'O', 'O', 'B-LOC', 'E-LOC', 'O', 'O', 'B-LOC',
'E-LOC', 'O', 'O', 'O', 'O', 'B-LOC', 'E-LOC', 'O', 'O',
'B-LOC', 'E-LOC', 'O', 'O', 'O', 'O', 'B-LOC', 'E-LOC', 'O',
'O', 'B-LOC', 'E-LOC', 'O', 'O', 'O', 'O', 'B-LOC', 'E-LOC',
'O', 'O', 'B-LOC', 'E-LOC']
    ['B-LOC', 'E-LOC', 'O', 'B-LOC', 'E-LOC', 'O', 'O', 'O',
'O', 'O', 'O', 'O', 'O', 'O', 'O', 'O', 'O', 'O', 'O', 'O',
'O', 'O', 'O', 'O', 'O', 'O', 'O', 'O', 'O', 'O', 'O', 'O',
'O']
    ['B-LOC', 'I-LOC', 'E-LOC', 'O', 'B-LOC', 'I-LOC', 'E-LOC',
'O', 'O', 'O', 'O', 'O', 'O', 'O', 'O', 'O', 'O', 'O', 'O',
'B-LOC', 'I-LOC', 'E-LOC', 'O', 'O', 'O', 'O', 'B-LOC', 'E-LOC',
'O', 'O', 'O', 'O', 'O', 'O', 'O', 'O', 'O', 'O', 'O',
'B-LOC', 'I-LOC', 'E-LOC', 'O', 'O', 'O', 'O', 'O', 'O', 'O',
'O', 'O', 'O', 'O', 'O', 'O', 'O', 'O', 'O', 'O', 'O', 'O',
'O', 'O', 'O', 'O', 'O', 'O', 'O', 'O', 'O', 'O', 'O', 'O',
'B-LOC', 'E-LOC', 'O', 'O', 'O', 'O', 'B-LOC', 'I-LOC', 'E-LOC',
'B-LOC', 'I-LOC', 'E-LOC']
```

szfz_v1.jsonl，共 933 行，text 字段共 38 156 字，标注统计结果如图 5-15 所示，导出为 szfz_v1_admin.jsonl。

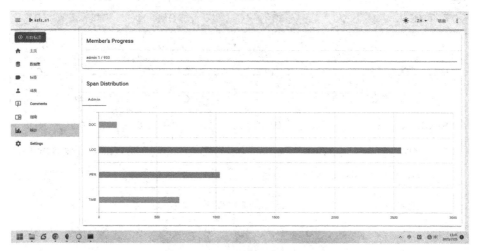

图 5-15　doccano 标注统计结果

doccano 疑似在处理 unicode 扩展 B 集编码时有问题，在 szfz_v1_admin.jsonl 中，如例 5-3 所示，"𡶝"（U+21DAD），正确的标注结果如例 5-4 所示。此外，若文本中无可标注内容，标注结果如例 5-5 所示。我们可用 label_jsonl_check.py 检验标注数据。

【例 5-3】

{"id":277,"text":"廣𡶝水在宻雲縣東北源自𡶝山下南經縣界東流入潮河","label":[[0,4,"LOC"],[5,8,"LOC"],[12,15,"LOC"],[23,25,"LOC"]]}

【例 5-4】

{"id":277,"text":"廣𡶝水在宻雲縣東北源自𡶝山下南經縣界東流入潮河","label":[[0,3,"LOC"],[4,7,"LOC"],[11,13,"LOC"],[21,23,"LOC"]]}

【例5-5】

{"id":449,"text":" 衣冠不乏風俗熙熙同上 ","label":[]}

5.1.2 模型

BERT-BiLSTM-CRF 是中文 NER 常用的模型,文本序列通过 BERT 模型转换为动态字向量,通过双向长短期记忆(Bi-directional Long Short-Term Memory,BiLSTM)模型进行语义编码,最后在条件随机场(Conditional Random Field,CRF)模型中生成最优化标签序列,如图 5-16 所示。

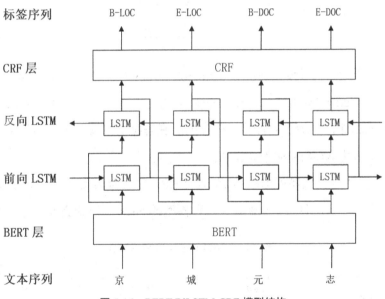

图 5-16 BERT-BiLSTM-CRF 模型结构

BiLSTM 由前向 LSTM 和反向 LSTM 构成,LSTM 单元结构如图 5-17 所示。输入相同的文本序列,文本序列中的每个字通过前向 LSTM 表示包含下文信息的字信息,每个字通过反向 LSTM 表示包含上文信息的字信息,将两者拼接后作为文本序列中每个字的输出,如图 5-16 所示。

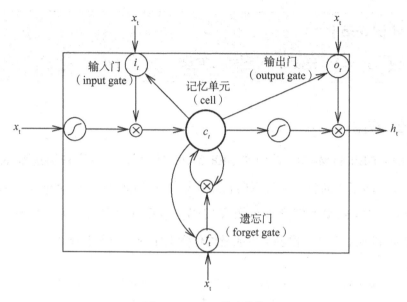

图 5-17 LSTM 单元结构

CRF 结合了最大熵模型（Maximum Entropy Model，MEM）和隐马尔可夫模型（Hidden Markov Model，HMM）的特点，是一种无向图模型。CRF 通过考虑相邻标签关系并计算一个序列的联合概率以获得一个全局最优的标记序列，作为 NER 的最终输出。

《融合注意力机制的 BERT-BiLSTM-CRF 中文命名实体识别》使用 1998 年上半年的《人民日报》语料[①]，各种模型的 NER 效果如表 5-3 所示[②]。

表 5-3　各种模型的 NER 效果对照

单位：%

模型	PER			LOC			ORG		
	P	R	F1	P	R	F1	P	R	F1
LSTM	81.47	80.49	80.95	80.83	79.52	79.67	78.45	80.40	78.84

---

① 该语料已标注了 34 种词性类别，实验主要使用人名（PER）、地名（LOC）和组织机构名（ORG），训练集 979 180 字，PER8 144 个，LOC16 571 个，ORG9 277 个；测试集 219 197 字，PER1 864 个，LOC3 658 个，ORG2 185 个；验证集 109 870 字，PER884 个，LOC1 951 个，ORG984 个。
② 廖涛，勾艳杰，张顺香. 融合注意力机制的 BERT-BiLSTM-CRF 中文命名实体识别［J］. 阜阳师范大学学报（自然科学版），2021（3）：86-91.

（续表）

模型	PER			LOC			ORG		
	P	R	F1	P	R	F1	P	R	F1
LSTM-CRF	82.95	82.14	82.72	81.59	82.18	81.37	80.61	81.28	80.86
BiLSTM	82.02	80.33	81.95	81.16	80.87	80.15	79.39	80.66	79.94
BiLSTM-CRF	85.03	83.64	84.98	83.48	83.12	83.02	82.68	81.19	81.80
BERT-BiLSTM-CRF	88.62	86.55	86.26	85.87	85.45	85.09	83.85	84.21	83.89

5.1.3 训练效果

李文琦等在《历代史志目录的数据集成与可视化》中将人机迭代定义为"计算机自动处理与人工校对和修改交替进行的数据加工方式"，这种模式可以在提升效率的同时保证数据质量。在数字人文研究领域，目前主要制约瓶颈在于基础数据加工环节，而人机迭代的工作方式既能保证数据的质量，又能极大地提升数据加工效率，为大规模人文数据加工提供了工程实施路径并完成了可行性验证[①]。由于没有可用的古籍 NER 数据集，只能使用人机迭代的方式，一边生成数据集，一边进行模型训练。

仍以《大明一统志》为例，使用 doccano 先对 szfz_v1.jsonl 进行手工标注，标注数据导出为 szfz_v1_admin.jsonl，使用 myDataset_jsonlines_seg82.py 将 szfz_v1_admin.jsonl 按 8:2 划分为训练集和验证集。

在 BERT+BiLSTM+CRF 文件夹下，config.py 中设置训练集为 D:/mybook/dataset/JSONL/fz_v_1/train.jsonl，验证集为 D:/mybook/dataset/JSONL/fz_v_1/validation.jsonl，使用预训练模型 bert-base-chinese，输出字向量维度为 768，设置 BATCH_SIZE 为 16，EPOCH 为 30，LR 为 5e-4，文本最大长度为 500。使用 train.py 进行模型训练，训练效果如图 5-18 所示。

---

① 李文琦，王凤翔，孙显斌，等. 历代史志目录的数据集成与可视化[J]. 中国图书馆学报，2023（1）：82-98.

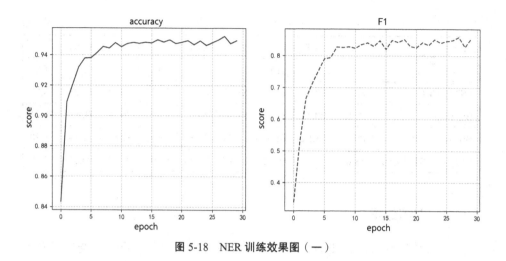

图 5-18 NER 训练效果图（一）

在 config.py 中设置原始文本数据集为 D:/mybook/dataset/JSONL/fz_v_2/szfz_v2.jsonl，标注结果数据集为 D:/mybook/dataset/JSONL/fz_v_2/szfz_v2_model.jsonl。使用 dev.py 进行数据标注，再将 szfz_v2_model.jsonl 导入 doccano，人工进行校验修改后，标注数据导出为 szfz_v2_admin.jsonl。之后，合并 szfz_v1_admin.jsonl 与 szfz_v2_admin.jsonl，使用 myDataset_jsonlines_seg82.py 划分为训练集 train.jsonl 和验证集 validation.jsonl。使用 train.py 进行模型训练，训练效果如图 5-19 所示。

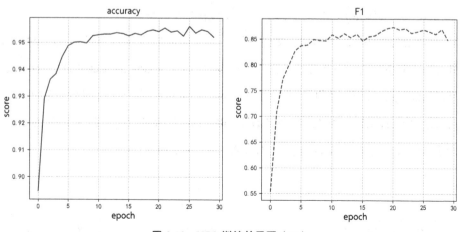

图 5-19 NER 训练效果图（二）

在 config.py 中设置测试数据集为 D:/mybook/dataset/JSONL/fz_v_2/szfz_v2_admin.jsonl，使用 test.py 测试模型性能，准确率为 62.49%。

重复上述过程，通过人机迭代累积训练验证数据集，同时提升模型性能，效果如表 5-4 所示。伴随数据量累积与模型性能的提升，NER 准确率不断提高，人机迭代中的人工部分工作量将持续降低。

表 5-4 NER 训练效果对照

训练集/验证集	训练集数据量/条	验证集数据量/条	测试集	准确率
szfz_v1_admin.jsonl	747	186	szfz_v2_admin.jsonl	62.49%
			szfz_v3_admin.jsonl	64.79%
szfz_v1_admin.jsonl szfz_v2_admin.jsonl	1 394	348	szfz_v3_admin.jsonl	65.55%

5.2 句读标点

句读（dòu），古人指文辞休止和停顿处，文辞语意已尽处为句，未尽而须停顿处为读，书面上用圈（"。"）、点（"、"）来标志[1]，如图 5-20 所示。在中文古旧文本中，"句读"的标点至少经历了古代、近代和现代三个时期，包括了从相对随意到相对规范，从相对简约到相对细致，从"或断句、或表情"到既表情也断句、以致精当表达的优化历程。其演变过程大致可分为"分行断句""绝止钩识""句读圈点""圈点替换""圈点单用""点类细分"等不同阶段；从标点在文字间的标注位置来看，则可分为"离句空白""左下钩识""字间圈点""字旁圈点""右下嵌入""占格标点"等不同格式[2]。

---

[1] 汉语大词典编辑委员会. 简明古籍整理辞典 [M]. 北京：汉语大词典出版社, 1989.
[2] 徐瑞泰. "句读"标点在中国古籍文本中的演变线索 [J]. 江苏教育学院学报（社会科学版），2008（6）：67-70.

 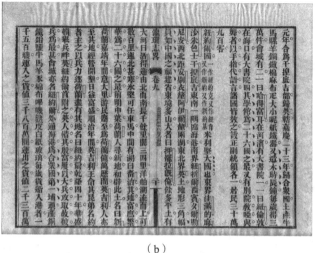

（a）　　　　　　　　　　　（b）

图 5-20　古籍样张

断句即给古籍施加圈点的传统标点方式。断句又称句读、圈断、圈点。

标点符号即辅助文字记录语言的符号，是书面语的有机组成部分，用来表示语句的停顿、语气以及标示某些成分（主要是词语）的特定性质和作用。数学符号、货币符号、校勘符号、辞书符号、注音符号等特殊领域的专门符号不属于标点符号。标点符号分为标号和点号。标号的作用是标明，主要标示某些成分（主要是词语）的特定性质和作用，包括引号、括号、破折号、省略号、着重号、连接号、间隔号、书名号、专名号、分隔号。点号的作用是点断，主要表示停顿和语气，分为句末点号和句内点号。句末点号即用于句末的点号，表示句末停顿和句子的语气，包括句号、问号、叹号。句内点号即用于句内的点号，表示句内各种不同性质的停顿，包括逗号、顿号、分号、冒号。

全式标点即给古籍施加现代标点符号时，特别使用专名号和浪线式书名号的标点方式。

《古籍点校通例》明确规定了句号、逗号、顿号、分号、冒号、单引号、双引号、圆括号、方括号、专名线、书名线的使用方法，同时说明古籍不用省略、反诘、音界等符号，详见本书附录1。袁义国等在《基于深度学习的古籍文本自动断句与标点一体化研究》中指出，通过定量分析，形成用于自动标点的古籍文本标点符号体系，如表5-5所示[①]。

表5-5 古籍文本标点符号体系

类别	标点符号	形式
点号	逗号	,
	句号	。
	顿号	、
	冒号	:
	分号	;
	问号	?
	叹号	!
标号	引号	"" ''
	书名号	《》
	间隔号	·

5.2.1 数据

《基于深层语言模型的古汉语知识表示及自动断句研究》中使用标签集为{O，S}，如例5-6所示。《基于加权多策略选样的古文断句模型研究——以古籍〈宋史〉为例》使用六元标注法，标签集为{B，M，E3，E2，E，S}，如例5-7所示。《基于BERT+BiLSTM+CRF模型与新预处理方法的古籍自动标点》《基于BERT的古文断句研究与应用》等使用标点集为{（，），（。），（？），（！），（：），（；），（、）}，标注体系为BIO，如例5-8所示。

---

① 袁义国，李斌，冯敏萱，等. 基于深度学习的古籍文本自动断句与标点一体化研究[J]. 图书情报工作，2022（11）：134-141.

【例5-6】

操曰夫英雄者胸怀大志腹有良谋有包藏宇宙之机吞吐天地之志者也玄德曰谁能当之操以手指玄德后自指曰今天下英雄惟使君与操耳

['O', 'S', 'O', 'O', 'O', 'S','O', 'O', 'O', 'S','O', 'O', 'O', 'S','O', 'O', 'O', 'O', 'O', 'O', 'S','O', 'O', 'O', 'O', 'O', 'O', 'O', 'S', 'O', 'O', 'S', 'O', 'O', 'O', 'S','O', 'O', 'O', 'O', 'S', 'O', 'S','O', 'O', 'O', 'O', 'S','O', 'O', 'O', 'O', 'O', 'S']

【例5-7】

['B', 'E', 'B', 'E3', 'E2', 'E','B', 'E3', 'E2', 'E','B', 'E3', 'E2', 'E','B', 'M', 'M', 'M', 'E3', 'E2', 'E','B', 'M', 'M', 'M', 'M', 'E3', 'E2', 'E','B', 'E2', 'E', 'B', 'E3', 'E2', 'E','B', 'M', 'M', 'E3', 'E2', 'E','B', 'E2', 'E', 'S','B', 'M', 'E3', 'E2', 'E','B', 'M', 'M', 'E3', 'E2', 'E']

【例5-8】

操曰：夫英雄者，胸怀大志，腹有良谋，有包藏宇宙之机，吞吐天地之志者也。玄德曰：谁能当之？操以手指玄德，后自指，曰：今天下英雄，惟使君与操耳！

['B_:', 'I_:', 'B_,', 'I_,', 'I_,', 'I_,', 'B_,', 'I_,', 'I_,', 'I_,', 'B_,', 'I_,', 'I_,', 'I_,', 'B_,', 'I_,', 'I_,', 'I_,', 'I_,', 'I_,', 'I_,', 'I_,', 'B_。', 'I_。', 'I_。', 'I_。', 'I_。', 'I_。', 'I_。', 'I_。', 'I_。', 'B_:', 'I_:',

```
'I_:', 'B_?', 'I_?', 'I_?', 'I_?', 'B_,', 'I_,',
'I_,', 'I_,', 'I_,', 'I_,', 'B_,', 'I_,', 'I_,', 'B_:',
'B_,', 'I_,', 'I_,', 'I_,', 'I_,', 'B_!', 'I_!', 'I_!',
'I_!', 'I_!', 'I_!'
```

程宁等在《基于 BiLSTM-CRF 的古汉语自动断句与词法分析一体化研究》中将":，。；！？"六种标点作为断句符，每两个断句符所分割的文本序列视为一个句子，其他标点忽略[①]。袁义国等在《基于深度学习的古籍文本自动断句与标点一体化研究》中提出先进行点号标注再进行引号标注的策略，点号标注使用标记集为{O，D，J，M，F，W，G，S}，单双引号标注使用标记集为{O，B，E，b，e，Bb，eE，EB，eb}[②]，如表5-6所示，如例5-9所示。

表5-6 古籍文本标点标记集

类别	名称	形式	标记
汉字			O
点号	逗号	，	D
	句号	。	J
	冒号	：	M
	分号	；	F
	问号	？	W
	叹号	！	G
	顿号	、	S

---

① 程宁，李斌，葛四嘉，等. 基于BiLSTM-CRF的古汉语自动断句与词法分析一体化研究[J]. 中文信息学报，2020（4）：1-9.
② 袁义国，李斌，冯敏萱，等. 基于深度学习的古籍文本自动断句与标点一体化研究[J]. 图书情报工作，2022（11）：134-141.

（续表）

类别	名称	形式	标记
标号	双引号	"	B
		"	E
	单引号	'	b
		'	e
		"'	Bb
		'"	eE
		"'	EB
		''	eb

【例5-9】

操曰：夫英雄者，胸怀大志，腹有良谋，有包藏宇宙之机，吞吐天地之志者也。玄德曰：谁能当之？操以手指玄德，后自指，曰：今天下英雄，惟使君与操耳！

['O', 'M', 'O', 'O', 'O', 'D','O', 'O', 'O', 'D','O', 'O', 'O', 'D','O', 'O', 'O', 'O', 'O', 'O', 'D','O', 'O', 'O', 'O', 'O', 'O', 'O', 'J','O', 'O', 'M', 'O', 'O', 'O', 'W','O', 'O', 'O', 'O', 'O', 'D','O', 'O', 'D', 'M','O', 'O', 'O', 'O', 'D','O', 'O', 'O', 'O', 'O', 'G']

操曰："夫英雄者，胸怀大志，腹有良谋，有包藏宇宙之机，吞吐天地之志者也。"玄德曰："谁能当之？"操以手指玄德，后自指，曰："今天下英雄，惟使君与操耳！"

['O','O', 'B', 'O', 'O', 'O', 'O', 'O','O', 'O', 'O', 'O', 'O','O', 'O', 'O', 'O','O', 'O', 'O', 'O', 'O', 'O', 'O', 'O','O', 'O', 'O', 'O', 'O', 'O', 'O', 'O', 'E','O', 'O',

```
'O', 'B', 'O', 'O', 'O', 'O', 'E','O', 'O', 'O', 'O', 'O',
'O', 'O','O', 'O', 'O', 'O', 'O', 'B','O', 'O', 'O', 'O', 'O',
'O','O', 'O', 'O', 'O', 'O', 'O', 'E']
```

自动标点也是 NER 任务，本质上与专名识别相同，只是标签集有所区别。自动断句可以视为自动标点的简化版，主要体现在标签集的复杂度上；也可以基于自动标点的结果，将标点符号映射为断句标记。因此，本书中不再单独讨论自动句读。

用于训练的古籍文本数据多为点校本，文本由段落构成，每个段落是一个由汉字和标点符号构成的序列，如例 5-10 所示。若将连续出现的标点符号视为一个整体，且标点符号与前一个汉字密切相关（若标点符号出现在段首，与后一个汉字密切相关），将汉字标记为"O"，逗号标记为"D"，句号标记为"J"，冒号标记为"M"，分号标记为"F"，问号标记为"W"，叹号标记为"G"，顿号标记为"S"，双上引号标记为"Y"，双下引号标记为"Z"，单上引号标记为"V"，单下引号标记为"X"，左书名号标记为"B"，右书名号标记为"C"，左圆括号标记为"K"，右圆括号标记为"L"，左方括号标记为"H"，右方括号标记为"I"，破折号标记为"PP"，省略号标记为"AA"……以《三国演义》（sanguo_dp2.txt）为例，标记集为 {O, D, J, MY, JZ, S, F, WZ, GZ, M, G, W, Y, ZJ, MW, Z, B, PP, JX, C, JPP, ZD, FY, XD, CD, DZ, WX, CJ, K, JL, DPP, GX, ZF, JB, MYW, X, XJ, DY, XM, MZ, JXZ, WPP, DW, XJZ, GZW, FZ, DX, ZM, JY, DB, MYB, GPP, ZG, FW, WZW, GAA, GAAZ, DAAZ, JZS, XW, AAZ, CF, JZG, WJ, ZSY, GXZ, ZJW, YB}，如例 5-11 所示。使用 txt2label_judou.py 可将 sanguo_dp2.txt 转换为标签数据 sangou_label.jsonl；使用 labelNumStatistics.py 可统计标签使用量，结果如表 5-7 所示。

【例 5-10】

操曰:"夫英雄者,胸怀大志,腹有良谋,有包藏宇宙之机,吞吐天地之志者也。"玄德曰:"谁能当之?"操以手指玄德,后自指,曰:"今天下英雄,惟使君与操耳!"

【例 5-11】

操曰:"夫英雄者,胸怀大志,腹有良谋,有包藏宇宙之机,吞吐天地之志者也。"玄德曰:"谁能当之?"操以手指玄德,后自指,曰:"今天下英雄,惟使君与操耳!"

['O', 'MY', 'O', 'O', 'O', 'D', 'O', 'O', 'O', 'D', 'O', 'O', 'O', 'D', 'O', 'O', 'O', 'O', 'O', 'D', 'O', 'O', 'O', 'O', 'O', 'O', 'JZ', 'O', 'O', 'MY', 'O', 'O', 'O', 'WZ', 'O', 'O', 'O', 'O', 'D', 'O', 'O', 'D', 'MY', 'O', 'O', 'O', 'O', 'D', 'O', 'O', 'O', 'O', 'O', 'GZ']

表 5-7 《三国演义》标签使用量统计表(一)

标签	使用量	标点符号	标签	使用量	标点符号
O	399 636		MYV	4	:"
D	44 182	,	X	4	、
J	19 442	。	XJ	4	、。
MY	9 345	:"	DY	4	,"
JZ	5 264	。"	XM	3	、:
S	3 072	、	MZ	3	:"
F	2 753	;	JXZ	2	。'"
WZ	2 209	?"	WPP	2	?——
GZ	1 852	!"	DV	2	,'

（续表）

标签	使用量	标点符号	标签	使用量	标点符号
M	1 099	：	XJZ	2	，。"
G	702	！	GZW	2	！"？
W	573	？	FZ	2	；"
Y	114	"	DX	2	，'
ZJ	55	"。	ZM	2	"：
MV	54	：'	JY	2	。"
Z	46	"	DB	2	，《
B	44	《	MYB	2	："《
PP	38	——	GPP	1	！——
JX	34	。'	ZG	1	"！
C	33	》	FV	1	；'
JPP	23	。——	WZW	1	？"？
ZD	23	"，	GAA	1	！……
V	18	'	GAAZ	1	！……"
FY	17	；"	DAAZ	1	……"
XD	12	'，	JZS	1	。"、
CD	11	》，	XW	1	'？
DZ	11	，"	AAZ	1	……"
WX	10	？'	CF	1	》；
CJ	9	》。	JZG	1	。"！
K	9	（	WJ	1	？。
JL	9	。）	ZSY	1	"、"
DPP	6	，——	GXZ	1	！'"
GX	5	！'	ZJW	1	"。？
ZF	5	"；	YB	1	《
JB	5	。《			

去掉 sanguo_dp2.txt 中全部标点符号，划分为两部分 sanguo_dp2_np1.txt（2 000 行）和 sanguo_dp2_np2.txt（570 行），使用 txt2jsonl.py 生成 sanguo_ dp2_np1.jsonl 和 sanguo_dp2_np2.jsonl；将标签数据 sangou_label.jsonl，再划分为 sangou_label_a_train.jsonl（2 000 行）和 sangou_label_a_test.jsonl（570 行）；使用 myDataset_jsonlines_text_label.py 将 sanguo_dp2_np1.jsonl（文本数据）和 sangou_label_a_train.jsonl（标签数据）合成后，再用 myDataset_jsonlines_seg82.py 划分为训练集 train.jsonl 和验证集 validation.jsonl；使用 myDataset_jsonlines_text_label.py 将 sanguo_dp2_np2.jsonl 和 sangou_label_a_test.jsonl 合成为测试集 test.jsonl。使用 label_jsonl_check2.py 检验训练集、验证集、测试集文本与标签数量的一致性。

若标点符号与前 N 个汉字密切相关，使用标签集为 {DOU，JU，WEN，TAN，MAO，FEN，DUN，SYIN，DYIN，……}，标注体系为 BIOES。将标点符号划分为两类：单一位置标点符号，即标点符号占据单一位置，如逗号、句号、问号等；多位置标点符号，即标点符号占据两个或两个以上位置，如双引号、单引号、书名号、专名号等，如图 5-21 所示。单一位置标点符号与多位置标点符号（以双引号为例）分开标引，如例 5-12 所示。

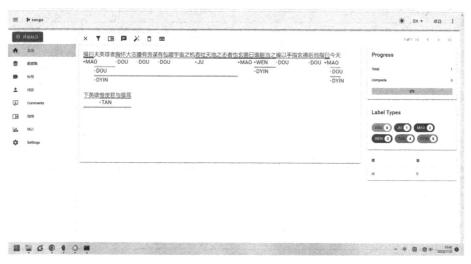

图 5-21 doccano 标注图（二）

【例5-12】

操曰：夫英雄者，胸怀大志，腹有良谋，有包藏宇宙之机，吞吐天地之志者也。玄德曰：谁能当之？操以手指玄德，后自指，曰：今天下英雄，惟使君与操耳！

['B-MAO', 'E-MAO', 'B-DOU', 'I-DOU', 'I-DOU', 'E-DOU', 'B-DOU', 'I-DOU', 'I-DOU', 'E-DOU', 'B-DOU', 'I-DOU', 'I-DOU', 'E-DOU', 'B-DOU', 'I-DOU', 'I-DOU', 'I-DOU', 'I-DOU', 'I-DOU', 'E-DOU', 'B-JU', 'I-JU', 'I-JU', 'I-JU', 'I-JU', 'I-JU', 'I-JU', 'E-JU', 'B-MAO', 'I-MAO', 'E-MAO', 'B-WEN', 'I-WEN', 'I-WEN', 'E-WEN', 'B-DOU', 'I-DOU', 'I-DOU', 'I-DOU', 'I-DOU', 'E-DOU', 'B-DOU', 'I-DOU', 'E-DOU', 'S-MAO', 'B-DOU', 'I-DOU', 'I-DOU', 'I-DOU', 'E-DOU', 'B-TAN', 'I-TAN', 'I-TAN', 'I-TAN', 'I-TAN', 'E-TAN']

操曰"夫英雄者胸怀大志腹有良谋有包藏宇宙之机吞吐天地之志者也"玄德曰"谁能当之"操以手指玄德后自指曰"今天下英雄惟使君与操耳"

['O', 'O', 'B-SYIN', 'I-SYIN', 'E-SYIN', 'O', 'O', 'O', 'B-SYIN', 'I-SYIN', 'I-SYIN', 'E-SYIN', 'O', 'O', 'O', 'O', 'O', 'O', 'O', 'O', 'O', 'O', 'B-SYIN', 'I-SYIN', 'I-SYIN', 'I-SYIN', 'I-SYIN', 'I-SYIN', 'I-SYIN', 'I-SYIN', 'I-SYIN', 'E-SYIN']

依据《标点符号用法》，修改 sanguo_dp2.txt 中部分有问题的标点，生成 sanguo_dp3.txt，使用 txt2label_judou.py 将 sanguo_dp3.txt 转换为标签数据 sangou_label2.jsonl；使用 labelNumStatistics.py 统计标签使用量，标签总量仍为 91 145 个，种类下降到 60 个。若只保留 7 个点号和 1 个标号（双引号），标签数量为 90 783 个，占标签总量的 99.6%，标签种类下降到 23 个，如表 5-8 所示。在 sanguo_dp3.txt 的基础上保留 7 个点号生成 sanguo_dp3_dian.txt，仅保留双引号生成 sanguo_dp3_syin.txt。

表 5-8 《三国演义》标签使用量统计表（二）

标签	使用量	标点符号	标签	使用量	标点符号
O	399 636		Y	114	"
D	44 182	，	ZJ	57	"。
J	19 442	。	Z	46	"
MY	9 345	："	ZD	23	"，
JZ	5 264	。"	FY	17	；"
S	3 072	、	DZ	11	，"
F	2 753	；	ZF	5	"；
WZ	2 209	？"	DY	4	，"
GZ	1 852	！"	MZ	3	："
M	1 099	：	JY	2	。"
G	702	！	ZM	1	"：
W	573	？			

标签集为 {DOU, JU, WEN, TAN, MAO, FEN, DUN}，使用 txt2label_judou2.py 可将 sanguo_dp3_dian.txt 转换为标签数据 sangou_label_dian.jsonl；标签集为 {SYIN}，使用 txt2label_judou2.py 可将 sanguo_dp3_syin.txt 转换为标签数据 sangou_label_syin.jsonl。

去掉 sanguo_dp3.txt 中全部标点符号，划分为两部分 sanguo_dp3_np1.txt（2 000 行）和 sanguo_dp3_np2.txt（570 行），使用 txt2jsonl.py 生成 sanguo_dp3_np1.jsonl 和 sanguo_dp3_np2.jsonl；将标签数据 sangou_label_dian.jsonl

再划分为 sangou_label_dian_train.jsonl（2 000 行）和 sangou_label_dian_test.jsonl（570 行）；使用 myDataset_jsonlines_text_label.py 将 sanguo_dp3_np1.jsonl 和 sangou_label_dian_train.jsonl 合成后，再用 myDataset_jsonlines_seg82.py 划分为训练集 train1.jsonl 和验证集 validation1.jsonl；使用 myDataset_jsonlines_text_label.py 将 sanguo_dp3_np2.jsonl 和 sangou_label_dian_test.jsonl 合成为测试集 test1.jsonl；将标签数据 sangou_label_syin.jsonl 再划分为 sangou_label_syin_train.jsonl（2 000 行）和 sangou_label_syin _test.jsonl（570 行）；使用 myDataset_jsonlines_text_label.py 将 sanguo_dp3_np1.jsonl 和 sangou_label_syin_train.jsonl 合成后，再用 myDataset_jsonlines_seg82.py 划分为训练集 train2.jsonl 和验证集 validation2.jsonl；使用 myDataset_jsonlines_text_label.py 将 sanguo_dp3_np2.jsonl 和 sangou_label_syin_test.jsonl 合成为测试集 test2.jsonl。使用 label_jsonl_check2.py 检验训练集、验证集、测试集文本与标签数量的一致性。

5.2.2 模型

句读标点仍然使用 BERT-BiLSTM-CRF 模型，此处不再赘述。

5.2.3 训练效果

标注方式一：标点与前一个汉字密切相关（当标点出现在段首，与后一个汉字密切相关），标记集为 {O, D, J, MY, JZ, S, F, WZ, GZ, M, G, W, Y, ZJ, MW, Z, B, PP, JX, C, JPP, ZD, FY, XD, CD, DZ, WX, CJ, K, JL, DPP, GX, ZF, JB, MYW, X, XJ, DY, XM, MZ, JXZ, WPP, DW, XJZ, GZW, FZ, DX, ZM, JY, DB, MYB, GPP, ZG, FW, WZW, GAA, GAAZ, DAAZ, JZS, XW, AAZ, CF, JZG, WJ, ZSY, GXZ, ZJW, YB}。

在 BERT+BiLSTM+CRF（BiaoDian）文件夹下，config.py 中设置训练集为 D:/mybook/dataset/JSONL/sanguo/data_type_a/train.jsonl，验证集为 D:/mybook/dataset/JSONL/sanguo/data_type_a/validation.jsonl，使用预训练模型 bert-base-chinese，下游任务模型保存路径为 ./dtmodel/model_params.pkl，标签字典保存路径 ./vocab/a/label_dictionary.txt，输出字向量维度为 768，设置 BATCH_SIZE 为 16，EPOCH 为 30，LR 为 5e-4，文本最大长度为 500。使用 train.py 进行模型训练，训练效果如图 5-22 所示。在 config.py 中设置测试数据集为 D:/mybook/dataset/JSONL/sanguo/data_type_a/test.jsonl，使用 test.py 测试模型性能，准确率为 93.68%，F1 值为 23.93%。test.jsonl 中汉字有 106 889 个，标点只有 19 466 个，标签中 "O" 占 81.79%，准确率不能真实反映标点的正确率。

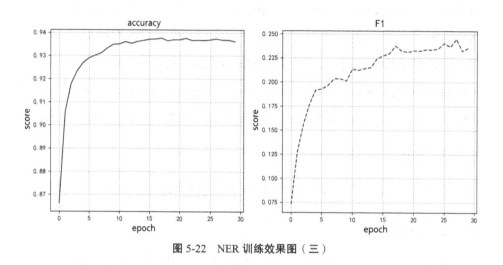

图 5-22　NER 训练效果图（三）

在 config.py 中设置原始文本数据集为 D:/mybook/dataset/JSONL/sanguo/data_type_a/sanguo_dp2_np2.jsonl，标注结果数据集为 D:/mybook/ch5/dataset/sanguo_judou_a_model.jsonl，使用 dev.py 进行数据标注。使用 judou_accuracy.py 计算标点的实际正确率，结果为 69.78%。

标注方式二：标点与前 N 个汉字密切相关，使用标签集为 {DOU，JU，WEN，TAN，MAO，FEN，DUN，SYIN}，标注体系为 BIOES。{DOU，JU，WEN，TAN，MAO，FEN，DUN} 与 {SYIN} 分别进行标注（训练两个模型），标注后再按一定规则合成。

在 BERT+BiLSTM+CRF（BiaoDian）文件夹下，config.py 中设置训练

集为 D:/mybook/dataset/JSONL/sanguo/data_type_a/train1.jsonl，验证集为 D:/mybook/dataset/JSONL/sanguo/data_type_a/validation1.jsonl，使用预训练模型 bert-base-chinese，下游任务模型保存路径为 ./dtmodel/model_params_1.pkl，标签字典保存路径为 ./vocab/b1/label_dictionary.txt，输出字向量维度为 768，设置 BATCH_SIZE 为 16，EPOCH 为 30，LR 为 5e-4，文本最大长度为 500。使用 train.py 进行模型训练，训练效果如图 5-23 所示。在 config.py 中设置测试数据集为 D:/mybook/dataset/JSONL/sanguo/data_type_b/test1.jsonl，使用 test.py 测试模型性能，准确率为 73.35%，F1 值为 53.02%。

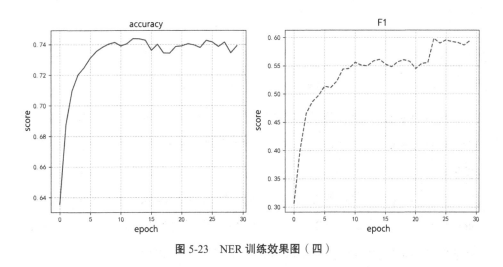

图 5-23　NER 训练效果图（四）

在 config.py 中设置原始文本数据集为 D:/mybook/dataset/JSONL/sanguo/data_type_b/sanguo_dp3_np2.jsonl，标注结果数据集为 D:/mybook/ch5/dataset/sanguo_judou_b1_model.jsonl，使用 dev.py 进行数据标注。

在 BERT+BiLSTM+CRF（BiaoDian）文件夹下，config.py 中设置训练集为 D:/mybook/dataset/JSONL/sanguo/data_type_a/train1.jsonl，验证集为 D:/mybook/dataset/JSONL/sanguo/data_type_a/validation1.jsonl，使用预训练模型 bert-base-chinese，下游任务模型保存路径为 ./dtmodel/model_params_2.pkl，标签字典保存路径为 ./vocab/b2/label_dictionary.txt，输出字向量维度为 768，

设置 BATCH_SIZE 为 16，EPOCH 为 30，LR 为 5e-4，文本最大长度为 500。使用 train.py 进行模型训练，训练效果如图 5-24 所示。

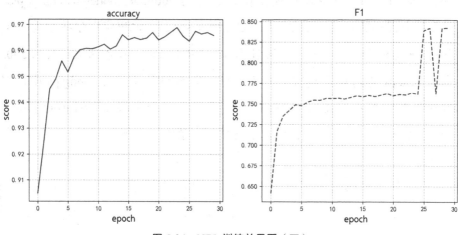

图 5-24 NER 训练效果图（五）

在 config.py 中设置测试数据集为 D:/mybook/dataset/JSONL/sanguo/data_type_b/test2.jsonl，使用 test.py 测试模型性能，准确率为 96.38%，F1 值为 95.97%。

在 config.py 中设置原始文本数据集为 D:/mybook/dataset/JSONL/sanguo/data_type_b/sanguo_dp3_np2.jsonl，标注结果数据集为 D:/mybook/ch5/dataset/sanguo_judou_b2_model.jsonl，使用 dev.py 进行数据标注。

使用 judou_type_b2a.py 将 sanguo_judou_b1_model.jsonl 和 sanguo_judou_b2_model.jsonl 转换为标注方式一并合成为 sanguo_judou_b_model.jsonl，再使用 judou_accuracy.py 计算标点的实际正确率，结果为 71.43%。

标注方式二采用分步标注的方式，训练两个模型，一个用于标注七种点号（，。？！：；、），另一个用于标注双引号（""）。两个标注结果的合成规则为双上引号放置在点号之后；双下引号标记放置在逗号（，）、顿号（、）、分号（；）之前，放置在句号（。）、冒号（：）、问号（？）、叹号（！）之后。

标注方式一的实际正确率为 69.78%，F1 值为 24.39%，标注方式二的实际正确率为 71.43%，F1 值为 53.02%。因此，标注方式二的效果好于标注方式一。

第 6 章

余论

苏祺等在《古籍数字化关键技术评述》中概述了古籍自动句读与标点、词语自动切分和命名实体识别的研究与应用，提出要实现系统性能的突破，离不开古籍专家的支持，应继续将专家知识引入模型，并结合人机交互的方式，以期真正达到实用化水平[①]。林立涛等在《古籍文本挖掘技术综述》中提出，当前古籍文本挖掘技术与人文研究需求之间存在以下矛盾：技术供给与需求不匹配，现有古籍文本挖掘技术的研究多由图情档与计算机科学学者引领，存在专业技术强而人文背景欠缺的问题，导致开发的技术难以切中人文研究中的"要害"；技术门槛较高，导致人文学者难以直接应用先进的文本挖掘技术，后续研究应加强打造一站式可视化文本挖掘平台，为人文学者提供便利，服务于人文学者的研究工作；应用结果检验不够，古籍文本挖掘技术提高了古籍信息处理的效率，但处理效果受具体技术的特点影响较大，对技术处理结果进行人工辅助校验是提高新知识正确性的必要工作[②]。

6.1 数据

刘忠宝等在《古籍信息处理回顾与展望》中指出，现代汉语中表现优良

---

① 苏祺，胡韧奋，诸雨辰，等. 古籍数字化关键技术评述［J］. 数字人文研究，2021（3）：83-88.
② 林立涛，王东波. 古籍文本挖掘技术综述［J］. 科技情报研究，2023（1）：78-90.

的信息处理技术在古籍信息处理中效果欠佳，主要原因是古籍的表达习惯与现代汉语有较大差别，可利用的标注语料规模较小，现有模型对古籍文本的特征提取能力不足，知识组织面临一系列未解难题，古籍信息系统构建效率低下，古籍信息服务的个性化、专业化尚有差距[1]。邓三鸿等在《古文自动处理研究现状与新时代发展趋势展望》中指出，当前虽然已经出现了许多处理后的语料库与各类辅助古文自动处理的平台系统，但绝大多数知识成果并未公开发布，这一方面为知识共享制造了阻碍，另一方面难以保证研究成果的真实性[2]。

6.1.1　稀缺性

《大规模古籍文本在中国史定量研究中的应用探索》中将古籍文本数据收集途径归纳为网络数据采集和专业数据库文本获取，并对获取的数据实施编码、分类、标注等处理；利用计算机自动、半自动收集技术，在近半年的时间内整理了41 563种（约48亿字）数字化古籍文本，涵盖从上古到民国的经、史、子、集等40个类目的文献[3]。假设通过网络采集可以获取4.2万种数字化古籍文本，此处的"4.2万种"的具体含义需要明确：是指4.2万种古籍，还是4.2万个版本，抑或是4.2万部古籍？假设每部古籍的文本数据保存在一个文件中，这4.2万个数据文件中包含多少古籍原本，又包含多少古籍点校本，是否存在一种书多个版本、一种书多个点校本、一种书同时有原本和点校本等情况。据估计，现存古籍不少于20万种，涉及的版本超过60万个，那么这4.2万种数字化古籍文本又可以覆盖多少呢？

每项研究与应用都对古籍文本数据有一定的要求，如数量、品种、版本、版式描述、集外字处理、文字规范、完整度、文字错误率等，随着要求

---

[1]　刘忠宝，赵文娟. 古籍信息处理回顾与展望［J］. 大学图书馆学报，2021（6）：38-47.
[2]　邓三鸿，胡昊天，王昊，等. 古文自动处理研究现状与新时代发展趋势展望［J］. 科技情报研究，2021（1）：1-20.
[3]　欧阳剑. 大规模古籍文本在中国史定量研究中的应用探索［J］. 大学图书馆学报，2016（3）：5-15.

的不断提高，能够完全符合要求的古籍文本数据将变得非常有限，我们不得不为网络资源采集付出更多的人力成本和时间成本，同时引入更为复杂的数据预处理流程。以《三国演义》的点校本为例，通过网络采集可以获取多种文本数据，选取五个 txt 文本，使用 charNumStatistics.py 统计字符使用情况，结果如表 6-1、表 6-2 和表 6-3 所示。

表 6-1 《三国演义》文本数据统计

	sanguo_daizhigev20	sanguo_handian	sanguo_book8	SanGuoYanYi	sanguoyanyi
段落数	2 697	7 249	2 549	1 019	1 505
用字量	3 924	4 138	3 959	3 666	4 117
总字符数	605 040	668 228	611 429	382 834	596 076

表 6-2 《三国演义》文本标点符号统计

	sanguo_daizhigev20	sanguo_handian	sanguo_book8	SanGuoYanYi	sanguoyanyi
，	43 602	44 396	44 275	28 136	43 304
。	24 452	24 860	24 851	15 660	24 313
！	2 535	2 195	2 492	1 589	2 518
？	2 748	2 995	2 809	1 796	2 952
：	10 315	10 044	10 510	6 624	10 238
；	2 738	2 876	2 796	1 862	2 707
、	3 054	1 977	3 073	1 867	3 013
"	9 606		9 505	6 056	9 300
"	9 024	1	9 353	6 019	9 194
'	54		72	123	51
'	28	1	78	126	25
『		387			
』		388			
「	14	8 982	14		
」	14	8 958	14		

（续表）

	sanguo_daizhigev20	sanguo_handian	sanguo_book8	SanGuoYanYi	sanguoyanyi
《	56	4	55	43	55
》	56	4	55	43	55
〈		1			
〉		1			
【					14
】					14
[	2	1	2		1
]	2	1	2		2
(	9		9	9	9
)	9	1	9	9	9
——	54	54	70	33	54
……	4	11	4	3	4
.		2			
.	21		1		20
.		33 547			

表 6-3 《三国演义》文本用字量统计

	sanguo_daizhigev20	sanguo_handian	sanguo_book8	SanGuoYanYi	sanguoyanyi
曰	8 750	8 742	8 927	5 692	8 683
之	7 849	7 835	7 972	5 093	7 773
不	6 735	6 722	6 864	4 395	6 696
人	5 130	5 103	5 208	3 324	5 079
军（軍）	4 918	4 884	4 984	3 093	4 885
兵	4 710	4 703	4 725	2 964	4 664
大	4 191	4 175	4 219	2 615	4 145
一	4 030	4 026	4 088	2 522	4 003
马（馬）	3 923	3 906	3 973	2 434	3 869

（续表）

	sanguo_daizhigev20	sanguo_handian	sanguo_book8	SanGuoYanYi	sanguoyanyi
将（將）	3 803	3 784	3 843	2 352	3 779
来（來）	3 287	3 279	3 337	2 102	3 265
有	2 942	2 940	2 977	1 969	2 920
操	2 831	2 811	2 897	1 726	2 807
此	2 812	2 806	2 851	1 841	2 785
下	2 785	2 764	2 845	1 720	2 764
于	2 783	182	2 827	1 815	2 764
中	2 704	2 695	2 723	1 674	2 684
为（為）	2 650	2 645	2 682	1 692	2 634
见（見）	2 548	2 574	2 598	1 688	2 530
而	2 502	2 500	2 538	1 612	2 481
何	2 425	2 423	2 472	1 508	2 408
出	2 344	2 345	2 388	1 472	2 318
吾	2 339	2 338	2 383	1 506	2 319
可	2 311	2 304	2 350	1 523	2 295
德	2 290	2 276	2 324	1 596	2 223
也	2 280	2 265	2 325	1 478	2 258
明	2 210	2 193	2 235	1 409	2 182
后	2 203	229	2 219	1 356	2 189
以	2 195	2 195	2 226	1 457	2 174
曹	2 167	2 139	2 167	1 287	2 119
公	2 112	2 095	2 237	1 371	2 078
上	2 056	2 032	2 081	1 325	2 040
於	1	2 596	1	1	0
後	0	1 966	0	0	0

若将《三国演义》的点校本数据用于自动标点，通过表 6-1 可以看出五个 txt 文本中有一个不完整，不宜选用；通过表 6-3 可以看出其中一个 txt 文

本为繁体数据，影响不大；通过表 6-2 可以看出五个 txt 文本的双引号使用量不同，且都未满足双引号成对出现的基本条件，不宜选用。通过上述例子不难发现，完全满足研究与应用需求的古籍文本数据相对稀缺，大多数情况下只能退而求其次，选用基本满足需求的古籍文本数据，在数据预处理流程中增加专门步骤，部分解决古籍文本数据中存在的问题。

相对于生文本（raw text）数据，标注文本（annotated text）数据的数量则更为稀少。以分词和词性标注数据为例，英国谢菲尔德（Sheffield）汉语数据库提供古籍约 40 种，我国香港城市大学唐诗分词及词性标注数据库收录唐诗 521 首[①]。

对深度学习而言，数据集的重要性毋庸置疑，以 NER 为例，近年来常用的数据集如图 6-1 所示。而与之类似的古籍数据集在互联网上很难找到，不得不使用生文本进行手工标注。

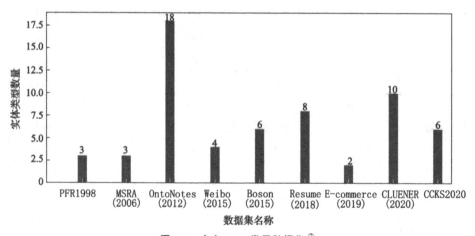

图 6-1 中文 NER 常用数据集[②]

---

① 顾磊，赵阳. 古籍数字化标注资源建设的意义及其现状分析[J]. 图书馆学研究，2016（4）：49-52.
② 王颖洁，张程烨，白凤波，等. 中文命名实体识别研究综述[J]. 计算机科学与探索，2023（2）：324-341.

6.1.2 不确定性

不同于微信、微博、电子病历、交易记录、评论弹幕等数据,古籍数据通常都是从古籍原本经历一系列过程生成的数据。例如,古籍原本扫描后生成图像文件,再经过 OCR 生成文本数据。同时,古籍数据大都来自古籍数据库厂商或古籍数字化服务提供商,多采取项目制管理方式,即使采用同一底本,不同厂商或同一厂商遵循不同标准生产的古籍数据都可能不同。因此,很难通过古籍文本数据直接确定原书的版本、数字化标准(数字化模式、字库、集外字处理、版式处理等)、数据质量(完整度、错误率等)等,需要相关文献资源和专业人员的参与。

以殆知阁古代文献 2.0(以下简称 daizhigev20)为例,guwenbert、roberta-classical-chinese、bert-ancient-base 等用 daizhigev20 训练古文预训练模型,《基于 BERT+BiLSTM+CRF 模型与新预处理方法的古籍自动标点》《基于非参数贝叶斯模型和深度学习的古文分词研究》《基于深度学习的古籍文本自动断句与标点一体化研究》等用 daizhigev20 的部分数据作为数据集。但是对 daizhigev20 本身,或一笔带过,或语焉不详。

使用 charFrequencyStatistics_2.py 对 daizhigev20 的每一个 txt 文件做字频统计,再用 daizhigev20_statistics.py 处理字频统计数据,确定简繁体、是否为标点本、是否为四库全书本(以下简称四库本)等,处理结果如表 6-4 所示,统计结果如表 6-5 所示。

表 6-4 daizhigev20 数据特性统计表(一)

文件名	字符数	用字量	行数	标点数	四库标识	简化字用量	繁体字用量
《大明一统志》	2 301 749	7 969	5 739	0	112 588	1 812	107
《四川通志》	1 692 122	8 028	21 112	0	72 708	1 828	97
《嘉泰吴兴志》	175 504	3 995	3 423	0	2 266	1 248	20
《大唐西域记》	137 021	3 122	1 464	21 055	0	1 003	5
《大元一统志》	104 426	2 989	3 792	0	1 900	940	2

（续表）

文件名	字符数	用字量	行数	标点数	四库标识	简化字用量	繁体字用量
《宁古塔山水记》	13 686	1 877	97	2 234	0	574	6
《梵语千字文》	10 477	1 289	568	81	0	20	310
《说文解字》	492 827	8 579	9 832	29 742	0	180	1 711
《玉照新志》	48 594	3 465	160	7 096	0	177	976
《廉吏传》	70 780	3 327	525	0	0	783	736
《御定康熙字典》	2 434 079	19 249	3 933	0	103 444	2 246	196
《康熙字典》	4 541 935	19 167	48 753	519 568	719 073	2 015	2 446
《五音集韵》	468 049	17 057	291	0	95 212	2 178	193
《集韵》	447 185	16 724	329	0	81 616	2 162	188
《类篇》	592 556	16 610	2 042	0	51 830	2 147	183
《重修玉篇》	277 367	14 380	1 445	0	49 112	2 076	175
《重修广韵》	274 885	14 043	1 529	0	52 014	2 075	172
《名臣碑传琬琰集》	541 780	5 120	2 181	12	0	1 434	33
《名臣碑传琬琰之集》	541 979	5 357	974	0	146	1 413	41

表 6-5 daizhigev20 数据特性统计表（二）

文件夹	文件数	字符总数	标点本占比	四库本占比
道藏	1 721	45 455 339	97.73%	1.98%
佛藏	5 135	218 616 793	92.31%	0.06%
集藏	1 948	350 648 200	41.99%	53.85%
儒藏	908	139 223 154	32.82%	63.65%
诗藏	776	116 877 445	74.87%	22.81%
史藏	2 043	487 032 179	64.46%	23.21%
医藏	911	112 061 309	89.02%	4.83%
艺藏	446	19 167 717	75.78%	18.61%
易藏	343	34 893 982	45.77%	48.85%
子藏	1 463	213 583 063	47.03%	25.09%
合计	15 694	1 737 559 181	72.83%	18.97%

除了《梵语千字文》《说文解字》《玉照新志》等极少数文本，daizhigev20 基本是简体数据集，四库本占 18.97%，标点本占 72.83%，用字量如表 6-6 所示。《千字文》为简繁对照本，如图 6-3 所示。daizhigev20 有重复现象，如《名臣碑传琬琰集》与《名臣碑传琬琰之集》均为《名臣碑傳琬琰之集》四库本。daizhigev20 中有 1 511 个重名文件，如两个"颜氏家训.txt"，一为四库本，一为标点本。daizhigev20 继承了其他数字化项目的缺陷，以部分字书为例，如《广韵》《类篇》《康熙字典》（见图 6-4）等，文本数据用字量（见表 6-4）远小于字书收字量（见表 1-1）。

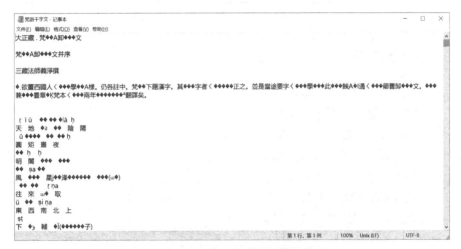

图 6-2　daizhigev20 文本数据截图（一）

表 6-6　daizhigev20 数据特性统计表（三）

	用字量					
	0 ~ 500	501 ~ 2 000	2 001 ~ 5 000	5 001 ~ 10 000	10 001 ~ 15 000	15 001 ~ 20 000
道藏	253	1 248	217	3	0	0
佛藏	1 444	2 946	739	6	0	0
集藏	3	209	1 482	253	1	0
儒藏	34	326	478	53	12	5
诗藏	18	298	383	75	2	0

（续表）

	用字量					
	0 ~ 500	501 ~ 2 000	2 001 ~ 5 000	5 001 ~ 10 000	10 001 ~ 15 000	15 001 ~ 20 000
史藏	59	739	1 059	185	1	0
医藏	6	545	358	2	0	0
艺藏	66	288	79	12	1	0
易藏	8	180	155	0	0	0
子藏	63	638	669	86	6	1
合计	1 954	7 417	5 619	675	23	6

千字文 - 记事本
文件(F) 编辑(E) 格式(O) 查看(V) 帮助(H)
千字文（繁简对照）

周興嗣次韻

天地玄黃 宇宙洪荒 日月盈昃 辰宿列張 寒來暑往 秋收冬藏
天地玄黄 宇宙洪荒 日月盈昃 辰宿列张 寒来暑往 秋收冬藏

閏餘成歲 律呂調陽 雲騰致雨 露結為霜 金生麗水 玉出崑岡
闰馀成岁 律吕调阳 云腾致雨 露结为霜 金生丽水 玉出昆冈

劍號巨闕 珠稱夜光 果珍李柰 菜重芥薑 海鹹河淡 鱗潛羽翔
剑号巨阙 珠称夜光 果珍李柰 菜重芥姜 海咸河淡 鳞潜羽翔

龍師火帝 鳥官人皇 始制文字 乃服衣裳 推位讓國 有虞陶唐
龙师火帝 鸟官人皇 始制文字 乃服衣裳 推位让国 有虞陶唐

弔民伐罪 周發殷湯 坐朝問道 垂拱平章 愛育黎首 臣伏戎羌
吊民伐罪 周发殷汤 坐朝问道 垂拱平章 爱育黎首 臣伏戎羌

遐邇一體 率賓歸王 鳴鳳在竹 白駒食場 化被草木 賴及萬方
遐迩一体 率宾归王 鸣凤在竹 白驹食场 化被草木 赖及万方

蓋此身髮 四大五常 恭惟鞠養 豈敢毀傷 女慕貞潔 男效才良
盖此身发 四大五常 恭惟鞠养 岂敢毁伤 女慕贞洁 男效才良

第1行，第1列 100% Unix (LF) UTF-8

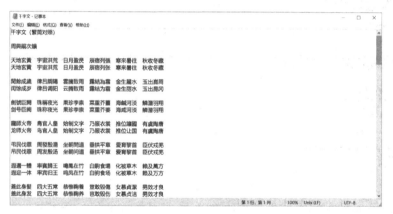

图 6-3 daizhigev20 文本数据截图（二）

康熙字典 - 记事本
文件(F) 编辑(E) 格式(O) 查看(V) 帮助(H)
□ 【巳集下】【犬字部】 □ 【正字通】同獭。•按集韻獭字有征例居例二切，□同。瘈从疒，不从厂，□無□字。《正字通》从厂，非是。

□ 【巳集下】【犬字部】 □ 【集韻】落蓋切，音賴。【玉篇】狂也。

□ 【巳集下】【犬字部】 □ 【集韻】託協切，音帖。本作。犬小也。詳舌部字註。

□ 【備考】【午集】【玉字部】 □ 【篇海類編】與瑹同。

□ 【巳集下】【犬字部】 □ 【集韻】蘇故切，音素。【玉篇】獸也。

□ 【備考】【午集】【玉字部】 □ 【搜眞玉鏡】音六。

□ 【巳集下】【犬字部】 □ 【唐韻】式略切【廣韻】書藥切【集韻】式灼切，□音爍。【說文】犬□□不附人也。【集韻】或作□。又【玉篇】□□，犬不附人而驚貌。 又【揚子方言】□，驚也。宋衛南楚相驚曰□。 又【廣韻】趞□，盧也。 又【集韻】【類篇】□七約切，音鵲。本作，或作猎。詳字註。 又【集韻】思積切，音昔。本作猎。詳猎字註。考證：〔【說文】犬□□而附人也。〕 謹照原文而附人改不附人。

□ 【備考】【巳集】【犬字部】 □ 【搜眞玉鏡】音射。

□ 【備考】【巳集】【犬字部】 □ 【搜眞玉鏡】音敞。

□ 【補遺】【巳集】【犬字部】 □ 【集韻】逋還切，音班。獸名。

□ 【巳集下】【犬字部】 □ 【集韻】狼狄切，音歷。本作□。或作□。

第 79511 行，第 28 列 100% Unix (LF) UTF-8

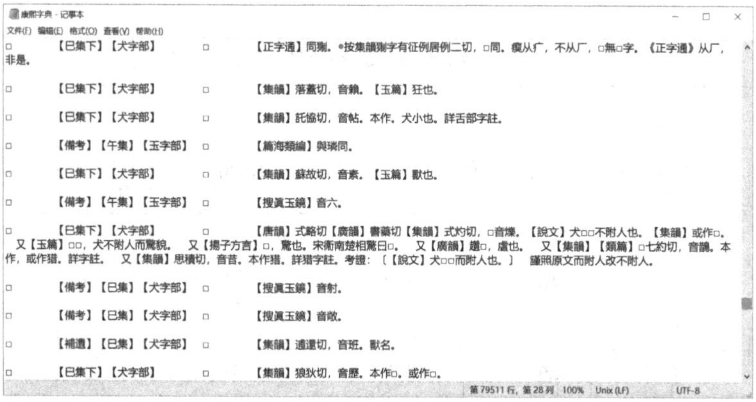

图 6-4 daizhigev20 文本数据截图（三）

daizhigev20 分为 10 类，若依据类目名称映射到四部分类法，如表 6-7 所示。但是 daizhigev20 的分类还存在一些问题，如子藏中的《李文忠公事略》《吴中故语》《京东考古录》等应属史部，而集藏中的《三侠五义》《三国演义》《东周列国志》等应属子部。与分类相关的问题此处不再赘述。

表 6-7　daizhigev20 类目映射表

文件夹	部	类	文件夹	部	类
道藏	子	道家	史藏	史	
佛藏	子	释家	医藏	子	医家
集藏	集		艺藏	子	艺术
儒藏	经		易藏	经	易
诗藏	集		子藏	子	

6.1.3　预处理

在按照任务需求生成数据集前，需要一系列的数据预处理。网络采集与格式转换都已经有较为成熟的流程与方法，此处不再赘述。考虑到古籍文本数据的特殊性，可以通过字频统计了解数据特性，同时还能发现一些数据中的问题。仍以《三国演义》文本数据 sanguo_book8.txt 为例，使用 charNumStatistics.py 统计字符使用情况，发现文本中有 5 092 个中文空格和 10 个英文空格，对照 txt 文本，是段首空格和各回目中的空格，如图 6-5 所示；发现"2""B""ぁ"等字符，疑为乱码，如图 6-6 所示；发现"E013""E0D3""E2C6""E381"等自定义区编码，在文本数据中显示为空格；双上引号有 9 505 个，而双下引号只有 9 353 个。

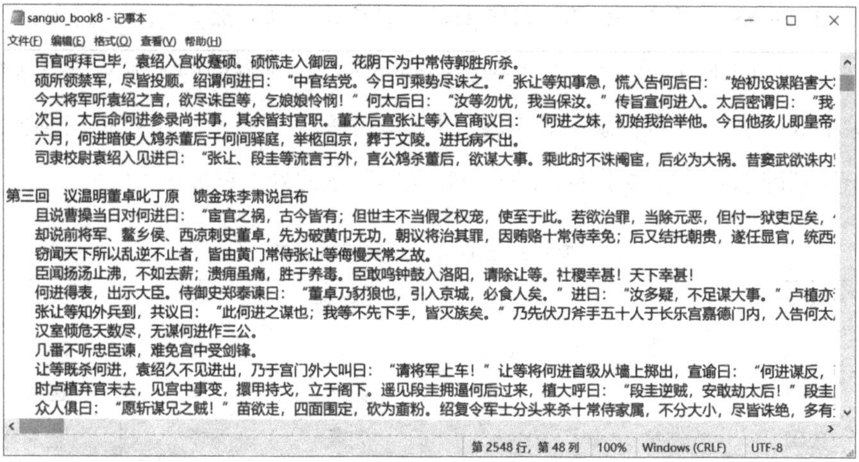

sanguo_book8 - 记事本
文件(F) 编辑(E) 格式(O) 查看(V) 帮助(H)
　　百官呼拜已毕，袁绍入宫收蹇硕。硕慌走入御园，花阴下为中常侍郭胜所杀。
　　硕所领禁军，尽皆投顺。绍谓何进曰："中官结党。今日可乘势尽诛之。"张让等知事急，慌入告何后曰："始初设谋陷害大
　　今大将军听袁绍之言，欲尽诛臣等，乞娘娘怜悯！"何太后曰："汝等勿忧，我当保汝。"传旨宣何进入。太后密谓曰："我
　　次日，太后命何进参录尚书事，其余皆封官职。董太后宣张让等入宫商议曰："何进之妹，初始我抬举他。今日他孩儿即皇帝
　　六月，何进暗使人鸩杀董后于河间驿庭，举柩回京，葬于文陵。进托病不出。
　　司隶校尉袁绍入见进曰："张让、段圭等流言于外，言公鸩杀董后，欲谋大事。乘此时不诛阉官，后必为大祸。昔窦武欲诛内

第三回　议温明董卓叱丁原　馈金珠李肃说吕布
　　且说曹操当日对何进曰："宦官之祸，古今皆有；但世主不当假之权宠，使至于此。若欲治罪，当除元恶，但付一狱吏足矣，
　　却说前将军、鳌乡侯、西凉刺史董卓，先为破黄巾无功，朝议将治其罪，因贿赂十常侍幸免；后又结托朝贵，遂任显官，统西
　　窃闻天下所以乱逆不止者，皆由黄门常侍张让等侮慢天常之故。
　　臣闻扬汤止沸，不如去薪；溃痈虽痛，胜于养毒。臣敢鸣钟鼓入洛阳，请除让等。社稷幸甚！天下幸甚！
　　何进得表，出示大臣。侍御史郑泰谏曰："董卓乃豺狼也，引入京城，必食人矣。"进曰："汝多疑，不足谋大事。"卢植亦
　　张让等知外兵到，共议曰："此何进之谋也；我等不先下手，皆灭族矣。"乃先伏刀斧手五十人于长乐宫嘉德门内，入告何太
　　汉室倾危天数尽，无谋何进作三公。
　　几番不听忠臣谏，难免宫中受剑锋。
　　让等既杀何进，袁绍久不见进出，乃于宫门外大叫曰："请将军上车！"让等将何进首级从墙上掷出，宣谕曰："何进谋反，
　　时卢植弃官未去，见宫中事变，擐甲持戈，立于阁下。遥见段圭拥逼何后过来，植大呼曰："段圭逆贼，安敢劫太后！"段圭
　　众人俱曰："愿斩谋兄之贼！"苗欲走，四面围定，砍为齑粉。绍复令军士分头来杀十常侍家属，不分大小，尽皆诛绝，多有
第 2548 行，第 48 列　100%　Windows (CRLF)　UTF-8

图 6-5 《三国演义》文本数据截图（一）

sanguo_book8 - 记事本
文件(F) 编辑(E) 格式(O) 查看(V) 帮助(H)
"故犯吾令，理合斩首。今看众将面，且打一百！"众将又哀告，打了五十背花，然后放归。众将无不丧气。宋宪、魏续至侯成家
来探视，侯成泣曰："非公等则吾死矣！"宪曰："布只恋妻子，视吾等如草芥。"续曰："军围城下，水绕壕边，吾等死无日矣
！"宪曰："布无仁无义，我等弃之而走，何如？"续曰："非丈夫也。
　　不若擒布献曹公。"侯成曰："我因追马受责，而布所倚恃者，赤兔马也。汝二人果能献门擒布，吾当先盗马去见曹公。"三
人商议定了。是夜侯成暗至马院，盗了那匹赤兔马，飞奔东门来。魏续便开门放出，却佯作追赶之状。侯成到曹操寨，献上马匹，
备言宋宪、魏续插白旗为号，准备献门。曹操闻此信，便押榜数十张射入城去。其榜曰："大将军曹，特奉明诏，征伐吕布。如有
抗拒大军者，破城之日，满门诛戮。上至将校，下至庶民，有能擒吕布来献，或献其首级者，重加偕汀N　棁楼停　饕酥　ぁ！贝
稳掌矫鶡　峭攵吧　鸬亍B啦?
　　大惊，提戟上城，各门点视，责骂魏续走透侯成，失了战马，欲待治罪。城下曹兵望见城上白旗，竭力攻城，布只得亲自抵敌
。从平明直打到日中，曹兵稍退。布少憩门楼，不觉睡着在椅上。宋宪赶退左右，先盗其画戟，便与魏续一齐动手，将吕布绳缠阻
蝇　膅舾孔2?
　　从睡梦中惊醒，急唤左右，却都被二人杀散，把白旗一招，曹兵齐至城下。魏续大叫："已生擒吕布矣！"夏侯渊尚未信。宋
宪在城上掷下吕布画戟来，大开城门，曹兵一拥而入。高顺、张辽在西门，水围难出，为曹兵所擒。陈宫奔至南门，为徐晃所获。
　　曹操入城，即传令退了所决之水，出榜安民；一面与玄德同坐白门楼上。关、张侍立于侧，提过擒获一干人来。吕布虽然长大
，却被绳索捆作一团，布叫曰："缚太急，乞缓之！"操曰："缚虎不得不急。"布见侯成、魏续、宋宪皆立于侧，乃谓之曰："
我待诸将不薄，汝等何忍背反？"宪曰："听妻妾言，不听将计，何谓不薄？"布默然。须臾，众拥高顺至。操问曰："汝有何言
？"顺不答。操怒命斩之。徐晃解陈宫至。操曰："公台别来无恙！"宫曰："汝心术不正，吾故弃汝！"操曰："吾心不正，公
又奈何独事吕布？"宫曰："布虽无谋，不似你诡诈奸险。"操曰："公自谓足智多谋，今竟何如？"宫顾吕布曰："恨此人不从
吾言！若从吾言，未必被擒也。"操曰："今日之事当如何？"宫大声曰："今日有死而已！"操曰："公如是，奈公之老母妻子
何？"宫曰："吾闻以孝治天下者，不害人之亲；施仁政于天下者，不绝人之祀。老母妻子之存亡，亦在于明公耳。吾身既被擒，
第 508 行，第 122 列　100%　Windows (CRLF)　UTF-8

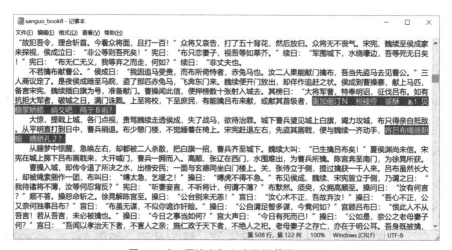

图 6-6 《三国演义》文本数据截图（二）

在上述问题中，乱码应为网络采集的遗留问题，自定义区编码应为汉字编码问题，段首空格应为版式描述，各回目中的空格应为占位符，双上引号和双下引号数量不等应为文本数据中的错误。

古籍文本数据中的错误来源于古籍原本、古籍点校、古籍数字化、网络采集、文字编码等，解决这些错误最直接的办法是请专业人员依据校刻最精、错误最少版本的古籍原本或高质量点校本进行校对并修改。但是综合考

虑项目需求与成本，通常只能选择性地修改部分古籍文本数据中的错误，一般采用程序与手工相结合的方式。仍以《三国演义》文本数据sanguo_book8.txt为例，重点修改与标点相关的错误，如双上引号和双下引号数量不等、不符合《标点符号用法》的标点连用、中英文标点混用、横竖排标点混用等。使用txt2jsonl2.py的txt_check_paragraph函数检查双引号错误，使用txt2label_judou.py将标点转换为标签，再用label Num Statistics.py做标签使用量统计。考虑到标点符号使用的复杂性，我们先利用程序发现问题，然后由人工进行处理，处理完成后，再用程序对数据进行复查。

除了古籍文本自身，还要考虑模型对文本数据的要求。以BERT模型为例，其输入的上限是512个token（含"[CLS]"和"[SEP]"），在《三国演义》文本数据的预处理中，使用txt2jsonl2.py的txt_check_paragraph函数检查文本行长度是否小于500，若不符合要求，则利用程序或由人工进行处理。

在NER任务中，若文本中有中文空格（U+3000）或英文空格（U+0020），BERT模型生成字向量，造成文本与标签数量不一致。在bert_test_IO.py中，sentence1输入"春風又綠江南岸"（句子长度为7），sentence2输入"明月何時照我還"（句子长度为7），input_ids输出长度为17，如例6-1所示；sentence1输入"春風　　又綠江南岸"（包含2个中文空格，句子长度为9），sentence2输入"明月何時照我還"（包含2个英文空格，句子长度为9），input_ids输出长度仍为17，如例6-2所示，与例6-1完全相同。使用label_jsonl_check2.py可检验文本与标签数量的一致性。

【例6-1】

```
'input_ids': tensor([[101, 3217, 7591, 1348, 5199, 3736,
1298, 2279, 102, 3209, 3299,  862, 3229, 4212, 2769, 6917,
102]])
```

【例6-2】

'input_ids': tensor([[101, 3217, 7591, 1348, 5199, 3736, 1298, 2279, 102, 3209, 3299, 862,3229, 4212, 2769, 6917, 102]])

6.1.4 简繁体

很多相关研究在古籍数据预处理中涉及简繁体转换问题，如《基于深度学习的古文自动断句与标点研究》《古文命名实体识别的研究与实现》《基于加权多策略选样的古文断句模型研究——以古籍〈宋史〉为例》等将语料中的繁体字转换为简体字，而《基于深度学习的古籍文本自动断句与标点一体化研究》的训练集选自殆知阁古代文献藏书语料库中经过标点的古籍文本，采用 Python 中的 opencc 工具包，将所有的简体语料转换为繁体语料[1]。俞敬松等在《基于 BERT 的古文断句研究与应用》中指出，从多个互联网来源获取古文语料，包括殆知阁等，虽然语料规模大，但绝大部分都是繁简体混合的；古文繁简体转换非常困难，目前尚无法高准确率自动化进行；相较于纯粹的繁体或简体文本，繁简混合实际上给工作带来了更大的难度；所以我们保留文本原始形态，未做任何处理[2]。

《简化字总表》共分为三表：第一表收简化字 350 个，不作简化偏旁使用；第二表收简化偏旁 14 个和简化字 132 个，可作简化偏旁使用；第三表收简化字 1 753 个（不含重见字），应用第二表所列简化字和简化偏旁得出来的简化字。姚菲在《〈简化字总表〉所收简化字研究》中将第一表简化字分为两类，继承而来的简化字 295 个，新造字 55 个[3]。李乐毅在《80% 的简化字是"古已有之"的》中将《简化字总表》"不做简化偏旁用的简化字"（350

---

[1] 袁义国，李斌，冯敏萱，等. 基于深度学习的古籍文本自动断句与标点一体化研究 [J]. 图书情报工作，2022（11）：134-141.

[2] 俞敬松，魏一，张永伟. 基于 BERT 的古文断句研究与应用 [J]. 中文信息学报，2019（11）：57-63.

[3] 姚菲.《简化字总表》所收简化字研究 [D]. 青岛：青岛大学，2018：12-40.

字)、"可做简化偏旁用的简化字"(132字)和"附录"中"习惯被看作简化字"的选用异体字(39字)三者共521个字头的"始见"时代列为一表,经统计80%以上的现行简化字都是在20世纪50年代以前就已经流行或存在的,其中源自先秦、两汉的竟占了30%左右,而新中国成立以后新拟的简化字不足20%[①]。裴伟娜在《〈简化字总表〉中简化字的简化方法及其溯源研究》中将简化字的简化方法归类为部件省略、保留原字轮廓、形声简化、会意简化、同音代替、符号代替、草书楷化、古本字、弃用字、古通用字和约定俗成[②]。通过上述研究不难看出,简化字不是在某一时间点后突然出现的,在古籍原本中出现简化字也是正常现象。

规范汉字(以下简称规范字)由简化字和传承字组成。《通用规范汉字表》收录规范字8 105个,详见GSCC8105.txt,其中简化字2 456个,详见GSCC8105_S2546.txt,有2 204个来源于《简化字总表》,2 251个来源于《现代汉语通用字表》(其中2 134个亦见于《简化字总表》),另有225个不见于《简化字总表》和《现代汉语通用字表》[③]。2 546个简化字对应的繁体字有2 574个,详见GSCC8105_T2574.txt,其中96组一个简化字对应多个繁体字(或传承字)[④]。使用charSet_comparison.py比较GSCC8105_T2574.txt与GSCC8105_S2546.txt,发现两者都包含"荮","荮"的繁体为"藎";比较GSCC8105_T2574.txt与GSCC8105.txt,发现两者都包含"瞭""乾""夥""剋""徵""藉""荮""朦",除"荮"外,其余为传承字。使用char Num Statistics.py验证GSCC8105_T2574.txt中"蘋""鍾""噁"为《规范字与繁体字、异体字对照表》中三个"重见"的繁体字[⑤]。在GSCC8105_T2574.txt基础上去掉上述11个字,即为GSCC8105_T2563.txt。

在通用规范汉字中,简化字只占30.3%,而古籍的用字范围远大于通用

---

① 李乐毅. 80%的简化字是"古已有之"的[J]. 语文建设,1996(8):26-28.
② 裴伟娜.《简化字总表》中简化字的简化方法及其溯源研究[D]. 新乡:河南师范大学,2012:11-68.
③ 邵霭吉.《通用规范汉字表》简化字统计与思考[J]. 汉字文化,2017(16):13-17.
④ 教育部语言文字信息管理司. 语言文字规范标准[M]. 北京:商务印书馆,2017.
⑤ 邵霭吉.《通用规范汉字表》简化字统计与思考[J]. 汉字文化,2017(16):13-17.

规范汉字，简化字（及其对应的繁体字）的占比会更低。依据古籍的定义，古籍原本用字根本不存在简繁体的问题，而古籍点校本中，部分以繁体为主，部分以简体为主，二者的比例没有权威的统计数据，通常认为以简体为主的点校本数量较少。在古籍数字化领域，我们可以通过底本选择，回避点校本的简繁体问题。古文预训练模型的简繁体问题将在下一节专门讨论。

相对于简繁体，古籍数字化领域更关注异体字处理。异体字是汉字字际关系的术语之一，它和通假字、分化字等其他字际关系的术语是共存的，严格的异体字应当是音义全同、记词智能完全一样、仅仅字形不同，它们在任何语境下都能互相替代而不影响意义表达的一些字样[1]。通过异体字处理，可以规范集内字使用，减少集外字数量，降低古籍全文系统对字库的要求，提高查全率和查准率，便于古籍文本数据的共建共享。

《汉语大字典》第一版附录异体字表共收录 11 900 组异体字（含简化字、古今字、全同异体字和非全同异体字）。王米娜在《基于〈汉语大字典〉（第二版）的全同异体字字库建设与检索系统开发》中整理出全同异体字 10 397 组 32 877 字[2]。简繁体转换可以视为异体字处理的一部分，但是其风险远高于全同异体字处理，且收益有限。

6.2 模型

林立涛等在《古籍文本挖掘技术综述》中列举了有代表性的古文领域预训练模型，如表 6-8 所示[3]。此外，还有基于 BERT-Large、RoBERTa-Large 训练的模型，如 bert-ancient-large、Roberta-classical-chinese-large-char 等。

---

[1] 王宁.《通用规范汉字表》解读 [M]. 北京：商务印书馆，2013.
[2] 王米娜. 基于《汉语大字典》（第二版）的全同异体字字库建设与检索系统开发 [D]. 武汉：华中科技大学，2017.
[3] 林立涛，王东波. 古籍文本挖掘技术综述 [J]. 科技情报研究，2023（1）：78-90.

表 6-8 古文领域预训练模型

预训练模型	训练方式	预训练语料	开发单位
guwenbert	RoBERTa-wwm-Chinese 继续训练	简体殆知阁古文	北京理工大学
sikuBERT	bert-base-Chinese 继续训练	繁体《四库全书》	南京农业大学
sikuRoBERTa	RoBERTa-wwm-Chinese 继续训练	繁体《四库全书》	南京农业大学
roberta-classical-chinese-base-char	RoBERTa-wwm-Chinese 继续训练	繁体殆知阁古文	日本京都大学
AnchiBERT	bert-base-Chinese 继续训练	大量简体古文文章、诗歌和对联	四川大学
bert-ancient-Chinese	bert-base-Chinese 继续训练	来自从部、道部、佛部、集部、儒部、诗部、史部、医部、艺部、易部、子部的古文	复旦大学

6.2.1 预训练模型比较

NLP 领域的两个核心任务是自然语言理解（Natural Language Understanding，NLU）和自然语言生成（Natural Language Generation，NLG）。通用语言理解评估（General Language Understanding Evaluation，GLUE）是一个多任务的 NLU 基准和分析平台，包含 3 类 9 个任务，如表 6-9 所示，测试结果如图 6-7 所示。

表 6-9 GLUE 任务表

数据集	|训练|	任务	领域
单句任务			
CoLA	8.5k	acceptability	音乐
SST-2	67k	sentiment	影评
相似性与解释性任务			
MRPC	3.7k	paraphrase	新闻
STS-B	7k	textual sim.	音乐
QQP	364k	paraphrase	在线问答
推理任务			
MNLI	393k	NLI	音乐
QNLI	108k	QA/NLI	维基百科
RTE	2.5k	NLI	音乐
WNLI	634	coref./NLI	小说类书籍

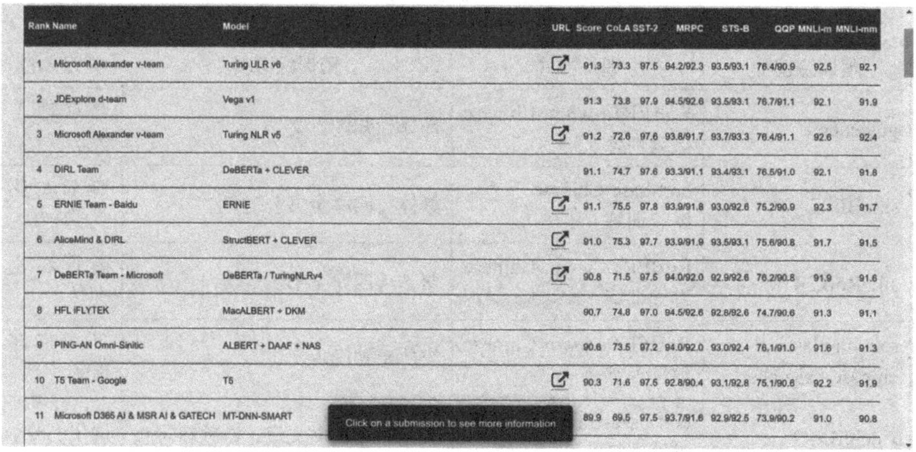

Rank	Name	Model	URL	Score	CoLA	SST-2	MRPC	STS-B	QQP	MNLI-m	MNLI-mm
1	Microsoft Alexander v-team	Turing ULR v6		91.3	73.3	97.5	94.2/92.3	93.5/93.1	76.4/90.9	92.5	92.1
2	JDExplore d-team	Vega v1		91.3	73.8	97.9	94.5/92.6	93.5/93.1	76.7/91.1	92.1	91.9
3	Microsoft Alexander v-team	Turing NLR v5		91.2	72.6	97.6	93.8/91.7	93.7/93.3	76.4/91.1	92.6	92.4
4	DIRL Team	DeBERTa + CLEVER		91.1	74.7	97.6	93.3/91.1	93.4/93.1	76.5/91.0	92.1	91.8
5	ERNIE Team - Baidu	ERNIE		91.1	75.5	97.8	93.9/91.8	93.0/92.6	75.2/90.9	92.3	91.7
6	AliceMind & DIRL	StructBERT + CLEVER		91.0	75.3	97.7	93.9/91.9	93.5/93.1	75.6/90.8	91.7	91.5
7	DeBERTa Team - Microsoft	DeBERTa / TuringNLRv4		90.8	71.5	97.5	94.0/92.0	92.9/92.6	76.2/90.8	91.9	91.6
8	HFL iFLYTEK	MacALBERT + DKM		90.7	74.8	97.0	94.5/92.6	92.8/92.6	74.7/90.6	91.3	91.1
9	PING-AN Omni-Sinitic	ALBERT + DAAF + NAS		90.6	73.5	97.2	94.0/92.0	93.0/92.4	76.1/91.0	91.6	91.3
10	T5 Team - Google	T5		90.3	71.6	97.5	92.8/90.4	93.1/92.8	75.1/90.6	92.2	91.9
11	Microsoft D365 AI & MSR AI & GATECH	MT-DNN-SMART		89.9	69.5	97.5	93.7/91.6	92.9/92.5	73.9/90.2	91.0	90.8

图 6-7　GLUE 测试结果截图

GLUE 的语料均为英文，中文语言理解测评基准（Chinese Language Understanding Evaluation，CLUE）的任务与 GLUE 类似，语料均为中文，如表 6-10 所示。

表 6-10　CLUE 任务表

数据集	|训练|	|开发|	|测试|	任务	指标	来源
				单句任务		
TNEWS	53.3k	10k	10k	short text classification	acc.	新闻标题与关键词
IFLYTEK	12.1k	2.6k	2.6k	long text classification	acc.	app描述
CLUEWSC2020	1 244	304	290	coreference resolution	acc.	中文小说类书籍
				单句任务		
AFQMC	34.3k	4.3k	3.9k	semantic similarity	acc.	在线客服
CSL	20k	3k	3k	keyword recognition	acc.	
				机器阅读理解任务		
CMRC 2018	10k	3.4k	4.9k	answer span extraction	EM.	维基百科
ChID	577k	23k	23k	multiple-choice, idiom	acc.	小说、散文、新闻
C^3	11.9k	3.8k	3.9k	multiple-choice, free-form	acc.	混合体裁

显然，GLUE 和 CLUE 都无法直接用于古文预训练模型，而古文语言理解测评基准（Classical Chinese Language Understanding Evaluation，CCLUE），如表 6-11 所示，在数据集丰富性、任务代表性、测试权威性等方面都存在一些问题。

表 6-11 CCLUE 任务表

任务名	缩写	训练集	开发集	测试集	任务类型	指标
断句和标点	S&P	26 935	4 075	3 992	序列标注	F1
命名实体识别	NER	2 566	281	327	序列标注	F1
古文分类	CLS	160 000	20 000	20 000	文本分类	Acc
古诗情感分类	SENT	16 000	2 000	2 000	文本分类	Acc
文白检索[①]	RETR	—	—	10 000	文本检索	Acc

预训练模型比较可以从词表入手，以 BERT 模型为例，作为 ALM，词表决定了模型的编码范围。使用 vocab_statistics.py 统计模型的 vocab.txt 文件，结果如表 6-12 所示。

表 6-12 预训练模型词表对照表（一）

	bert-base-chinese	guwenbert-base	sikubert	roberta-classical-chinese-base-char	bert-ancient-base	bert-ancient-chinese
基本集	7 321	16 737	15 984	19 656	13 712	19 799
扩展 A 集	1	232	1	259	1	57
扩展 B 集	0	235	0	244	0	2
扩展 C 集	0	333	0	334	0	0
扩展 D 集	0	43	0	45	0	0
扩展 E 集	0	96	0	101	0	0
扩展 F 集	0	0	0	0	0	0
扩展 G 集	0	0	0	2	0	0
扩展 H 集	0	0	0	0	0	0
兼容集	0	22	0	83	0	14
兼容补集	0	0	0	0	0	0
CJK 文字合计	7 322	17 698	15 985	20 724	13 713	19 872
专用区	0	4 514	0	4 514	0	4 199
专用区增补 A	0	0	0	0	0	0

[①] 依据数据集推断，应为古文今译，即古代汉语转换为现代汉语。

（续表）

	bert-base-chinese	guwenbert-base	sikubert	roberta-classical-chinese-base-char	bert-ancient-base	bert-ancient-chinese
专用区增补B	0	54	0	54	0	0
自定义编码合计	0	4 568	0	4 568	0	4 199
其他单字符	678	1 021	678	1 021	682	1 009
字词及其他字符	13 130	5	13 128	5	13 128	13 128
合计	21 130	23 292	29 791	26 318	27 523	38 208

sikubert、bert-ancient-base 和 bert-ancient-chinese 都是在 bert-base-chinese 词表的基础上进行扩展的，而 guwenbert-base 和 roberta-classical-chinese-base-char 使用了重新构建的词表，除汉字和符号外，仅保留了"[CLS]""[PAD]""[SEP]""[UNK]"和"[MASK]"。

《数字人文教程：Python 自然语言处理》中提到，互联网已开源的古文预训练模型有 GuwenBERT（适用于简体）、Roberta-classical-chinese-base-char（简繁均可）、SikuBERT（适用于繁体）[①]。采用 vocab_statistics.py 可以分析 vocab.txt 文件中通用规范简化字（GSCC8 105_S2 546.txt）和与之对应的繁体字（GSCC8 105_T2 563.txt）的使用情况，如表 6-13 所示。

表 6-13 预训练模型词表对照表（二）

	bert-base-chinese	guwenbert-base	sikubert	roberta-classical-chinese-base-char	bert-ancient-base	bert-ancient-chinese
规范简化字	1 625	2 525	1 650	2 541	2 227	1 627
通用繁体字	1 449	11	2 386	2 545	1 450	2 540

bert-base-chinese 的词表同时支持简化字和繁体字，sikubert 和 bert-ancient-chinese 主要在繁体字方向上进行强化，而 bert-ancient-base 主要在简

---

① 王东波. 数字人文教程:Python 自然语言处理［M］. 南京：南京大学出版社，2022.

化字方向上进行强化；guwenbert-base 未使用 chinese-roberta-wwm-ext 词表，主要向简化字方向强化，而 roberta-classical-chinese-base-char 以 guwenbert-base 为基础，主要向繁体字方向强化。通过词表分析，可以大致了解模型的特点；若要得到更为准确的结论，还需要进一步测试。

BERT 模型预训练包含 MLM 和 NSP 两个任务，考虑到模型的预训练语料和具体应用场景，以及与 RoBERTa（A Robustly Optimized BERT）模型测试的兼容性，可以依据 MLM 任务正确率比较古文预训练模型性能。基于方志语料（fz.jsonl，古代汉语，无标点）、《三国演义》文本（sanguo_dp2.jsonl，古代汉语，简体，有标点）、icwb2 文本（icwb2_cityu.jsonl，现代汉语，繁体，有标点）和人民日报标注语料库（people_daily_1 998.jsonl，现代汉语，简体，有标点），使用 model_test_MLM_data_generate.py 生成数据集 model_test_data.jsonl（如例 6-3 所示）、model_test_data2.jsonl（如例 6-4 所示）、model_test_data3.jsonl（如例 6-5 所示）等。

【例 6-3】

{"id": 0, "text": "多文雅士隋志自古言 [MASK] 俠者皆出幽并然涿 [MASK] 太原自前代以来多文雅之士", "mask_ids": [9, 18], "mask_text": ["勇", "郡"]}

【例 6-4】

{"id": 1, "text": "话说天下大势分久必合合久必分周末七国分争并入于秦及秦灭之 [MASK] 楚汉分争又并入于汉汉朝自高 [MASK] 斩白蛇而起义一统天下后来光 [MASK] 中兴传至献帝遂分为三国推其致 [MASK] 之由殆始于桓灵二帝桓帝禁锢 [MASK] 类崇信宦官及桓帝崩灵帝即位 [MASK] 将军窦武太傅陈蕃共相辅佐时 [MASK] 宦官曹节等弄权窦武陈蕃谋诛 [MASK] 机事不密反为所害中涓自此愈横", "mask_ids": [28, 42, 56, 71, 85, 99, 113, 127], "mask_text": ["后""祖""武""乱""善""大""有""之"]}

【例6-5】

{"id": 2, "text": "而泛民主派在30席[MASK]選中亦只能取得18[MASK]，比選前預期的20席少；", "mask_ids": [9, 19], "mask_text": ["普","席"]}

使用model_test_MLM.py统计MLM任务的正确率，结果如表6-14所示，model_test_data.jsonl（古代汉语，无标点），bert-ancient-chinese性能最好；model_test_data2.jsonl为古汉语（古代汉语，简体，有标点），bert-ancient-base性能最好；model_test_data3.jsonl（现代汉语，繁体，有标点），bert-base-chinese性能最好；model_test_data4.jsonl（现代汉语，有标点），bert-base-chinese性能最好。合并model_test_data.jsonl和model_test_data2.jsonl（古代汉语，简繁体混合，部分有标点），bert-ancient-chinese性能最好。

表6-14 预训练模型MLM任务正确率对照表（一）

	bert-base-chinese	sikubert	bert-ancient-base	bert-ancient-chinese	chinese-roberta-wwm-ext	guwenbert-base	sikuroberta	roberta-classical-chinese-base-char
model_test_data.jsonl	16.07%	47.10%	23.69%	52.81%	10.09%	27.85%	52.07%	47.48%
model_test_data2.jsonl	8.40%	3.82%	57.45%	36.14%	7.12%	11.69%	3.54%	10.75%
model_test_data3.jsonl	69.36%	20.38%	17.10%	42.24%	64.90%	12.10%	14.45%	24.48%
model_test_data4.jsonl	58.10%	17.92%	50.73%	29.42%	55.91%	24.43%	12.29%	20.78%

（续表）

	bert-base-chinese	sikubert	bert-ancient-base	bert-ancient-chinese	chinese-roberta-wwm-ext	guwenbert-base	sikuroberta	roberta-classical-chinese-base-char
model_test_data.jsonl+model_test_data2.jsonl	13.17%	30.72%	36.46%	46.50%	8.97%	21.74%	33.71%	33.58%

参考《〈古代汉语〉课程中的"简—繁"转换难点解析》[①]，结合 guwenbertvocab.txt 的特点，构建 guwenbert_s2t.jsonl，使用 model_vocab_char_change.py 将 vocab.txt 中的简化字替换为繁体字，模型其他文件保持不变，重新命名为 guwenbert-base-t。基于 model_test_data.jsonl 语料，使用 model_test_MLM.py 统计 MLM 任务的正确率，结果为 54.25%，优于表 6-14 中所有模型。

6.2.2 准确率与 F1 值

《古籍资源的数字化与智能化开发利用》中提到，"吾与点"古文智能处理系统，在先秦到明清的各类文本上，自动标点、专名识别和自动分词的准确率达到 95% 左右[②]。《SikuBERT 与 SikuRoBERTa：面向数字人文的〈四库全书〉预训练模型构建及应用研究》中使用《左传》语料（繁体），基于古文自动分词、断句标点、词性标注和命名实体识别任务，比较 SikuBERT、SikuRoBERTa 和其他三种基线模型（BERT-base-chinese、chineseRoBERTa-wwm-ext、guwenBERT-base），结果如表 6-15 所示。分词、词性标注、断句本质上都是 NER 任务。《面向〈方志物产〉的自动断句深度学习模型构建研究》将 SikuBERT 预训练模型迁移到《方志物产》数据中，完成了在不同数据集上的古汉语自动断句实验，实验最优 F 值为 77.23%，比基础的 BERT 模型断

---

① 李爱国.《古代汉语》课程中的"简—繁"转换难点解析[J]. 湖北科技学院学报，2014（2）：89-91.
② 王军. 古籍资源的数字化与智能化开发利用[J]. 文献，2023（2）：188-190.

句效果高出 10.3%[①]。

表 6-15 预训练模型性能对照表[②]

		bert-base-chinese	sikubert	guwenbert-base	chinese-roberta-wwm-ext	sikuroberta
分词	精确率	86.99%	88.62%	46.11%	80.90%	88.48%
	F1 值	87.56%	88.84%	50.86%	82.79%	88.88%
词性标注	精确率	89.51%	89.89%	73.31%	86.70%	89.74%
	F1 值	89.73%	90.10%	74.82%	87.50%	90.06%
断句	精确率	78.77%	87.38%	46.35%	66.71%	86.81%
	F1 值	78.70%	87.53%	28.32%	66.38%	86.91%
命名实体识别	精确率	86.99%	88.62%	46.11%	80.90%	88.48%
	F1 值	87.56%	88.84%	50.86%	82.79%	88.88%

上述研究既未公布数据集，也未说明下游任务模型、训练超参数等信息，导致该研究无法被复现。本书选择题名分类和专名识别两个任务，具体说明如下。

（1）题名分类。在 BERT 文件夹下，config.py 中设置数据集路径为 D:/mybook/dataset/CSV/gjzm，训练集为 train.csv，验证集为 validation.csv，下游任务模型为 Bert_classification3，输出字向量维度为 768，设置 BATCH_SIZE 为 32，EPOCH 为 10，LR 为 5e-4，DROPOUT 为 0.5，结果如表 6-16 所示。若使用预训练模型 guwenbert-base-t，准确率为 77.69%，F1 值为 77.35%。

[①] 王东波，陆昊翔，彭运海，等.面向《方志物产》的自动断句深度学习模型构建研究[J].中国科技史杂志，2022（2）：192-203.
[②] 王东波，刘畅，朱子赫，等.SikuBERT 与 SikuRoBERTa：面向数字人文的《四库全书》预训练模型构建及应用研究[J].图书馆论坛，2022（6）：31-43.

表 6-16　预训练模型性能对照表（二）

	验证集	bert-base-chinese	sikubert	bert-ancient-base	bert-ancient-chinese	chinese-roberta-wwm-ext	guwenbert-base	sikuroberta	roberta-classical-chinese-base-char
题名分类	准确率	81.96%	86.19%	77.97%	83.75%	81.14%	66.09%	85.02%	79.00%
	F1 值	81.09%	85.25%	77.00%	83.29%	80.82%	64.63%	84.68%	78.75%
专名识别	准确率	94.49%	95.57%	93.07%	95.82%	93.80%	90.22%	96.20%	94.37%
	F1 值	81.71%	82.68%	77.69%	89.68%	80.06%	49.06%	90.92%	76.11%

（2）专名识别，在 BERT+BiLSTM+CRF 文件夹下，config.py 中设置训练集为 D:/mybook/dataset/JSONL/fz_v_1/train.jsonl，验证集为 D:/mybook/dataset/JSONL/fz_v_1/validation.jsonl，输出字向量维度为 768，设置 BATCH_SIZE 为 16，EPOCH 为 10，LR 为 5e-4，文本最大长度为 500，结果如表 6-16 所示。若使用预训练模型 guwenbert-base-t，准确率为 94.18%，F1 值为 77.01%。

比较表 6-14 与表 6-16，预训练模型的编码性能与下游任务的准确率、F1 值密切相关，但是受语料、任务特性等影响，两者并不完全一致。语料为古汉语（无标点），分类任务，guwenbert-base-t[①] 的准确率比 guwenbert-base 高 11.6%，F1 值高 12.72%；NER 任务，guwenbert-base-t 的准确率比 guwenbert-base 高 3.96%，F1 值高 27.95%。

任务的准确率和 F1 值不一定能反映真实的正确率，仍以标点任务为例，语料为《三国演义》（简体、标点本），使用 Bert+BiLSTM+CRF 模型，标注方式一的准确率为 93.68%，F1 值为 23.93%，而真实正确率仅为 69.78%；标注方式二的点号准确率为 73.35%，F1 值为 53.02%，双引号准确率为 93.68%，F1 值为 95.97%，而真实正确率仅为 71.43%。在应用领域，起决定作用的是真实正确率。

---

① 基于 guwenbert_s2t.jsonl，将 guwenbert-base 的 vocab.txt 中的简化字替换为繁体字，模型其他文件保持不变。

在本书的第 4 章和第 5 章中,预训练模型使用 bert-base-chinese,且不对预训练模型进行微调;若替换为古文预训练模型,结果如表 6-16 所示;若在此基础上进行微调,能获得更高的准确率和 F1 值。但是,若应用在真实场景中,受诸多因素的限制,几乎不可能为每一种古籍的每一个任务训练一个模型,也就不可能获得理想的准确率和 F1 值。

6.2.3 模型使用

顾磊等在《古籍数字化标注资源建设的意义及其现状分析》中将古籍数字资源标注定义为对古籍电子文本标注语言学符号,可分为古汉语分词与词性标注、古汉语句法标注和古汉语语义标注,如图 6-8 所示[①]。这是从语言学的角度将古籍文本标注划分为三个阶段。

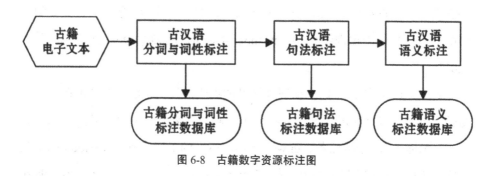

图 6-8 古籍数字资源标注图

"吾与点"古籍自动整理系统要先运行"自动标点/句读"或输入有标点的文本,再运行"自动分词"或"专名识别",如图 6-9 所示。若直接运行"自动分词"或"专名识别",系统会弹出"请您上传/黏贴带标点的文本或先执行'自动标点/句读'"。在页面提示"建议≤800 字/次",若输入超过 500 字,系统会弹出"预测文本字段请控制在 10～500 字数"。

---

① 顾磊,赵阳. 古籍数字化标注资源建设的意义及其现状分析[J]. 图书馆学研究,2016(4):49-52.

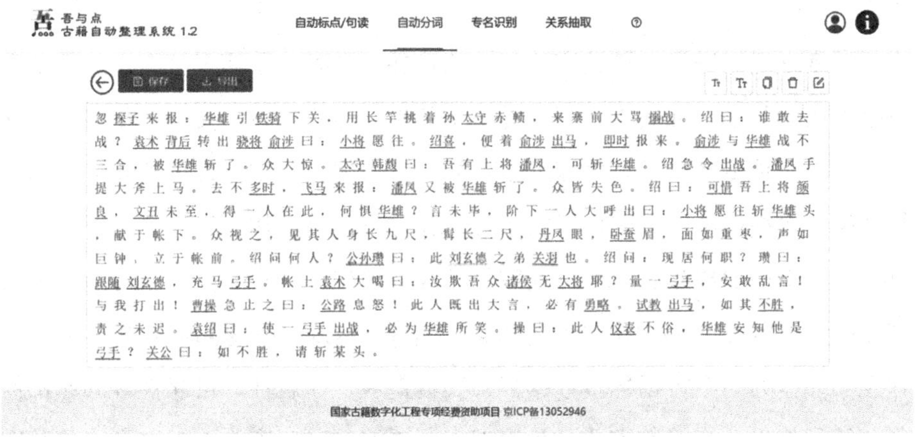

图6-9 "吾与点"古籍自动整理系统截图

从中文自然语言处理的流程来看，文本由段落组成，段落由句子组成，文本进行分词处理，并依据任务需求确定是否进行词性标注。若将上述流程直接套用在古籍原本上，首先要进行分段处理，之后进行标点，最后进行分词和词性标注（非必需）。

我们立足古籍数字化领域，要用深度学习技术来解决实际问题，没有必要生搬硬套其他学科或领域的理念与方法。本书包含了两类共四个任务，内容分类和专名识别使用古籍原本碎片数据，题名分类使用书目数据，句读标点使用古籍标点本数据，每个任务相互独立，未设置前置条件。BERT模型支持字编码，四个任务都没有进行切词处理。除句读标点任务外，其他三个任务的语料均无标点。

对深度学习而言，分词、词性标注、断句标点、专名识别等都是NER任务，即使使用相同的模型，用不同的数据集进行训练，也可以达到某一性能指标，如准确率、精确率、召回率、F1值等。以断句标点为例，若断句的标签集为{（。）}，句读的标签集为{（，），（。）}，标点的标签集为{（，），（。），（？），（！），（：），（；），（、）}，使用相同模型和数据集，性能指标的差距显而易见。若要解决实际问题，标签集中要包含更多的标点符号，详见附录1，也势必需要新的方法，这些针对实际问题的方法应作为下一步研究的重点。

深度学习促进了古籍数字化领域的发展,同时也暴露了已有古籍数字化成果的诸多问题,如底本选择、异体字处理、版式描述、文本数据格式、文字正确率、重复建设等。对深度学习而言,数据集的重要性毋庸置疑,而古籍数据的短板已经严重阻碍了古籍数字化的发展。使用《四库全书》语料训练古文预训练的模型,从数据获取的角度考虑似乎没什么问题;但是如果从文献的角度考虑,《四库全书》的编纂、选目、窜改等问题都基本有定论,《四库全书》作为一个古籍样本数据集,其覆盖性、代表性、可靠性等问题都值得商榷;如果从古籍数字化的角度考虑,文渊阁《四库全书》电子本的数字化率、文字正确率、集外字处理等方面都存在问题,更不必说简单粗暴的繁转简、直接去掉双行小字等。

论及古籍数字化未来的发展,部分研究者言必提政策扶持、资金投入、人才培养、共建共享等,但是已发布的研究成果中包含代码和数据集的少之又少,使得研究成果无法验证,更不可能复用或推广。在 AI 时代,开源已是必然,愿每一位研究者,以更为坦诚、开放、包容的心态,共同推动古籍数字化的发展。

参考文献

[1] 伊恩·古德费洛，约书亚·本吉奥，亚伦·库维尔. 深度学习［M］. 赵申剑. 黎彧君，符天凡，李凯，译. 北京：人民邮电出版社，2017.

[2] 马格努斯·利·赫特兰. Python 基础教程［M］. 袁国忠，译. 3 版. 北京：人民邮电出版社，2018.

[3] 苏达哈尔桑·拉维昌迪兰. BERT 基础教程：Transformer 大模型实战［M］. 周参，译. 北京：人民邮电出版社，2023.

[4] 阿斯顿·张，扎卡里·C. 立顿，李沐，等. 动手学深度学习（PyTorch 版）［M］. 何孝霆，瑞潮儿·胡，译. 北京：人民邮电出版社，2023.

[5] 曹玲，薛春香. 农业历史文献数字化建设研究［M］. 芜湖：安徽师范大学出版社，2013.

[6] 曹之. 中国古籍版本学［M］. 武汉：武汉大学出版社，1992.

[7] 常娥. 古籍计算机自动校勘、自动编纂与自动注释研究［M］. 芜湖：安徽师范大学出版社，2013.

[8] 车万翔，郭江，崔一鸣. 自然语言处理：基于预训练模型的方法［M］. 北京：电子工业出版社，2021.

[9] 陈之炎. 自然语言处理之 BERT 模型算法、架构和案例实战［M］. 北京：中国铁道出版社，2023.

[10] 程千帆，徐有富. 校雠广义（版本篇）［M］. 济南：齐鲁书社出版社，1991.

[11] 管锡华. 古代标点符号发展史［M］. 成都：巴蜀书社，2002.

[12] 国务院古籍整理出版规划小组办公室. 古籍整理图书目录（1949—1991）［M］. 北京：中华书局，1992.

[13] 何晗. 自然语言处理入门［M］. 北京：人民邮电出版社，2019.

[14] 衡中青. 古籍计算机全文数据库及内容挖掘研究：以《方志物产·广东》为例［M］.

芜湖：安徽师范大学出版社，2013．

［15］黄昌宁，李涓子．语料库语言学［M］．北京：商务印书馆，2002．

［16］黄建年．古籍计算机自动断句标点与自动分词标引研究［M］．芜湖：安徽师范大学出版社，2013．

［17］黄永年．古籍整理概论［M］．上海：上海书店出版社，2001．

［18］蒋贤春，翟喜奎．中文文献全文版式还原与全文输入XML规范和应用指南［M］．北京：国家图书馆出版社，2010．

［19］教育部语言文字信息管理司．语言文字规范标准［M］．北京：商务印书馆，2017．

［20］靳新，谢进军．XML基础教程［M］．北京：清华大学出版社，2016．

［21］李波．史记字频研究［M］．北京：语文出版社，2006．

［22］李福林．HuggingFace自然语言处理详解：基于BERT中文模型的任务实战［M］．北京：清华大学出版社，2023．

［23］李金洪．基于BERT模型的自然语言处理实战［M］．北京：电子工业出版社，2021．

［24］刘竟．古籍计算机信息门户自动构建与应用［M］．芜湖：安徽师范大学出版社，2013．

［25］刘琳，吴洪泽．古籍整理学［M］．成都：四川大学出版社，2003．

［26］刘琼．ChatGPT：AI革命［M］．北京：华龄出版社，2023．

［27］刘树春，贺盼，马建奇，等．深度实践OCR：基于深度学习的文字识别［M］．北京：机械工业出版社，2020．

［28］马蓉，陈抗，钟文，等．永乐大典方志辑佚［M］．北京：中华书局，2004．

［29］毛建军．古籍数字化理论与实践［M］．北京：航空工业出版社，2009．

［30］欧阳剑．数字人文视域下的古籍开发与应用模式研究［M］．北京：中国社会科学出版社，2022．

［31］皮佑国．计算机无字库智能造字：汉字也可以这样计算机信息化［M］．北京：国防工业出版社，2013．

［32］任明．数字人文领域知识图谱构建方法与实践［M］．北京：中国人民大学出版社，2022．

［33］邵浩，刘一烽．预训练语言模型［M］．北京：电子工业出版社，2021．

［34］沈澍农．中医古籍用字研究［M］．北京：学苑出版社，2007．

［35］王东波．数字人文教程：Python自然语言处理［M］．南京：南京大学出版社，2022．

［36］王荟，肖禹．地方志数字化模式与案例分析［M］．北京：国家图书馆出版社，2012．

［37］王荟，肖禹．汉语文古籍全文文本化研究［M］．北京：国家图书馆出版社，2012．

［38］王立清．中文古籍数字化研究［M］．北京：国家图书馆出版社，2011．

［39］王宁.《通用规范汉字表》解读［M］.北京：商务印书馆，2013.

［40］王雅戈. 古籍计算机自动索引研究：以民国农业文献自动索引为例［M］. 芜湖：安徽师范大学出版社，2013.

［41］吴茂贵，王红星. 深入浅出 Embedding［M］. 北京：机械工业出版社，2021.

［42］肖禹．IDS 与集外字处理方法研究［M］. 上海：上海远东出版社，2017.

［43］肖禹．古籍文本数据格式比较研究［M］. 上海：上海远东出版社，2017.

［44］杨牧之. 新中国古籍整理图书总目录［M］. 长沙：岳麓书社，2007.

［45］杨永德，杨宁. 中国古代书籍装帧［M］. 北京：人民美术出版社，2008.

［46］张琪玉. 图书内容索引编制法——写作和编辑参考手册［M］. 北京：化学工业出版社，2006.

［47］张毅. 地方志文献特性与数据抽取研究［M］. 上海：上海远东出版社，2018.

［48］张轴材. 古籍汉字字频率统计［M］. 北京：商务印书馆，2008.

［49］郑林曦. 精简汉字字数的理论和实践［M］. 北京：中国社会科学出版社，1982.

［50］中国古籍总目编纂委员会. 中国古籍总目·丛书部［M］. 北京：中华书局，2009.

［51］中国古籍总目编纂委员会. 中国古籍总目·集部［M］. 上海：上海古籍出版社，2012.

［52］中国古籍总目编纂委员会. 中国古籍总目·经部［M］. 北京：中华书局，2012.

［53］中国古籍总目编纂委员会. 中国古籍总目·史部［M］. 北京：中华书局，2009.

［54］中国古籍总目编纂委员会. 中国古籍总目·子部［M］. 上海：上海古籍出版社，2010.

［55］中国国家图书馆. 汉语文古籍机读目录格式使用手册［M］. 北京：北京图书馆出版社，2001.

［56］朱保炯，谢沛霖. 明清进士题名碑录索引［M］. 上海：上海古籍出版社，1980.

［57］曹玲. 农业古籍数字化整理研究［D］. 南京：南京农业大学，2006.

［58］曹子莹. 基于 BERT-BLSTM-CRF 模型的中文命名实体识别研究［D］. 安庆：安庆师范大学，2020.

［59］曾勇. 基于 BiLSTM-CRF 模型的中文命名实体识别研究与实现［D］. 南昌：江西财经大学，2020.

［60］常娥. 古籍智能处理技术研究——农业古籍自动编辑和自动校勘的研究［D］. 南京：南京农业大学，2007.

［61］陈诚. 论古典文献数字化［D］. 苏州：苏州大学，2004.

［62］陈国庆. 数字技术在古籍整理中的运用初编［D］. 兰州：兰州大学，2008.

［63］陈小阳. 基于图卷积神经网络与 BERT 的知识图谱补全技术研究［D］. 重庆：重庆邮电大学，2022.

［64］陈漳尧. 基于 Bert 与 Bi-LSTM 的图书功用分类研究［D］. 武汉：华中师范大学，2022.

［65］程宁. 基于深度学习的古籍文本断句与词法分析一体化处理技术研究［D］. 南京：

南京师范大学，2020.
[66] 代劲. 基于 BERT 的学术论文分类研究 [D]. 北京：中国石油大学，2021.
[67] 何婷婷. 语料库研究 [D]. 武汉：华中师范大学，2003.
[68] 黄瀚萱. 以序列标记方法解决古汉语断句问题 [D]. 新竹：台湾交通大学，2008.
[69] 黄子恒. 基于 Transformer 的命名实体识别方法及应用研究 [D]. 重庆：重庆邮电大学，2021.
[70] 计峰. 自然语言处理中序列标注模型的研究 [D]. 上海：复旦大学，2012.
[71] 贾丙静. 基于表示学习的实体识别和链接关键技术研究 [D]. 北京：北京邮电大学，2021.
[72] 孔祥鹏. 基于 BERT-IDCNN-CRF 的中文命名实体识别研究 [D]. 乌鲁木齐：新疆大学，2020.
[73] 蓝永. 论古籍整理的新方式 [D]. 济南：山东大学，2007.
[74] 李成名. 基于深度学习的古籍词法分析研究 [D]. 南京：南京师范大学，2018.
[75] 刘博. 基于《文渊阁〈四库全书〉电子版》分析的我国古籍数字化问题与对策研究 [D]. 郑州：郑州大学，2006.
[76] 刘爽. 基于《简化字总表》"非对称"繁简字的转换问题研究 [D]. 宜昌：三峡大学，2019.
[77] 刘绪兴. 基于深度学习的古文字识别研究 [D]. 重庆：西南大学，2022.
[78] 刘英. OCR 技术在简牍图像数字化中的应用 [D]. 成都：成都理工大学，2007.
[79] 吕子颖. 古文命名实体识别的研究与实现 [D]. 大连：大连理工大学，2020.
[80] 毛建军. 古籍数字化理论研究 [D]. 南京：南京大学，2008.
[81] 潘倩. 基于 BERT 模型的文本摘要方法研究 [D]. 南京：南京信息工程大学，2021.
[82] 裴伟娜.《简化字总表》中简化字的简化方法及其溯源研究 [D]. 新乡：河南师范大学，2012.
[83] 齐霄鹏. ISO 10646 楷书汉字异体字整理 [D]. 保定：河北大学，2013.
[84] 邱启弘. 基于 BiLSTM-CRF 的命名实体识别 [D]. 武汉：华中科技大学，2020.
[85] 宋冠仪. 基于 BERT 的多任务文本分析研究 [D]. 济南：山东大学，2021.
[86] 宋静. 王祯《农书》的数字化研究 [D]. 南京：南京农业大学，2008.
[87] 佟以轩. 基于 Transformer 和 BERT 模型的中文文本情感分析的研究 [D]. 兰州：兰州理工大学，2021.
[88] 王冠中. 中文古籍数字化成果与展望 [D]. 长春：东北师范大学，2005.
[89] 王金平. 基于古诗词的主题情感分析的研究与实现 [D]. 南昌：南昌大学，2021.
[90] 王米娜. 基于《汉语大字典》(第二版) 的全同异体字字库建设与检索系统开发 [D]. 武汉：华中科技大学，2017.
[91] 王瑶. 古籍文本的自动断句与标点研究 [D]. 南京：南京邮电大学，2022.

［92］王朱君．基于 BERT 预训练的事件抽取方法研究［D］．扬州：扬州大学，2021．

［93］魏一．古汉语自动句读与分词研究［D］．北京：北京大学，2020．

［94］魏泽阳．基于 BERT 的中文文本情感分析研究［D］．西安：西安电子科技大学，2022．

［95］肖炎明．改革开放新时期古籍整理论析［D］．新乡：河南师范大学，2016．

［96］谢韬．基于古文学的命名实体识别的研究与实现［D］．北京：北京邮电大学，2018．

［97］杨敬闻．基于 XLNet 与字词融合编码的中文命名实体识别研究［D］．长春：吉林大学，2020．

［98］杨倩．基于深度学习的中文命名实体识别算法研究［D］．南京：南京邮电大学，2021．

［99］姚菲．《简化字总表》所收简化字研究［D］．青岛：青岛大学，2018．

［100］袁孟．基于深度学习的中文命名实体识别研究［D］．成都：电子科技大学，2021．

［101］张超华．基于标注模式与字词融合的中文命名实体识别研究［D］．杭州：浙江科技学院，2021．

［102］张继茹．基于多主题分类与命名实体识别的关联规则挖掘研究［D］．重庆：重庆理工大学，2022．

［103］张睿东．基于 BERT 和知识蒸馏的自然语言理解研究［D］．南京：南京大学，2020．

［104］张伟娜．中医古籍图像文献的自由标引方法研究［D］．北京：中国中医科学院，2008．

［105］张馨怡．基于 TextCNN 的古典诗词爱国情怀研究［D］．上海：上海师范大学，2020．

［106］张鑫玉．基于 Bert-BiGRU-CNN 的文本情感分析［D］．西宁：青海师范大学，2022．

［107］张永平．基于深度学习的古诗词意境分析［D］．北京：北京交通大学，2022．

［108］章奇．基于 BERT 的意图识别与语义槽抽取算法研究［D］．杭州：杭州电子科技大学，2020．

［109］赵文丽．新闻出版行业标准碎片化标引研究与应用［D］．北京：北方工业大学，2017．

［110］庄百川．基于深度学习的古文自动断句与标点研究［D］．武汉：武汉邮电科学研究院，2022．

［111］俎小娜．基于全局仿射变换的分级动态汉字字库［D］．广州：华南理工大学，2008．

［112］Abadi M, Agarwal A, Barham P, et al. TensorFlow: Large-Scale Machine Learning on Heterogeneous Distributed Systems[J]. arXiv: Distributed, Parallel, and Cluster

Computing, 2015.

[113] Chung J, Gulcehre C, Cho K, et al. Gated Feedback Recurrent Neural Networks[J]. Computer Science, 2015: 2067-2075.

[114] Conneau A, Lample G. Cross-lingual language model pretraining[J]. Advances in neural information processing systems, 2019: 32.

[115] Graves A, Mohamed A R, Hinton G. Speech Recognition with Deep Recurrent Neural Networks[J]. Acoustics Speech & Signal Processing. icassp.international Conference on, 2013: 6645-6649.

[116] Gu J, Wang Z, Kuen J, et al. Recent advances in convolutional neural networks[J]. Pattern Recognition, 2018, 77: 354-377.

[117] Han X, Wang H, Zhang S. Sentence Segmentation for classical Chinese based on LSTM with radical embedding[J]. The Journal of China Universities of Posts and Telecommunications, 2019, 26(2): 1-8.

[118] Hchreiter S, Schmidhuber J. Long short-term memory[J]. Neural computation, 1997, 9(8): 1735-1780.

[119] Hong Bin W, Hai BingW, Jian YI G, et al. Ancient Chinese Sentence Segmentation Based on Bidirectional LSTM + CRF Model[J]. Journal of Advanced Computational Intelligence and Intelligent Informatics, 2019, 23 (04): 719-725.

[120] Jin Y, Xie J, Guo W, et al. LSTM-CRF Neural Network With Gated Self Attention for Chinese NER[J]. IEEE Access, 2019, 7: 136694-136703.

[121] Lafferty J,Mccallum A,Pereira F C N.Conditional Random Fields:Probabilistic Models for Segmenting and Labeling Sequence Data[J].proceedings of icml,2002.

[122] Li S, Li M, Xu Y, et al. Capsules Based Chinese Word Segmentation for Ancient Chinese Medical Books[J].IEEE Access,2018,(06): 70874-70883.

[123] Luo L, Yang Z, Yang P, et al. An Attention-Based BiLSTM-CRF Approach to Document-Level Chemical Named Entity Recognition[J]. Bioinformatics, 2018, 34(8): 1381-1388.

[124] Pennington J, Socher R, Manning C. Glove: Global Vectors for Word Representation[C] Proceedings of the 2014 Conference on Empirical Methods in Natural Language Processing (EMNLP), 2014.

[125] Pett K V, Viau V, Bittencourt J C, et al. Distribution of mRNAs Encoding CRF Receptors in Brain and Pituitary of Rat and Mouse.[J]. Journal of Comparative Neurology, 2015, 428(2): 191-212.

[126] Qin T, Liu T Y, Zhang X D, et al. Global Ranking Using Continuous Conditional Random Fields[J]. Advances in neural information processing systems, 2008, 21: 1281-1288.

[127] Radford A, Wu J, Child R, et al. Language models are unsupervised multitask learners[J]. OpenAI blog, 2019, 1(8): 9.

[128] Si C, Chen W, Wang W, et al. An Attention Enhanced Graph Convolutional Lstm Network for Skeleton-Based Action Recognition[C]. Proceedings of the IEEE conference on computer vision and pattern recognition. USA: IEEE, 2019: 1227-1236.

[129] Vaswani A, Shazeer N, Parmar N, et al. Attention is all you need[J]. Neural Information Processing Systems, 2017 : 5998-6008.

[130] Wang A , Singh A , Michael J ,et al.GLUE: A Multi-Task Benchmark and Analysis Platform for Natural Language Understanding[J].2018.DOI:10.18653/v1/W18-5446.

[131] Wang B, Shi X, Tan Z, et al. A sentence segmentation method for ancient Chinese texts based on NNLM[C]//Proceedings of the Chinese Lexical Semantics. Singapore, 2016: 387-396.

[132] Wang Y, Xia B, Liu Z, et al. Named Entity Recognition for Chinese Telecommunications Field Based on Char2Vec and Bi-LSTMs[C]. 2017 12th International Conference on Intelligent Systems and Knowledge Engineering (ISKE). USA: IEEE, 2017: 1-7.

[133] Wei H, Gao M, Zhou A, et al. Named Entity Recognition from Biomedical Texts Using A Fusion Attention-Based BiLSTM-CRF[J]. IEEE Access, 2019, 7: 73627-73636.

[134] Wu Y, Jiang M, Lei J, et al. Named Entity Recognition in Chinese Clinical Text Using Deep Neural Network[J]. Studies in health technology and informatics, 2015, 216: 624.

[135] Xu M, Zhang X, Guo L. Jointly Detecting and Extracting Social Events from Twitter using Gated BiLSTM-CRF[J]. IEEE Access, 2019, 7: 1-1.

[136] Zhang W J, Zhang H M, Yang L, et al. Multi-granular Chinese Word Segmentation Based on Lattice-LSTM[J].Journal of Chinese Information Processing, 2019, 33(1): 18-24.

[137] Zhang Y, Yang J. Chinese ner using lattice lstm[J]. arXiv preprint arXiv: 1805.02023, 2018.

[138] Zhao S, Cai Z P, Chen H W, et al. Adversarial training based lattice LSTM for Chinese clinical named entity recognition [J].Journal of Biomedical Informatics, 2019,99.

[139] Zhao Z, Chen W, Wu X, et al. LSTM network: A Deep Learning Approach for Short-Term Traffic Forecast[J]. IET Intelligent Transport Systems, 2017, 11(2): 68-75.

[140] 白振田，衡中青，侯汉清．地方志引书挖掘系统的设计与实现［J］．图书馆杂志，2008（8）：50-54.

[141] 鲍彤，罗瑞，郭婷，等．基于BERT字向量和TextCNN的农业问句分类模型分析［J］．南方农业学报，2022，53（07）：2068-2076.

[142] 曹晖．字符集与字符编码标准［J］．西北民族大学学报（自然科学版），2006（3）：36-42.

[143] 曾艳，侯汉清．古籍文本抽词研究［J］．图书情报工作，2008（1）：132-135.

[144] 陈东辉．二十世纪古籍索引编制概述［J］．文献，1998（2）：65-78.

[145] 陈洪澜．中国古籍电子化发展趋势及其问题［J］．中国典籍与文化，1998（4）：

121-126.

［146］陈力．中文古籍数字化的再思考［J］．国家图书馆学刊，2006（2）：42-49．

［147］陈天莹，陈蓉，潘璐璐，等．基于前后文 n-gram 模型的古汉语句子切分［J］．计算机工程，2007（3）：192-193．

［148］陈阳．中文古籍数字化的成果与存在问题［J］．出版科学，2003（4）：47-48．

［149］陈瑜．中文古籍数字化与知识遮蔽［J］．大学图书情报学刊，2015（1）：71-74．

［150］程宁，李斌，葛四嘉，等．基于 BiLSTM-CRF 的古汉语自动断句与词法分析一体化研究［J］．中文信息学报，2020（4）：1-9．

［151］崔丹丹，刘秀磊，陈若愚，等．基于 Lattice LSTM 的古汉语命名实体识别［J］．计算机科学，2020（z2）：18-22．

［152］邓三鸿，胡昊天，王昊，等．古文自动处理研究现状与新时代发展趋势展望［J］．科技情报研究，2021（1）：1-20．

［153］邓依依，邬昌兴，魏永丰，等．基于深度学习的命名实体识别综述［J］．中文信息学报，2021（9）：30-45．

［154］段泽勇，李弘毅．古籍数字化的回顾与展望［J］．图书馆理论与实践，2004（2）：37-39．

［155］高娟，刘家真．中国大陆地区古籍数字化问题及对策［J］．中国图书馆学报，2013（4）：110-119．

［156］葛怀东．论古籍数字化标准体系建设［J］．图书馆学刊，2013（1）：47-49．

［157］宫爱东．新世纪图书馆古籍数字化的几个问题［J］．图书馆学刊，2000（1）：18-20．

［158］顾磊，赵阳．古籍数字化标注资源建设的意义及其现状分析［J］．图书馆学研究，2016（4）：49-52．

［159］管锡华．古代标点符号发展史论纲［J］．古汉语研究，1997（2）：59-64．

［160］郭金龙，许鑫．数字人文中的文本挖掘研究［J］．大学图书馆学报，2012（3）：11-18．

［161］郭小武．电子文本的简繁转换——关于简体古籍逆向工程的实验报告［J］．语言文字应用，2000（4）：79-86．

［162］韩锡铎．关于古籍分类法问题［J］．江苏图书馆学报，2001（4）：42-45．

［163］郝艳华．中国古代典籍著录的发展［J］．图书馆理论与实践，2006（2）：106-108．

［164］何朝晖．试论中国传统雕版书籍的印数及相关问题［J］．浙江大学学报（人文社会科学版），2010（1）：18-30．

［165］贺科伟．我国古籍数字化标准体系建设刍议［J］．科技与出版，2011（8）：76-79．

［166］胡昊天，张逸勤，邓三鸿，等．面向数字人文的《四库全书》子部自动分类研究——以 SikuBERT 和 SikuRoBERTa 预训练模型为例［J］．图书馆论坛，2022（12）：138-148．

［167］胡韧奋，李绅，诸雨辰. 基于深层语言模型的古汉语知识表示及自动断句研究［J］. 中文信息学报，2021（4）：8-15.

［168］胡壮麟. 多模态的碎片化时代［J］. 外语研究，2018（5）：1-6.

［169］化振红. 深加工中古汉语语料库建设的若干问题［J］. 西南大学学报（社会科学版），2014（3）：136-1142.

［170］黄建年，侯汉清. 基于GB/T22466-2008的古籍索引编制技术要点［J］. 图书馆建设，2011（6）：45-48.

［171］黄建年，侯汉清. 农业古籍断句标点模式研究［J］. 中文信息学报，2008（4）：31-38.

［172］黄水清，王东波，何琳. 基于先秦语料库的古汉语地名自动识别模型构建研究［J］. 图书情报工作，2015（12）：135-140.

［173］黄水清，王东波. 古文信息处理研究的现状及趋势［J］. 图书情报工作，2017（12）：43-49.

［174］黄威，王士香. 论古籍书名的类别属性与命名特征［J］. 山东图书馆学刊，2021（1）：98-104.

［175］黄威. 古籍书名的命名、涵义与指称［J］. 图书馆界，2021（4）：8-16.

［176］黄威. 中国古籍书名研究问题解析与理论构建［J］. 图书与情报，2011（2）：134-138.

［177］黄义侠. 50多年来我国古籍出版的质量问题［J］. 出版科学，2006（3）：50-53.

［178］李爱国.《古代汉语》课程中的"简—繁"转换难点解析［J］. 湖北科技学院学报，2014（2）：89-91.

［179］李国英，周晓文. 字料库建设的必要性与可行性［J］. 北京师范大学学报（社会科学版），2009（5）：48-53.

［180］李乐毅. 80%的简化字是"古已有之"的［J］. 语文建设，1996（8）：26-28.

［181］李林澳，夏南强. 2008—2017年我国典籍数字化研究综述［J］. 图书馆理论与实践，2019（11）：38-44.

［182］李明杰，张纤柯，陈梦石. 古籍数字化研究进展述评（2009—2019）［J］. 图书情报工作，2020（6）：130-137.

［183］李娜，包平. 面向数字人文的馆藏方志古籍地名自动识别模型构建［J］. 图书馆，2018（5）：67-73.

［184］李申.《四库全书》与《四部丛刊》版本优劣小议［J］. 社会科学战线，2005（4）：156-160.

［185］李文琦，王凤翔，孙显斌，等. 历代史志目录的数据集成与可视化［J］. 中国图书馆学报，2023（1）：82-98.

［186］李玉海. 面向数字图书馆的古籍数字化模型构建［J］. 图书馆学研究，2008（8）：24-26.

[187] 李运富. 论汉字数量的统计原则［J］. 辞书研究, 2001（1）：71-75.
[188] 李运富. 谈古籍电子版的保真原则和整理原则［J］. 古籍整理研究学刊, 2000（1）：1-7.
[189] 李致忠. "善本"浅论［J］. 文物, 1978（12）：69-73.
[190] 李筑宁. 关于古籍资源数字化建设中几个问题的探讨［J］. 图书情报工作, 2010（S1）：312-315.
[191] 廖涛, 勾艳杰, 张顺香. 融合注意力机制的 BERT-BiLSTM-CRF 中文命名实体识别［J］. 阜阳师范大学学报（自然科学版）, 2021（3）：86-91.
[192] 廖运春, 舒坚. 基于加权 Word2Vec 和 TextCNN 的新闻文本分类［J］. 长江信息通信, 2022（9）：33-35.
[193] 林立涛, 王东波. 古籍文本挖掘技术综述［J］. 科技情报研究, 2023（1）：78-90.
[194] 林颖, 程佳羽. 一种灵活可扩展的古籍数字对象的设计与实现［J］. 图书馆杂志, 2014（12）：56-60.
[195] 林元彪. 走出"文本语境"——"碎片化阅读"时代典籍翻译的若干问题思考［J］. 上海翻译, 2015（1）：20-26.
[196] 刘博. 大规模古籍数字化之汉字编码选择［J］. 科技情报开发与经济, 2006（5）：53-54.
[197] 刘畅, 王东波, 胡昊天, 等. 面向数字人文的融合外部特征的典籍自动分词研究——以 SikuBERT 预训练模型为例［J］. 图书馆论坛, 2022（6）：44-54.
[198] 刘春金, 吕瑛, 王劲松, 等. 中文古籍数字化现状分析［J］. 江西图书馆学刊, 2008（2）：112-113.
[199] 刘欢, 张智雄, 王宇飞. BERT 模型的主要优化改进方法研究综述［J］. 数据分析与知识发现, 2021（1）：3-15.
[200] 刘江峰, 冯钰童, 王东波, 等. 数字人文视域下 SikuBERT 增强的史籍实体识别研究［J］. 图书馆论坛, 2022（10）：61-72.
[201] 刘金荣. 论汉字的字体及其种类［J］. 绍兴文理学院学报, 1987（4）：77-82.
[202] 刘睿珩, 叶霞, 岳增营. 面向自然语言处理任务的预训练模型综述［J］. 计算机应用, 2021（5）：1236-1246.
[203] 刘炜. 上海图书馆古籍数字化的初步尝试［J］. 图书馆杂志, 1997（4）：33-34.
[204] 刘忠宝, 赵文娟. 古籍信息处理回顾与展望［J］. 大学图书馆学报, 2021（6）：38-47.
[205] 卢有泉. 新中国 60 年古籍整理与出版［J］. 编辑之友, 2009（10）：35-38.
[206] 马创新, 曲维光, 陈小荷. 中文古籍数字化的开发层次和发展趋势［J］. 图书馆, 2014（2）：104-106.
[207] 毛建军. 古籍数字化的概念与内涵［J］. 图书馆理论与实践, 2007（4）：82-84.
[208] 孟忻. 论"中华字库"工程——中华民族有史以来规模最大的汉字及少数民族文字

整理工作［J］．中国索引，2013（1）：43-44．

［209］牛红广．关于古籍数字化性质及开发的思考［J］．图书馆，2014（2）：107-108．

［210］欧阳剑．大规模古籍文本在中国史定量研究中的应用探索［J］．大学图书馆学报，2016（3）：5-15．

［211］潘德利．中国古籍数字化进程和展望［J］．图书情报工作，2002（7）：117-120．

［212］潘俊，李萌配，王贤明．应用深度学习的中文命名实体识别研究综述［J］．数字图书馆论坛，2023（5）：1-9．

［213］彭江岸．论古籍的数字化［J］．河南图书馆学刊，2000（2）：63-65．

［214］乔红霞．关于古籍全文数据库建设工作的思考［J］．河南图书馆学刊，2001（4）：58-60．

［215］秦长江．中国古籍数字化建设若干问题的思考［J］．兰台世界，2008（4）：12-13．

［216］邵霭吉．《通用规范汉字表》简化字统计与思考［J］．汉字文化，2017（16）：13-17．

［217］沈同平，俞磊，金力，等．基于BERT-BiLSTM-CRF模型的中文实体识别研究［J］．齐齐哈尔大学学报（自然科学版），2022（1）：26-32．

［218］史睿．论中国古籍的数字化与人文学术研究［J］．国家图书馆学刊，1999（2）：28-35．

［219］舒和新．古籍普查登记数据的审校与思考——以安徽省博物院、安庆市图书馆数据为样本［J］．山东图书馆学刊，2020（5）：63-68．

［220］宋继华，王宁，胡佳佳．基于语料库方法的数字化《说文》学研究环境的构建［J］．语言文字应用，2007（1）：132-138．

［221］苏祺，胡韧奋，诸雨辰，等．古籍数字化关键技术评述［J］．数字人文研究，2021（3）：83-88．

［222］孙文龙，张逸勤，王凡铭，等．面向数字人文的典籍语义词汇抽取研究——以SikuBERT预训练模型为例［J］．图书馆论坛，2022（10）：31-41．

［223］汤洁仪，李大军，刘波．基于BERT-BiLSTM-CRF模型的地理实体命名实体识别［J］．北京测绘，2023（2）：143-147．

［224］唐超华．谈古籍标点的著作权［J］．知识产权，2001（5）：45-46．

［225］童顺荣．古籍数字化相关问题的开放思考［J］．兰台世界，2009（18）：17-18．

［226］涂湘波．古籍文献数字化中的图书馆人文精神［J］．中国图书馆学报，2008（4）：103-105．

［227］王博立，史晓东，苏劲松．一种基于循环神经网络的古文断句方法［J］．北京大学学报（自然科学版），2017（2）：255-261．

［228］王东波，刘畅，朱子赫，等．SikuBERT与SikuRoBERTa：面向数字人文的《四库全书》预训练模型构建及应用研究［J］．图书馆论坛，2022（6）：31-43．

［229］王东波，陆昊翔，彭运海，等．面向《方志物产》的自动断句深度学习模型构建研

究［J］．中国科技史杂志，2022（2）：192-203．

［230］王晋卿．古籍索引简说［J］．图书馆，1982（3）：48-51．

［231］王军．古籍资源的数字化与智能化开发利用［J］．文献，2023（2）：188-190．

［232］王立军，王晓明，吴健．简繁对应关系与简繁转换［J］．中文信息学报，2013（4）：74-82．

［233］王倩，王东波，李斌，等．面向海量典籍文本的深度学习自动断句与标点平台构建研究［J］．数据分析与知识发现，2021（3）：25-34．

［234］王秋云．我国古籍数字化的研究现状及发展趋势分析［J］．图书馆学研究，2021（24）：9-14．

［235］王石峰．古籍版式的构成法则［J］．大众文艺，2013（11）：103-106．

［236］王先传，彭亮，郭伟，等．基于语料库的事件知识图谱构建与应用［J］．阜阳师范大学学报（自然科学版），2020（4）：56-60．

［237］王宪洪．数字化古籍及其对方志研究的影响［J］．中国地方志，2009（4）：34-38．

［238］王延开．古籍使用方案解析与古籍数字化发展方向的再思考［J］．南昌教育学院学报，2011（7）：31-33．

［239］王瑶，顾磊．基于BERT+BiLSTM+CRF模型与新预处理方法的古籍自动标点［J］．软件导刊，2022（9）：7-13．

［240］王颖洁，张程烨，白凤波，等．中文命名实体识别研究综述［J］．计算机科学与探索，2023（2）：324-341．

［241］王颖洁，朱久祺，汪祖民，等．自然语言处理在文本情感分析领域应用综述［J］．计算机应用，2022（4）：1011-1020．

［242］王远志，曹子莹．Bert-BLSTM-CRF模型的中文命名实体识别［J］．安庆师范大学学报（自然科学版），2021（1）：59-65．

［243］王致军．中国古籍插图版式源流考［J］．图书馆工作与研究，2002（6）：24-27．

［244］尉迟治平．电子古籍的异体字处理研究——以电子《广韵》为例［J］．语言研究，2007（3）：118-122．

［245］魏慧斌．基于XML的古籍信息标注［J］．汕头大学学报（人文社会科学版），2006（5）：49-52．

［246］吴格．《中国古籍总目》编纂述略［J］．中国索引，2010（2）：32-36．

［247］肖怀志．基于本体的历史年代知识元在古籍数字化中的应用——以《三国志》历史年代知识元的抽取、存储和表示为例［J］．图书情报知识，2005（3）：28-33．

［248］肖禹．地方志碎片数据研究［J］．文津学志，2019（1）：322-334．

［249］肖禹．古籍数字化中的集外字处理问题研究［J］．图书馆研究，2013（5）：27-30．

［250］肖禹．古籍索引数据应用研究［J］．新世纪图书馆，2017（5）：45-48．

［251］肖卓．CADAL项目与古籍整理［J］．图书与情报，2005（4）：82-84．

［252］谢靖，刘江峰，王东波．古代中国医学文献的命名实体识别研究——以Flat-lattice

增强的 SikuBERT 预训练模型为例［J］. 图书馆论坛, 2022（10）: 51-60.

［253］谢腾, 杨俊安, 刘辉. 基于 BERT-BiLSTM-CRF 模型的中文实体识别［J］. 计算机系统应用, 2020（7）: 48-55.

［254］徐晨飞, 叶海影, 包平. 基于深度学习的方志物产资料实体自动识别模型构建研究［J］. 数据分析与知识发现, 2020(8): 86-97.

［255］徐金铸. 中文古籍数字化建设理论问题浅论［J］. 齐齐哈尔大学学报（哲学社会科学版）, 2012（6）: 178-179.

［256］徐清, 王唯. 近十年古籍书目数据库建设研究概述［J］. 图书情报知识, 2006（5）: 37-41.

［257］徐瑞泰. "句读"标点在中国古籍文本中的演变线索［J］. 江苏教育学院学报（社会科学版）, 2008（6）: 67-70.

［258］徐润华, 陈小荷. 一种利用注疏的《左传》分词新方法［J］. 中文信息学报, 2012（2）: 13-17.

［259］徐润华, 王东波, 刘欢, 等. 面向古籍数字人文的《资治通鉴》自动摘要研究——以 SikuBERT 预训练模型为例［J］. 图书馆论坛, 2022（12）: 129-137.

［260］许也, 申柏希, 徐翔, 等. 基于条件随机场的非规范化中文地址解析方法［J］. 地理与地理信息科学, 2019（2）: 12-18.

［261］杨朝霞. 古籍数字资源略述［J］. 大学图书馆学报, 2000（3）: 15-19.

［262］杨建军. 汉语古籍语料库的建立方法［J］. 辞书研究, 2006（4）: 107-114.

［263］杨琳. 理想电子古籍的标准［J］. 中国典籍与文化, 2009（4）: 51-57.

［264］杨飘, 董文永. 基于 BERT 嵌入的中文命名实体识别方法［J］. 计算机工程, 2020（4）: 40-45.

［265］杨永德, 杨宁. 中国古代书籍装帧［M］. 北京: 人民美术出版社, 2008: 262.

［266］杨泽林. 句读源流［J］. 郑州大学学报（哲学社会科学版）, 1987（3）: 6-12.

［267］杨之峰. 试论古籍插图的数字化［J］. 江西图书馆学刊, 2007（4）: 118-119.

［268］姚伯岳. 试论中国古籍分类的历史走向［J］. 图书馆理论与实践, 1993（4）: 13-16.

［269］姚俊元. 关于制定古籍数字化标准的思考［J］. 图书馆理论与实践, 2010（2）: 50-52.

［270］余力, 管家娃. 我国古籍数字化建设现状分析及发展研究［J］. 数字图书馆论坛, 2017（11）: 41-47.

［271］俞敬松, 魏一, 张永伟. 基于 BERT 的古文断句研究与应用［J］. 中文信息学报, 2019（11）: 57-63.

［272］俞敬松, 魏一, 张永伟, 等. 基于非参数贝叶斯模型和深度学习的古文分词研究［J］. 中文信息学报, 2020（6）: 1-8.

［273］袁义国, 李斌, 冯敏萱, 等. 基于深度学习的古籍文本自动断句与标点一体化研究［J］. 图书情报工作, 2022（11）: 134-141.

[274] 张东东, 彭敦陆. ENT-BERT: 结合 BERT 和实体信息的实体关系分类模型 [J]. 小型微型计算机系统, 2020 (12): 2557-2562.

[275] 张合, 王晓东, 杨建宇, 等. 一种基于层叠 CRF 的古文断句与句读标记方法 [J]. 计算机应用研究, 2009 (9): 3326-3329.

[276] 张建立, 李仁杰, 傅学庆, 等. 古诗词文本的空间信息解析与可视化分析 [J]. 地球信息科学学报, 2014 (6): 890-897.

[277] 张景素, 魏明珠. 基于加权多策略选样的古文断句模型研究——以古籍《宋史》为例 [J]. 情报科学, 2022 (10): 164-170.

[278] 张开旭, 夏云庆, 宇航. 基于条件随机场的古汉语自动断句与标点方法 [J]. 清华大学学报 (自然科学版), 2009 (10): 1733-1736.

[279] 张汝佳, 代璐, 王邦, 等. 基于深度学习的中文命名实体识别最新研究进展综述 [J]. 中文信息学报, 2022 (6): 20-35.

[280] 张文亮, 敦楚男. 近十年我国古籍数字化研究综述 [J]. 图书馆学刊, 2017 (3): 126-130.

[281] 张文亮, 尚奋宇. 我国古籍数字化标准体系现状调查及优化策略 [J]. 国家图书馆学刊, 2015 (6): 83-89.

[282] 张轴材.《四库全书》电子版工程与中文信息技术 [J]. 电子出版, 1999 (2): 3-6.

[283] 赵洪雅. 数字人文项目"莱比锡开放碎片文本序列"(LOFTS) 探究 [J]. 图书馆论坛, 2018 (1): 10-20.

[284] 赵连振, 张逸勤, 刘江峰, 等. 面向数字人文的先秦两汉典籍自动标点研究——以 SikuBERT 预训练模型为例 [J]. 图书馆论坛, 2022 (12): 120-128.

[285] 郑明. 古籍分类管见 [J]. 图书馆学研究, 2009 (2): 46-48.

[286] 周好, 王东波, 黄水清. 古籍引书上下文自动识别研究——以注疏文献为例 [J]. 情报理论与实践, 2021 (9): 169-175.

[287] 周鸿飞. 简论中医典籍的"碎片化"学习 [J]. 中医临床研究, 2016 (8): 14-15.

[288] 朱亚明, 易黎. 基于 BERT 与融合字词特征的中文命名实体识别方法 [J]. 电子设计工程, 2021 (19): 58-63.

[289] 朱岩. 中国古籍用字字频与分布统计分析 [J]. 国家图书馆学刊, 2004 (3): 91-93.

附　录

附录1　古籍点校通例（中华书局编辑部1983年编写）[①]

一、标点

（一）与本局出版的二十四史的标点用法大致相同。

（二）文意已定，便加句号。使用句号要注意上下文气，避免将紧相呼的分句从中圈断。

（三）韵文一般可在押韵处用句号。

（四）使用逗号，既要注意文气，也要顾及文意，避免把许多句点成一句。

（五）顿号限用于并列名词而易引起误解者，不会引起误解的并列名词，不加顿号。习惯连称如尧舜、隋唐之类，分别加专名号，而两词之间就不加顿号。

（六）文意紧接而并列明确的分句，可用分号。能用逗号或句号代替的，就不用分号。

（七）引文不是完整的句子，末尾不宜用句号者，前面尽量避免用冒号。

---

① 录自《古籍整理出版情况简报》第112期，北京中华书局1983年10月1日出版。

末尾用句号的，前面也不一定就用冒号。

（八）书中引文无论长短，都加单引号，以明起迄。引文中复有引文，则加双引号。

（九）凡引文只用引号不加冒号者，引文末尾的标点放在引号之外；引号冒号俱全的，引文末尾的标点放在引号之内。

（十）校改之处使用符号者，圆括号括住的句词，表示删去（删去的字用小一号字体）；方括号括住的字词，表示改正或增补。

（十一）谥号尊称意在专指的，都标专名线。

（十二）民族名称标专名线，泛指性的胡、番、蛮、夷则不标。

（十三）集合名称，指时代的，如三代、两汉之类，连标；指地指人的，如五岳、七贤之类，不标。

（十四）神名、星名一般不标专名线。

（十五）书名、篇名之简称，如班书、隋志之类，连标书名线。

（十六）人名、官名意指书篇者，如孟子、大司徒之类，加书名线。

（十七）"云""曰"字上毛传、郑笺、杜注、孔疏之类，传笺注疏等字不必标书名线。

（十八）标点古籍不用省略（……）、反诘（！？）、音界（·）等符号。

二、校勘

（一）点校某书之前，须将各种刻本加以比较，选定校刻最精、错误最少的一种版本做底本，并确定某种版本通校，某些版本参校。

（二）底本的一种笔画小误、字书所无而显系误刻者，可以迳改，不出校记。

（三）凡遇有日曰淆舛、已巳混同之类的误刻，均须描正，以免误排。

（四）凡底本不误，他本误者，不出校记。

（五）凡本书不误，他书误者，也不出校记。

（六）凡两通而含义不同者，可出异文校记。只是个别虚字有出入，字义无殊者，不出校记。版本异文，出校可以从宽；他书异文，出校应该从严。

（七）古人引书，每有省改。凡本书节引他书而不失原意者，即应尽量保持本书原貌，无需据他书改动本书。

（八）凡脱讹衍倒，确有实据，必须补改删乙者，均应出校，必要时说明校改理由。

（九）凡疑有脱讹衍倒，而无坚实理据者，不能辄予补改删乙，必要时可出校存疑。

（十）凡作者避本朝名讳或家讳者，一律不作改动，缺笔字则补足笔画。个别影响理解文义的避讳字，可出校指出。

（十一）后人传刻古书避当朝讳者，则应据古本回改，各于首见处出校指明，馀皆迳改，不一一出校。

（十二）校勘只限于底本文字的脱讹衍倒。作者见解上的错误，不出校纠驳。

（十三）校记力求扼要明白，力避枝蔓含糊和考证繁琐。

（十四）正文的校记数码，置于所校句末的标点之下。校记摘引所校正文，但举有关词语即可，不定引录整句。

三、其他

（一）根据文字内容，适当分段。

（二）书中引文过长，可采用"另起低四格转行低两格"的形式，以便阅读。

（三）根据阅读和翻检的需要，目录可以重编。

（四）点校者应写一篇点校说明。

附录2 古籍字频统计数据

序号	题名	说明	分类	总字数	用字量
1	大学	《礼记》中的一篇	经部	1 827	405
2	中庸	《礼记》中的一篇	经部	3 756	683
3	论语		经部	16 114	1 365
4	孟子		经部	37 244	1 897
5	周易	含《易经》《彖传》《象传》《系辞》	经部	18 437	1 257
6	诗经		经部	32 962	2 852
7	尚书		经部	25 946	1 928
8	周礼		经部	96 520	2 192
9	仪礼		经部	55 384	1 522
10	礼记		经部	101 632	2 975
11	大戴礼记		经部	38 215	2 150
12	春秋左传		经部	198 180	3 175
13	孝经		经部	1 884	378
		合计	经部	628 101	5 519
14	史记		史部	580 171	4 832
15	战国策		史部	126 795	2 787
16	汉书		史部	804 156	5 648
17	三国志		史部	691 076	5 102
18	唐纪	《资治通鉴·唐纪》卷1~15	史部	154 394	3 322
		合计	史部	2 356 592	7 156
19	荀子		子部	76 802	2 656
20	老子道德经		子部	5 635	816
21	庄子		子部	67 495	2 925
22	墨子		子部	81 185	2 522
23	韩非子		子部	110 644	2 700
24	管子		子部	129 731	2 835
25	孙子兵法		子部	6 150	768

（续表）

序号	题名	说明	分类	总字数	用字量
26	淮南子		子部	132 932	3 904
27	鬼谷子		子部	8 210	832
		合计	子部	618 784	5 510
28	楚辞摘录		集部	15 282	2 381
29	古诗19首赏析		集部	9 492	1 191
30	全唐诗	卷16～100	集部	289 343	4 547
31	唐宋名家词选		集部	57 787	2 848
32	牡丹亭		集部	78 408	3 301
33	太平广记	卷1～80	集部	569 334	5 000
34	水浒传	1～40回	集部	256 577	3 497
35	聊斋志异	卷1～4	集部	127 045	4 248
36	山海经		集部	30 493	1 880
37	世说新语		集部	60 969	3 025
38	昭明文选		集部	790 552	7 629
39	古文观止	卷6～12	集部	69 463	3 556
		合计	集部	2 354 745	9 279

附录3 古籍传统编目项与MARC字段对照表[①]

传统编目		MARC格式		
大项	小项	字段	子字段	子字段名称
书名项	卷端书名	200	$a	正题名
	交替书名	200	$a	正题名
	著者相同的合刻书名	200	$a	正题名
	著者不同的合刻书名	200	$c	另一责任者的正题名
	书名的其他语种文字	200	$d	并列题名
	副书名	200	$e	副题名
	附录等题名	200	$e	其他题名信息
	种（卷）数	200	$e	其他题名信息
著者项	主要著者	200	$f	第一责任说明
	其他著者	200	$g	其他责任说明
	合刻书名的相同著者	200	fg	第一、其他责任说明
	合刻书名的不同著者	200	fg	第一、其他责任说明
	附录等著者	200	$g	其他责任说明
版本项	写刻、出版年	210	$d	出版发行、写刻日期
	写刻主持、出版者	210	$c	出版发行、写刻主持者名称
	写刻、出版地	210	ab	出版发行、写刻地区及地址
	印刷年	210	$h	印刷日期
	印刷者	210	$g	印刷者名称
	印刷地	210	ef	印刷地、印刷者地址
	版本类型	205	$a	版本说明
	套印、丝栏、版次等补充说明	205	$b	版本附加说明
	批校题跋	305	$a	（版本与书目史）附注

[①] 中国国家图书馆. 汉语文古籍机读目录格式使用手册［M］. 北京：北京图书馆出版社，2001：184-185.

（续表）

传统编目			MARC 格式	
稽核项	册数	215	$a	文献数量及单位
	插图等	215	$c	其他形态细节
	书型尺寸	215	$d	尺寸
丛书项	丛书名	225	$a	丛编题名
	丛书名的其他语种文字	225	$d	并列丛编题名
	种（卷）数	225	$e	其他题名信息
	丛书著者	225	$f	责任说明
	附属丛书编号	225	$h	分丛编号
	附属丛书名	225	$i	分丛编名
	丛书内部编号	225	$v	卷册标识
附注项	附注	300	$a	（一般性）附注
	书套、书匣、书架和附件等附注	303	$a	（著录信息的一般性）附注
	书名、著者附注	304	$a	（题名与责任者说明）附注
	批跋、行款、避讳、用纸、字体、伪改和版框尺寸等附注	305	$a	（版本与书目史）附注
	牌记、校勘者、刻工、藏版地址、序跋等附注	306	$a	（出版发行等）附注
	存佚、补配、附件责任者	307	$a	（载体形态）附注
	丛书附注	308	$a	（丛编）附注
	装订、来源附注	310	$a	（装订及获得方式）附注
	作者小传等附注	314	$a	（知识责任）附注
	藏书章附注	317	$a	（出处）附注
	含书目、索引的附注	320	$a	（书目、索引）附注
	丛书子目等附注	327	$a	（内容）附注
提要项	提要	330	$a	提要、文摘附注

（续表）

传统编目		MARC 格式		
目录组织	书名统一标目	500	$a	统一题名
	书衣、书签书名参见	512	$a	封面题名
	卷端书名参见	514	$a	卷端题名
	版心书名参见	515	$a	逐页题名
	书根、序跋、目次等书名参见	517	$a	其他题名
	主要个人著者标目	701	$a	个人名称——等同知识责任
	次要个人著者标目	702	$a	个人名称——次要知识责任
	主要团体著者标目	711	$a	团体名称——等同知识责任
	次要团体著者标目	712	$a	团体名称——次要知识责任
	类目或分类号标目	696	$a	汉语文古籍分类法分类号
业务注记	个别登录号	905	$b	登录号
	索书号（第一排）	905	$c	排架区分号
	索书号（第二排）	905	$d	分类号
	索书号（第三排）	905	$e	书次/种次号
	复本部次	905	$z	复本部次
其他项目	装订形式	010	$b	限定（装订形式）
	来源	010	$d	获得方式
	价格	010	$d	定价
	附件	215	$e	附件

附录4 古籍元数据规范（CDLS-S05-013）[①]

	元素修饰词	编码体系修饰词	复用标准
核心元素（13个）			
题名			dc:title
	并列题名		
	版心题名		
	内封题名		
	书衣题名		
	卷端题名		
	其他题名		
主要责任者			dc:creator
	责任者说明		—
	责任方式		—
其他责任者			dc:contributor
	责任者说明		—
	责任方式		—
日期			dc:date
		年号纪年	—
		公元纪年	—
	出版日期		
	印刷日期		
出版者			dc:publisher
	印刷者		
	出版地		
	印刷地		

[①] 古籍元数据由核心元素、古文献类型核心元素组成，共17个元素。如有特别需要，可依据《专门元数据规范设计指南》（CDLS-S05-001）中的扩展规则进行扩展。

（续表）

	元素修饰词	编码体系修饰词	复用标准
附注			dc:description
	缺字附注		
	责任者附注		
	相关资源附注		
	丛编		
	子目		
	附录		
	提要		
相关资源			dc:relation
	丛编		
	子目		
	合刻书名		
	合函书名		
	附录		
	书目文献		
		URI	
主题			dc:subject
		汉语主题词表	
		四库类名	
时空范围			dc:coverage
	地点		dc:coverage.spatial
	时间		dc:coverage.temporal
		年号纪年	-
		公元纪年	-
语种			dc:language
资源类型			dc:type
标识符			dc:identifier
		URI	-
权限			dc:rights

（续表）

	元素修饰词	编码体系修饰词	复用标准
古文献类型核心元素（4个）			
版本类别			mods:edition
	版印说明		
载体形态			
	装订方式		
	数量		
	图表		
	尺寸		
	行款版式		
	附件		
收藏历史			dcterms:provenance
	获得方式		
	题跋印记		
馆藏信息			mods:location
	典藏号		

附录 5　古籍索引数据 XML Schema

古籍索引数据 XML Schema，扫描下方二维码即可查看。

附录 6　古籍版式文本数据头文件 XML Schema

古籍版式文本数据头文件 XML Schema，扫描下方二维码即可查看。

附录 7　古籍版式文本数据叶文件 XML Schema

古籍版式文本数据叶文件 XML Schema，扫描下方二维码即可查看。

附录 8　古籍碎片数据 XML Schema

古籍碎片数据 XML Schema，扫描下方二维码即可查看。

附录9 四部分类法类目表

部	类					
	序号	四库总目	序号	中国古籍总目	序号	中华古籍总目
经			1	总类		
					1	丛编
	1	易类	2	易类	2	易类
	2	书类	3	书类	3	书类
	3	诗类	4	诗类	4	诗类
	4	礼类	5	礼类		
					5	周礼类
					6	仪礼类
					7	礼记类
					8	大戴礼记类
					9	三礼总义类
	5	春秋类	7	春秋类		
					11	春秋左传类
					12	春秋公羊类
					13	春秋谷梁类
					14	春秋总义类
	6	孝经类	8	孝经类	15	孝经类
	7	五经总义类				
			11	群经总义类	17	群经总义类
	8	四书类	9	四书类	16	四书类
			10	尔雅		
	9	乐类	6	乐类	10	乐类
	10	小学类	12	小学类	18	小学类
					19	谶纬类
史			1	总类		
					1	丛编
	1	正史类				
			2	纪传类	2	纪传类

(续表)

部	类					
	序号	四库总目	序号	中国古籍总目	序号	中华古籍总目
史	2	编年类	3	编年类	3	编年类
	3	纪事本末类	4	纪事本末类	4	纪事本末类
	4	别史类				
	5	杂史类	5	杂史类	5	杂史类
			6	史表类	7	史表类
	6	诏令奏议类	12	诏令奏议类	13	诏令奏议类
	7	传记类	9	传记类	10	传记类
			10	谱牒类		
	8	史钞类	7	史钞类	8	史钞类
	9	载记类			6	载记类
	10	时令类	13	时令类	14	时令类
	11	地理类	14	地理类	15	地理类
			15	方志类		
	12	职官类			12	职官类
	13	政书类	11	政书类	11	政书类
	14	目录类	17	目录类	17	目录类
	15	史评类	8	史评类	9	史评类
					16	金石类
			16	金石考古类		
子			1	总类		
					1	丛编
	1	儒家类	2	儒家类	2	儒家类
	2	兵家类	3	兵家类	7	兵家类
	3	法家类	4	法家类	8	法家类
	4	农家类	5	农家类		
					9	农家农学类
	5	医家类	6	医家类	10	医家类
	6	天文算法类	7	天文算法类		
					14	天文历算类
	7	术数类	8	术数类	15	术数类
	8	艺术类	9	艺术类	16	艺术类

（续表）

部	类					
	序号	四库总目	序号	中国古籍总目	序号	中华古籍总目
子					17	工艺类
	9	谱录类	10	谱录类		
	10	杂家类	11	杂家类	11	杂家类
					12	杂著类
	11	类书类	12	类书类		
	12	小说家类	13	小说家类	13	小说家类
	13	释家类	15	释家类		
	14	道家类	14	道家类	3	道家类
			16	诸教类		
					18	宗教类
			17	新学类		
					4	墨家类
					5	名家类
					6	纵横家类
集	1	楚辞类	1	楚辞类	1	楚辞类
	2	别集类	2	别集类	2	别集类
	3	总集类	3	总集类	3	总集类
	4	诗文评类	4	诗文评类	4	诗文评类
	5	词曲类				
			5	词类	5	词类
			6	曲类	6	曲类
					7	戏剧类
					8	小说类
丛书			1	杂纂类		
			2	辑佚类		
			3	郡邑类		
			4	氏族类		
			5	独撰类		
类丛					1	类书类
					2	丛书类
附新学类						